Aktuelle und klassische Sozial- und KulturwissenschaftlerInnen

Reihe herausgegeben von

Stephan Moebius, Institut für Soziologie, Karl-Franzens-Universität Graz
Graz, Österreich

Die von Stephan Moebius herausgegebene Reihe zu Kultur- und Sozialwissenschaftler*innen der Gegenwart ist für all jene verfasst, die sich über gegenwärtig diskutierte, zuweilen auch fast vergessene, herausragende Autor*innen auf den Gebieten der Kultur- und Sozialwissenschaften kompetent informieren möchten. Die einzelnen Bände dienen der Einführung und besseren Orientierung in das aktuelle, sich rasch wandelnde und immer unübersichtlicher werdende Feld der Kultur- und Sozialwissenschaften.

Verständlich geschrieben, übersichtlich gestaltet – für Leser*innen, die auf dem neusten Stand bleiben möchten.

Monika Stützle-Hebel · Klaus Antons

Zur Aktualität von Kurt Lewin

Einführung in sein Werk

Monika Stützle-Hebel
Freising, Deutschland

Klaus Antons
Gottmadingen, Deutschland

ISSN 2625-9389　　　　　　　ISSN 2625-9397 (electronic)
Aktuelle und klassische Sozial- und KulturwissenschaftlerInnen
ISBN 978-3-658-48826-0　　　ISBN 978-3-658-48827-7 (eBook)
https://doi.org/10.1007/978-3-658-48827-7

Die Deutsche Nationalbibliothek verzeichnet diese Publikation in der Deutschen Nationalbibliografie; detaillierte bibliografische Daten sind im Internet über https://portal.dnb.de abrufbar.

Einbandabbildung: Foto von Kurt Lewin in den USA. Psychologiegeschichtliches Forschungsarchiv, PGFA, der FernUniversität Hagen

Planung/Lektorat: Cori Antonia Mackrodt
Springer VS ist ein Imprint der eingetragenen Gesellschaft Springer Fachmedien Wiesbaden GmbH und ist ein Teil von Springer Nature.
Die Anschrift der Gesellschaft ist: Abraham-Lincoln-Str. 46, 65189 Wiesbaden, Germany

Wenn Sie dieses Produkt entsorgen, geben Sie das Papier bitte zum Recycling.

Interessenkonflikt

Die Autor*innen haben keine für den Inhalt dieses Manuskripts relevanten Interessenkonflikte.

Inhaltsverzeichnis

Abbildungsverzeichnis

Teil I

Das Phänomen Lewin

Hinführung

1

1.1 Ein fiktives Interview

In einer frei erfundenen Begegnungssituation bringen wir uns als Autorenteam mit unserem Protagonisten in Verbindung – so fiktiv, wie auf Abb. 1.1 zu sehen ist.

Monika Stützle-Hebel (msh)[1]: Herr Lewin, was sagen Sie dazu, dass fast 80 Jahre nach Ihrem Tod sich zwei Psychologen mit Ihrem Werk befassen?

Kurt Lewin (kl): Offenbar ist hier noch keine Sättigung* eingetreten, wenn selbst so lange nach meinem Tode Interesse daran ist. Selbst wenn äußerlich eine Wiederholungshandlung vorliegt, werden meine Werke offensichtlich nicht als ein „auf-der-Stelle-treten" verstanden, sondern als ein Weiterkommen im Forschungsprozess. Sie kennen doch bestimmt die Marianne Soff, die hat das ja sehr elaboriert auf Burnout angewandt; Burnout kannten wir ja noch nicht.[2] Im Übrigen möchte ich anbieten, dass Sie Kurt zu mir sagen – das habe ich in Berlin immer so gehalten mit meinen Studenten und Doktorandinnen.

Klaus Antons (ka): Gerne, Kurt. ich heiße Klaus. Was sagst Du zu der vor wenigen Jahren auf der ganzen Welt durchgestandenen Corona-Situation?

kl: Ja, das kann man so oder so sehen. Das ist ein typischer Aversions-Aversions-Konflikt*. Entweder man lässt sich impfen und leidet … oder man lässt sich nicht impfen und leidet auch ….

---

[1] Die Bedeutung der Kürzel findet sich jeweils am Beginn des Lewin-Literaturverzeichnisses und am Beginn des allgemeinen Literaturverzeichnisses.

[2] Soff 2015.

M. Stützle-Hebel, K. Antons, *Zur Aktualität von Kurt Lewin*, Aktuelle und klassische Sozial- und KulturwissenschaftlerInnen, https://doi.org/10.1007/978-3-658-48827-7_1

Abb. 1.1 Monika und Klaus im Interview mit Kurt. Fotomontage unter Verwendung eines eigenen Fotos und eines von Kurt Lewin während seiner Japanreise 1932 oder 1933. (Privatbesitz Miriam Lewin; aus Lück 1996, S. 173)

msh: Ich heiße Monika. Na ja, für manche war es nach dem ersten Schreck eher ein Appetenz-Aversions-Konflikt*. Es war nämlich auch ganz schön, während des Lockdowns zuhause bleiben zu dürfen – home-office wurde da so beliebt, dass viele es gerne nach Ende der kritischen Phase beibehalten haben. Nur dass die Beziehungen zu den Kolleginnen und Kollegen auf Bildschirm-Kacheln reduziert waren, war unbefriedigend.

kl: Naja, Kacheln sind ja im Kontakt etwas hart und kalt … Wie soll man da in Beziehung kommen?

ka: Wir haben es in Deiner Theorie ja mit Feldern zu tun. Wie groß sollte denn ein solches Feld* sein? Was hat denn das Feld mit Theorie zu tun und wozu braucht die Theorie ein Feld?

kl: Es kommt darauf an, ob Du mit einem Rasenmäher oder mit einem Traktor darüber fahren willst und ob Du das am Tagesende als Erfolg oder als vertane Zeit verbuchst.

msh: Wieso haben in Berlin die Frauen Dich so umschwärmt, während in Deiner USA-Zeit Du ausschließlich männliche Studenten und Assistenten hattest?

kl: Tja, in Berlin war ich einfach jünger und noch mit meiner ersten Frau verheiratet!

ka: Wie war das denn, mit der Bluma Zeigarnik* zu tanzen?[3]

kl: Das war auf ihrem Abschlußfest 1931 im Grunewald. Da war leider nichts, da wurden wir gestört. Aber sie war eine nette Frau, schade, dass sie nach Russland ging. Aber das, was der Jan Böttcher da geschrieben hat, stimmt nun absolut nicht. Zum ersten fanden unsere Institutsfeste nicht im Grunewald, sondern im Institut statt – und so wie der es schreibt – nein das passt nicht zu mir!

msh: Du hast sowohl in den Blumenexperimenten in Berlin als auch später bei den Demokratieexperimenten riesengroße Inszenierungen gemacht, was eine Doktorandin in den letzten Jahren aufgegriffen und untersucht hat. Was hat denn so Spaß gemacht, solche aufwändigen Anordnungen zu entwickeln?

kl: Das war doch der Bert Brecht, der die Ideen dazu hatte! Aus dem trockenen Laboratorium auszusteigen und ganz nah ans wirkliche Leben zu gehen mit all seiner Lebendigkeit und so richtig großes Theater zu spielen, das hat mich immer wieder inspiriert. Das hat auch unsere Experimente zu den Gruppenklimata wesentlich beeinflusst. Dazu fällt mir eine Abbildung ein, aber ich habe gerade nichts zu schreiben da!

msh: Macht nichts – wir haben ganz viele Deiner „funny little eggs", wie Deine Doktorandin Wera Mahler sie genannt hat und über die sich Deine Kollegin und Freundin Margret Mead amüsiert hat, in diesem Buch. Aber eigentlich zeichnest Du doch mit allem, was sich gerade anbietet – selbst mit einer Schirmspitze in den Schnee. – Wir haben uns nicht sklavisch an Deine Jordankurven* und den Lebensraum* gehalten, sondern damit herumgespielt.

kl: Recht so – es gibt ja auch gar keine letztgültige Form davon: ich habe auch immer so gezeichnet, wie es mir gerade einfiel.

ka: Könnte es sein, dass ich 1966 auf dem internationalen psychologischen Kongress in Moskau Bluma Zeigarnik begegnet bin?[4]

---

[3] Gerne hätten wir an dieser Stelle ein hübsches Bild eingefügt, das Kurt Lewin mit Bluma Zeigarnik tanzend zeigt. Leider hat der Inhaber der Bildrechte den Abdruck nicht erlaubt. Das Bild ist zu finden in (Walter 1996, S. 198).

[4] Das hätte in der Tat sein können, denn Bluma Zeigarnik war bis 1967 Professorin an der Lomonossow-Universität (nach Angaben ihres Enkels Andrey Zeigarnik).

kl: Das geht zwar weit über meine Lebenszeit hinaus, aber wenn ich überlege, welch starke Appetenz* die Psychologie für Bluma hatte, dann gehe ich davon aus, dass sie damals an der Lomonossow Universität gelehrt hat und selbstverständlich bei dem Kongress eine führende Rolle hatte. Ich weiß es aber nicht – fragt doch mal eine von den schlauen Maschinen, die ihr heute habt, splatterbotter oder wie die heißen!

msh: Wenn wir schon mal in Russland sind – was sagst Du zu Putin und seinem Angriffskrieg auf die Ukraine?

kl: Dieser „lupenreine Demokrat" manövriert die zivilisierte Welt in den Untergang. Menschen müssen ins Exil und ihr Leben wird nie mehr unbeschwert sein. Die Folgen der Zerschlagung von Demokratie rauben die notwendigen Ressourcen für ein Überleben der Menschheit. Und wenn ich nach Israel schaue, finde ich nur wenige meiner zionistischen Ideale. Noch ein Glück, dass wir Juden mit so viel Sarkasmus gesegnet sind. „Schau ich mir die Juden an, hab' ich wenig Freude dran. Fallen mir die andern ein, bin ich froh ein Jud' zu sein …". Leider ist der Spruch nicht von mir, sondern von Albert Einstein. Der war damals in Princeton, als ich in Iowa war.

msh: Wie stehst Du denn zum Nudging?

kl: Was ist denn das? Das gab es zu meiner Zeit noch nicht.

msh: Das ist eine Erfindung der Verhaltensökonomie.

kl: Ja haben die Ökonomen jetzt auch das Verhalten entdeckt?

msh: So kann man das sagen. Sie haben sogar den Zusammenhang von Umwelt und Verhalten entdeckt! Die beschäftigen sich also mit der Frage, wie man Umwelten oder auch Prozesse gestalten muss, damit das sozial erwünschte Verhalten – also das, was sie als solches betrachten – zumindest wahrscheinlicher wird. Als Beispiel wird häufig die Fliege im Urinal genannt, die die Herren zum genauen zielen anregen soll.

kl: Das könnte glatt von mir stammen! Mit sowas die Spiellust anregen und die Aufmerksamkeit auf eine Lebensraumregion fokussieren.

msh: Von Dir wissen die da allerdings nichts! Aber so ist das halt mit den Grenzen der akademischen Fächer. Das hast Du ja zu Deiner Zeit auch schon beklagt.

ka: Auf all den Fotos, die wir von Dir haben – ganz viele verdanken wir Helmut Lück – bist Du immer mit Brille zu sehen. Das hat uns animiert, unsere Fachtagung zu Deinem Schaffen unter das Thema zu stellen „Lewins Brille – aktueller denn je" (s. Abb. 1.2). Hast Du so schlecht gesehen, dass Du immer eine Brille gebraucht hast?

kl: Was glaubt denn ihr? Aus purer Eitelkeit? Mein Zeitgenosse Friedrich Torberg hat es so formuliert: Was ein Mann schöner ist als ein Aff', ist Luxus!

ka: Zu Deiner Zeit gab es auch den SPIEGEL noch nicht. Da steht am Ende von Interviews immer: „Wir danken für das Gespräch". Wir möchte Dir von ganzem Herzen danken, dass Du Dich aus der Vergangenheit für dieses Gespräch zur Verfügung gestellt hast!

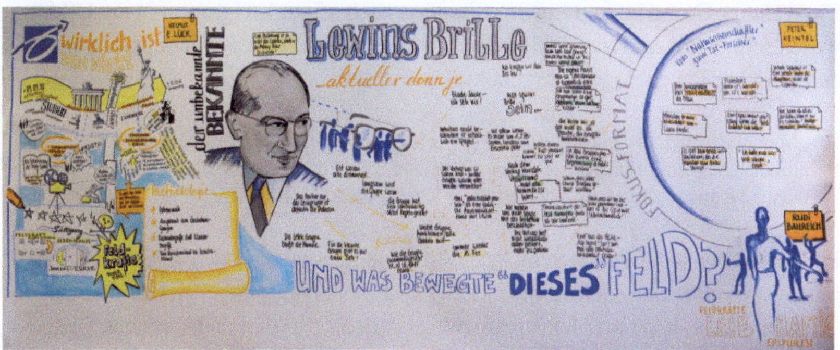

Abb. 1.2 Lewins Brille – aktueller denn je. Foto KA der Visualisierung von Karina Antons anlässlich der DGGO-Fachtagung 18.–20.06.2015 in Berlin zum gleichnamigen Thema

kl: Es war mir eine Freude; durch eure Arbeit wird die Quelle nicht versiegen, aus der ich meine Erkenntnisse schöpfte. Ich lächle euch wehmütig zu; schließlich ist das Lächeln der Erbteil meines Stammes ….

1.2   Einleitung

Die Frage der Aktualität von Kurt Lewin erlaubt keine einfache lineare Antwort. Dafür war er als Person und ist auch sein Vermächtnis allzu komplex. Solange Lewin lebte, war er „aktuell" durch seine rastlose Lebendigkeit, sprühende Intelligenz und sein Sozialverhalten, das für einen Professor der damaligen Zeit sehr ungewöhnlich war (vgl. Lück 2015, S. 41 oder Abschn. 2.9; ka und msh 2015a, S. 319). Mit seinem frühen Tod 1947 im Alter von nur 56 Jahren, einer Konsequenz seiner Rastlosigkeit (vgl. Lück 2021, S. 19; s. Kap. 13), erlosch das charismatische Moment seiner Person und damit seine Aktualität. Was er an Schriften hinterließ, war eher schwer verdaulich und interessierte hauptsächlich spezialisierte Fachleute und Wissenschaftshistoriker (in Deutschland v. a. Dieter Frey, Carl-Friedrich Graumann, Helmut Lück, Alexandre Métraux, Wolfgang Rechtien, Wolfgang Schönpflug). Damit erlitt Lewins Arbeit das gleiche Schicksal wie die Gestalttheorie, aus der er kam und deren Konzepte er weiterentwickelte. Hans-Jürgen Walter meinte, sie sei

„ein Beispiel dafür, wie rasch Vernünftiges in Vergessenheit geraten […] kann. Sie eignet sich nämlich so gar nicht als Lieferant von Faktenwissen für Prüfungen. Ihren Begründern ging es um ein grundlegendes Begreifen der Existenzbedingungen des Menschen und damit auch seines Erlebens und Handelns im Zusammenhang mit den ihm belebt oder unbelebt erscheinenden Sachverhalten der ihn umfassenden Welt." (Walter 2020, S. 7)

Ein weiterer Grund könnte Lewins Situation nach seiner Emigration in die USA gewesen sein. In einem Brief schilderte Paul Lazarsfeld,[5] wie man in der US-Szene als europäischer Psychologe wahrgenommen wurde:

> „Man wird hier als europäischer Psychologe im Grunde genommen entweder für einen Narren oder für einen Zauberer gehalten, aber ein systematischer Gedankenaustausch ist ausgeschlossen." (zitiert nach Knobloch 2021, S. 157)

Lewins wissenschaftliches Schicksal und seine Rezeption in den USA könnte auch mit dieser Ambivalenz den europäischen Psychologen gegenüber zusammenhängen.

Aber einiges blieb im Mainstream, wenn auch oft verkürzt und verflacht. Die noch häufiger zu zitierende Anna Perlina schreibt, sich auf Helmut Lück (2011) berufend:

> „Also the web sparkels with colorful models (allegedly) penned by Lewin. Yet, his theories are quite rarely dealt with in detail and his studies are more frequently sketched than fully reported. The links to Lewin's actual contribution remains rather lose." (Perlina 2015, S. 171)

Ähnlich hatten es 2011 auch Braun & Zeichardt nach ihrer Recherche zur „Bedeutung von Kurt Lewin in Managementforschung, Managementlehre und Praxis des Change-Managements" beschrieben: Lewin wurde überwiegend nur fragmentarisch rezipiert – mal finden sich seine Gedanken, dabei aber nicht sein Name wieder und mal ist es umgekehrt. Wolf (1998, S. 64) kommt aufgrund seiner Recherche zu einem ähnlichen Fazit: „daß viele Autoren das Bedürfnis haben, Lewin zu erwähnen. Beim kritischen Lesen aber wird deutlich, daß sie mit seinem Leben und Werk nicht sehr vertraut sind". So wird zwar Lewins Name lebendig gehalten, aber wenig seine Aura und seine Ideen oder gar seine Wissenschaftstheorie und seine Forschungsmethoden vermittelt (ebd., S. 65).

Was dennoch blieb, waren die praktischen Konzepte, die er hinterließ: Gruppendynamik*, Aktionsforschung* und Organisationsentwicklung* (Kap. 7, 8 und 9). Sie hatten ihre Aufs und Abs in der Rezeption, wechselnde Wellen. Nicht zuletzt besteht Lewins Aktualität darin, dass er Begriffe geprägt und mit Inhalt gefüllt hat, die heute zu unserem Alltagsgebrauch gehören – an erster Stelle den der Ambivalenz*. Er hat den Begriff nicht erfunden – die Urheberschaft gebührt Eugen Bleuler. Aber Lewin hat ihn mit alltagstauglichem Inhalt gefüllt (auch wenn dies vom einschlägigen Wiki-

---

[5] Paul F. Lazarsfeld, ein österreichischer Soziologe, hatte vor seiner Emigration in die USA am Psychologischen Institut der Universität Wien bei Karl und Charlotte Bühler gewirkt und wahrscheinlich 1934 an Karl Bühler geschrieben. (Knobloch 2021, S. 57).

pedia-Eintrag unterschlagen wird). Nicht ganz so bekannt sind seine anderen Wort-
prägungen: Anspruchsniveau*, Aufforderungscharakter*, Barriere*, Lebensraum*,
Quasi-Bedürfnis*, Sättigung*, Valenz*, ….

Wir selbst sind nicht ganz unschuldig daran, dass Lewin nach einer eher stillen
Phase wieder Aktualität im deutschsprachigen Raum bekommen hat. Deswegen sind
wir auch wohl für den vorliegenden Band angefragt worden. Für unseren Heraus-
geberband von 2015 (im folgenden ka und msh 2015a) haben wir viele Kolleginnen
und Kollegen gebeten, unterschiedliche aktuelle Seiten Lewins zu beleuchten. Dieser
Band erschien zu einer Fachtagung der DGGO (Deutsche Gesellschaft für Gruppendynamik und Organisationsdynamik) mit dem Titel: „Lewins Brille – aktueller denn
je" (s. Abb. 1.3).

In einer kleinen „Einführung in die Praxis der Feldtheorie" (im folgenden msh
und ka 2017) haben wir uns den Scherz erlaubt, einen Menschen namens Kurt
einen halben Tag lang durch sein konfliktreiches Leben zu begleiten und die All-
tagserfahrungen, die er macht zu benutzen, um daran zentrale Konzepte Lewins zu

Abb. 1.3 Kurt Lewin in den USA; das einzige Farbfoto von ihm – und mit Brille. Psychologiegeschichtliches Forschungsarchiv, PGFA, der FernUniversität Hagen

verdeutlichen. Dieser Band erschien kurz vor der Feier zum halben Jahrhundert institutionalisierter Gruppendynamik in Deutschland – am 6. Dezember 2018 in Frankfurt. In einem neueren Artikel (msh und ka 2023) haben wir Lewins Feldtheorie* an Situationen aus unserem beruflichen Alltag angelegt. Weitere eigene Schriften nehmen andere Themen Lewins auf, so z. B. seine intensive Auseinandersetzung mit dem Schicksal von Minoritäten (msh und ka 2018).

Die beiden erstgenannten Bücher, im systemischen Carl-Auer Verlag erschienen, machen einen speziellen Aspekt seiner Aktualität deutlich: Lewin war Vordenker systemischen Konzeptualisierens und Handelns (vgl. Kriz 2015, S. 285 ff.).

Wir hoffen, mit den folgenden Ausführungen diese Aktualität Lewins greifbar zu machen, haben wir doch selbst gemerkt, wie die Beschäftigung mit seinem Denken unser eigenes Handeln verändert hat. (Kap. 13; vgl. ka und msh 2015b, S. 324 ff. und msh und ka 2023). Außerdem lernten wir zu Beginn der Arbeit an diesem Werk einen US-Amerikaner kennen und schätzen, der wie wir in seinem „Planned Change" (Crosby 2021) parallelen Fragestellungen und der wechselvollen Rezeption Lewins nachgeht. Zwei frische Publikationen erschienen zur Zeit der Abfassung des Manuskripts. Als erstes ein Sammelband, von Dirk Bogner et al. 2023 herausgegeben mit dem Titel „Kurt Lewin reloaded", in dem 14 Autorinnen und Autoren der Aktualität Feldtheoretischer Konzepte nachspüren; was sie leisten können für Demokratieförderung in der Schule, Achtsamkeitsmeditation, Sitzpositionen im Klassenzimmer und anderes mehr. Das andere Werk unseres Kollegen und Freundes Andreas Amann (2023) trägt den Titel „Das gruppendynamische Feld". Auf diese und andere neueren Arbeiten werden wir im weiteren Verlauf zurückkommen. Wir sind also nicht die einzigen, die Lewins Aktualität nachspüren.

Wir möchten diesen wissenschaftlichen Text beginnen mit einem Blick über den Tellerrand und an den Beginn die Tatsache stellen, dass es Lewin seit 2022 geschafft hat, Beachtung auch jenseits der scientific community zu finden: Es gibt einen Roman über ihn – er ist in der Belletristik angekommen. Diesen für Wissenschaftler ungewöhnlichen Umstand an den Anfang zu stellen, lässt etwas von der Eleganz und Leichtigkeit durchscheinen, die neben aller wissenschaftlichen Ernsthaftigkeit und epochal bedingten Schwere Lewins Wirken ausgemacht hat. Dass Wissenschaft einen experimentell-spielerischen Aspekt haben kann, das haben seine Zeitgenossen immer wieder bestätigt. Das hat uns zum fiktiven Interview zu Beginn verleitet und mag auch die weitere Arbeit inspirieren.

Im August 2022, just als wir an diesem Buch texteten, erschien der Roman mit dem Titel „Das Rosenexperiment". Der Autor Jan Böttcher greift die Situation des Berliner Psychologischen Instituts und die Forschungsfragen auf, die im Jahre 1928 Kurt Lewin und seine Mitarbeiterinnen bewegte. Leicht war für uns zu erkennen, wer hinter den Decknamen steht: hinter Leonhard Zadek steht Kurt Tsadek Lewin, hinter der Hauptfigur des Romans, Zenia Naujas, Bluma Zeigarnik* (das meint man zumindest zunächst); Wolfgang Köhler wird zu Professor Rauch. Der Erzählung liegt eine beachtliche historische Recherche zugrunde; wir fanden immer wieder wissenschaftlich Bekanntes wieder – aber auch, dass Kurt Lewin tatsächlich mit Bluma Zeigarnik im Walde getanzt hat, wenn auch nicht bei einem Institutsfest.

Böttchers Roman hat eine brillante, launige Würdigung erfahren durch den ausgewiesenen Lewin-Kenner Wolfgang Schönpflug (2023), von der wir hier zwei Auszüge wiedergeben.

Schönpflug macht eine humorvolle Wendung, indem er die im und um den Roman herum auftauchenden Größen und Kräftefelder in ein Diagramm à la Lewin fasst. Das erste Feld repräsentiert die Lewinian Community, die Geschichte ist. Bei der dann geschilderten zweiten Community finden wir uns bestens wieder:

> „Das zweite Feld gibt die *Post-Lewinian community* (PLC) wieder. Die Mitglieder der PLC sind fachpsychologisch gebildet, sie haben (fast) alles von Lewin gelesen, kennen (fast) alle Schriften seiner Schülerinnen und Schüler und pflegen die Erinnerung an die Zeitzeugen, derer sie noch habhaft werden konnten; sie lehren und forschen im Sinne von Lewin, denn seine Themen „Vorurteil“, „Demokratie“, „Gruppendynamik“, „Handlung und Affekt“ sind noch lange nicht ausgeschöpft und seine Kunst der theoretisch geleiteten Erforschung sozialer Probleme ist weiterhin ihr Vorbild. Die PLC sucht die historische Realität zu bewahren, indem sie diese stets aufs Neue rekonstruiert. Aber die Rekonstruktion ist nicht mehr die historische Realität selbst. Stets reizt ihre Anpassung an die Aktualität, ihre Anreicherung mit idiosynkratischen und präsentistischen Konzepten. *Reloading Lewin [der korrekte Titel ist „Kurt Lewin reloaded“ ka & msh]* gleicht einer Gratwanderung. Historisch getreue Rekonstruktion hat das Original eines Paradigmas zu bewahren, so fremd es inzwischen geworden sein mag. Aktualisierung will die Produktivität eines Paradigmas für die Gegenwart ausschöpfen, auf die Gefahr hin, dass es seine ursprünglichen Züge verliert.“ (Schönpflug 2023, S. 33)

Als Fazit seiner augenzwinkernden Analyse nennt Schönpflug die beklemmende Nähe dessen, was vor 100 Jahren in Berlin geforscht wurde, zur heutigen Situation (ebd., S. 37):

> „Die dargestellte Forschung qualifiziert sich für den Roman durch ihre soziale Relevanz. In der Tat ist die anhaltende Relevanz der dargestellten Forschungsthemen eindrucksvoll: Selbstbestimmtes Handeln, Autorität und Demokratie, Wut, Protest, Verweigerung. Das sind Probleme der 1920er-Jahre, die immer noch (oder wieder) heiße Themen der 2020er-Jahre sind. Wissenschaft von sozialer Relevanz lässt sich dann unschwer mit anderen sozialen und politischen kombinieren – Antisemitismus, Diktatur, Gleichstellung von Frauen, Schichtabhängigkeit von Bildung. Man fragt betroffen: Wie lange noch? Hört das nie auf?“

Wir fanden den Roman trotz seiner etwas schwierigen Diktion und Syntax hoch spannend, sind uns allerdings nicht ganz sicher, ob das auch einen naiven Leser zu fesseln vermag. Auf jeden Fall dokumentiert er, was Thema unseres Buches ist: Lewins Aktualität.

Beim Schreiben des Buches, das Sie in Händen halten, ist uns immer wieder das Phänomen begegnet, dass wir gar nicht mehr wussten, was wir schon alles zu Lewin geschrieben hatten. Damit erlebten wir an uns selbst das so genannte Kellner-Phänomen:

> „Kurt Lewin saß in seinen Berliner Jahren gerne mit seinen Studentinnen, Studenten, Kolleginnen und Kollegen diskutierend im Schwedischen Café, das gegenüber dem Psychologischen Institut am Schlossplatz lag. Die Gruppe, die sich dort traf, nannte sich die ‚Quasselstrippe‘ und ‚war eine Gruppe, der man sich jederzeit anschließen und in der man völlig frei reden konnte‘ (Marrow 1977, S. 38). Hier fand auch die überlieferte Situation mit dem Kellner statt, der sich nach dem Bezahlen nicht mehr an die Bestellungen erinnern konnte und damit Anlass zu den Untersuchungen von Zeigarnik und Ovsiankina* gab.“ (msh und ka 2017, S. 9 f.).

Dieses Buch ist geschrieben von zwei Praktikern im psychosozialen Bereich, die dazu noch Psychologen und keine Soziologen sind. In der eigenen Praxis sind uns die Ideen Lewins immer wieder begegnet und wir setzen gewissermaßen seine experimentelle Praxis fort. Das ist unsere Orientierung und Leitlinie für das Buch – nicht die akademischen Standards. Es hat uns bereits im Vorfeld die Kritik eingebracht, dass wir zu assoziativ und feuilletonistisch schreiben und Lewins Arbeiten zu wenig in ihren gesellschaftlichen und historischen Entstehungskontext setzen. Diese Zusammenhänge sind in der Tat nicht unser Fokus und unsere Kompetenz. Wir verfolgen auch nicht, was andere in den 80 bis 90 Jahren seither aus Lewins Ideen entwickelt haben. Wir machen gewissermaßen einen Sprung und fragen danach, was heute von Lewins Ideen relevant ist. Zu der Frage, was aus der Gruppendynamik nach ihrer Entdeckung geworden ist, verweisen wir auf ein zeitgleich erscheinendes Werk von Oliver König (2025).

Wir wenden uns mit diesem Buch an einen weiten Leserkreis. Wir möchten Wissenschaftlerinnen und Praktiker ansprechen, denen das Phänomen Lewin begegnet ist und die sich darüber näher informieren wollen. Aber auch Personen, die wie wir im Spannungsfeld zwischen Psychologie und Soziologie leben und arbeiten und die sich vertieft mit Lewins Konzepten auseinandersetzen wollen.

Unser Dank gilt in erster Linie Helmut E. Lück, der uns nicht nur seine Lewin-Biographie wieder zur Verfügung gestellt hat, sondern stets mit Rat und Tat zur Seite stand. Dank geht auch an Dirk Paul Bogner sowie seine Mitherausgeberinnen Neslihan Sriram-Uzundal und Marianne Soff, die mit ihrem „Kurt Lewin reloaded“ (2023) gewissermaßen die Steilvorlage zu unserem Buch geliefert haben. Nora Binder danken wir für einige wichtige Hinweise und Sabine Kvapil mit ihrem tiefgehenden Verständnis jüdischen Denkens für unser Interview mit Kurt. Außerdem hat sie, wie auch Peter Hebel, unsere häufigen Treffen in Freising oder Gottmadingen, bei denen wir jeweils die ganze Wohnung besetzt haben, mit Geduld ertragen. Oliver König hat das

Manuskript kritisch durchgearbeitet und uns auf einige Ungereimtheiten aufmerksam gemacht. Diesen Freundschaftsdienst, uns gegenseitig unsere Manuskripte gnadenlos zu kommentieren, haben wir sehr geschätzt. Danke Dir!

In Cori Antonia Mackrodt und Stephan Moebius fanden wir geduldige Repräsentanten des Verlages, die unsere lebensgeschichtlich bedingten Verzögerungen des Abgabedatums mit Gleichmut quittierten, in Britta Laufer eine Präzision einfordernde Mitarbeiterin des Verlags.

Was das Gendern betrifft, befinden wir uns derzeit in einer Phase des heftigen Für und Wider. In unserem Text wählen wir als gemischtgeschlechtliches Duo einmal die weibliche, einmal die männliche Form und verweisen im Übrigen auf unsere Glosse im Abschn. 11.3.2.

Kurt Lewin – der unbekannte Bekannte

2

Helmut E. Lück

Zusammenfassung

Wir beginnen dieses Buch zur Aktualität von Kurt Lewin mit einer unüblichen Form von Biografie, die einer der besten Lewin-Kenner verfasst hat. Helmut Lück, mit seinem Reprint aus ka und msh 2015, wählt einen Zugang zu unserem Titelhelden, der ganz unterschiedliche Facetten dieses ungewöhnlichen Wissenschaftlers zeichnet. Diese bilden gleichzeitig eine Art Biografie, aber auch eine Einführung in seine Feldtheorie. Sie ermöglicht uns, im Verlauf des Buches, auf diese Facetten zu verweisen.

Ohne Frage gehört der deutsch-amerikanische Psychologe Kurt Lewin (1890–1947) zu den bedeutenden und bekannten Psychologen. Sein Name wird oft genannt, wenn es um Gruppen, Führung, Einstellungsänderungen, Handlungsforschung und Selbsterfahrung geht. Es ist auffällig, dass Lewin zwar genannt, aber häufig nicht wirklich referiert und diskutiert wird. Erkennbar ist dies an manchen Lehrbüchern, in denen man im Text den Namen Lewin findet, im Literaturverzeichnis jedoch schon nicht mehr. Wenn man zum Beispiel die beiden Begriffe „Kurt Lewin" und „management" in eine Suchmaschine eingibt, erhält man mehrere Tausend Hinweise, darunter manche Aussagen, die Lewin zugeschrieben werden, mit ihm aber wenig zu tun haben. Noch abwegiger sind manche gestylten, bunten Graphiken, die man auf diese Weise erhält. Carl Friedrich Graumann (1993) hat sogar vom Mythos Kurt Lewin gesprochen und dafür auch Belege geliefert.

© Der/die Autor(en), exklusiv lizenziert an Springer Fachmedien Wiesbaden
GmbH, ein Teil von Springer Nature 2025
M. Stützle-Hebel, K. Antons, *Zur Aktualität von Kurt Lewin*, Aktuelle und
klassische Sozial- und KulturwissenschaftlerInnen,
https://doi.org/10.1007/978-3-658-48827-7_2

Es gibt so etwas wie eine Folklore der Psychologiegeschichte: Anekdoten, Kolportagen usw.

> „Man kann heute – natürlich nur im übertragenen Sinne – ohne weiteres von ‚drei Lewins' sprechen. dem fast unbekannten; dem in einigen kleinen Kreisen recht gut bekannten; und dem vornehmlich in der wissenschaftlichen Öffentlichkeit als bekannt angenommenen, jedoch trivialisierten Lewin." (Métraux 1983, S. 12)

Dieser Unterteilung von Alexandre Métraux muss man nicht folgen. Ich gehe aber einmal von der These aus, dass Lewin in der wissenschaftlichen Öffentlichkeit der unbekannte Bekannte[1] ist. Ich beleuchte viele Seiten in der Hoffnung, Facetten seines Lebens und Werkes bekannter zu machen; dazu stütze ich mich auf seine Arbeiten und auf historische Quellen. Einige dieser Quellen sind bislang unveröffentlicht.

Die Lewins, die ich Ihnen vorstellen möchte, sind:

- Kurt Lewin, der suchende Student
- Kurt Lewin, der Patriot
- Kurt Lewin, der Wirtschaftspsychologe
- Kurt Lewin, der Wissenschaftstheoretiker
- Kurt Lewin, der Persönlichkeitstheoretiker
- Kurt Lewin, der Feldtheoretiker
- Kurt Lewin, der amerikanische Demokrat
- Kurt Lewin, der Zionist
- Kurt Lewin, der Netzwerker
- Kurt Lewin, der Gruppendynamiker und Aktionsforscher.

In einem Nachsatz möchte ich beschreiben, warum ich mich über viele Jahre mit Lewin und seinem Werk befasst habe.

2.1   Kurt Lewin, der suchende Student

Lewin wurde 1890 in Mogilno in der damals preußischen Provinz Posen geboren. (Mogilno liegt heute in der polnischen Woiwodschaft Kujawien-Pommern.) Der Vater Leopold (eigentlich Louis Lewin, 1852–1934) führte einen Dorfladen. Die Mutter Recha, geb. Engel (1866–1943) kümmerte sich um die Familie. Sie war

---

[1] Mit dieser Begriffsprägung gelingt es Lück, die Ambivalenz und Widersprüchlichkeit Lewins auf den Punkt zu bringen, die uns im weiteren Verlauf des Buches immer wieder begegnen wird.

offensichtlich temperamentvoll. Kurt Lewin ähnelte in seinem Temperament eher seiner Mutter als seinem Vater. In der Familie hatte er wegen seiner Unruhe den Spitznamen „wütender Hering". Kurt hatte zwei Brüder und eine Schwester. Er ging in Posen zum Gymnasium, besuchte auch die jüdische Religionsschule, so dass er mit 13 Jahren am Bar Mitzwah Ritual teilnehmen konnte; allerdings praktizierte die Familie Lewin nicht die strengste Form des Judentums, z. B. lebte sie nicht koscher. In der Familie wurde Deutsch und nicht Jiddisch gesprochen. Kurt war wohl kein ausgezeichneter Schüler, er lernte aber mehrere Sprachen.

Die Familie Lewin zog 1905 nach Berlin. Kurt Lewin legte dort das Abitur ab und begann 1909 in Freiburg zu studieren. In biographischen Darstellungen heißt es, dass er Landarzt werden wollte und in Freiburg mit dem Medizinstudium begann, Anatomiekurse allerdings „zu abscheulich" fand (z. B. Marrow 1977, S. 20). Es gibt einen bislang unveröffentlichten Brief direkt von seinem Studienbeginn, in dem die Lage anders dargestellt wird. Kurt Lewin schreibt am 24. April 1909, also kurz nach seinem Abitur, aus Freiburg an seine Schwester Hertha:

> „Liebe Schwester!
>   Eben komme ich von der Immatrikulation. Und bin nun also glücklich Student. (…) Gestern habe ich mein erstes Colleg gehört. Psychologie bei Übinger. Der Mensch ist entsetzlich fromm und redet viel Stuß, (…) Augenblicklich bin ich in ziemlich blödsinniger Stimmung. Ich weiß noch nicht genau, was ich belegen soll. Na, vorläufig werde ich überall u. nirgends hingehen u. mir aussuchen. Ich dachte mir gerade Psychologie würde vernünftig sein u. nun treff ich auf solch Idioten, der alles 20-mal durchkaut u. Ansichten wie im vorigen Jahrhundert [hat]. Vielleicht belege ich statt dessen Logik u. Erkenntnistheorie. Na von jetzt an kann ich mir Bücher aus der Bibliothek holen. Vielleicht helfen die mehr."

Dieser Brief deutet darauf hin, dass Lewin gleich seit Beginn seines Studiums Interesse an der Psychologie hatte. Und ganz offensichtlich schwankte er in seinen Zielen. Dieses Schwanken ist in den gedruckten Biografien nicht zu erkennen. Vermutlich hat Lewin selbst dazu beigetragen, seine Biografie logischer und zwangsläufiger erscheinen zu lassen, als sie wirklich war. Das ist nicht ungewöhnlich, wenn man etwa einen Antrag auf Promotion stellt.

Ab Wintersemester 1909 studierte Lewin in München, ab Frühjahr 1910 in Berlin. Er hörte aber noch in Berlin Medizin, studierte also Philosophie, Psychologie und Medizin parallel. Das deutet ebenso auf ein noch unklares Berufsziel hin.

Lewin gehörte – wie auch viele andere Reformer der kommenden Jahrzehnte und andere bedeutenden Denker und Reformer des zwanzigsten Jahrhunderts – zur sogenannten Freistudentenschaft (vgl. Wipf 2004, S. 14). Offenbar war er ein beliebter Student; seine Studentengruppe organisierte „Arbeiterkurse", d. h. Abendkurse für Erwachsene.

Ein weiterer, bislang unveröffentlichter Brief Lewins aus seiner Studentenzeit in Berlin vom 22. Mai 1911 aus Charlottenburg an seine Schwester Hertha beschreibt einen Besuch der Sprechstunde von Prof. Alois Riehl in Berlin:

> „Also endlich!
> Heute vormittag war ich bei Riehl und es ging besser als ich je gedacht hatte. Er fordert mich höflich zum Sitzen auf. Nachdem er sich davon überzeugt hatte, dass ich das ominöse Thema wirklich nicht geschichtlich sondern systematisch behandeln wollte, frug er, was mich denn von der Psychologie her zu der Arbeit veranlasst habe, natürlich um mich ein wenig zu prüfen. Ich befriedigte sein Verlangen nach den aktuellsten psychologischen Arbeiten, und dann unterhielten wir uns über meine Arbeit; er merkte ziemlich rasch, was ich wollte und fand die Arbeit sehr interessant. Mein Mut stieg, da ich vor allem gefürchtet hatte, das Tema (sic!) würde ihn vielleicht nicht interessieren. (…) Er glaubte anscheinend zuerst, ich sei ein ‚nur-Philosoph‘, der von dem praktischen Wissenschaftsbetrieb keine Ahnung habe. Als ich ihm dann erzählte, ich arbeite seit 5 Semestern in psychologischen Seminaren u. habe 2 Semester Medizin praktisch gearbeitet, da zeigte er sich auch nach dieser Richtung befriedigt. Er sagt mir zwei mal er könne mich nur in der Arbeit bestärken.“

Es ist zwar unklar, um welches Thema es ging, aber es ist klar, dass Lewin durch den Neukantianismus geprägt wurde, durch Alois Riehl und Ernst Cassirer.[2]

Es ist an dieser Stelle zu erwähnen, dass Lewin oft als Schüler der Gestaltpsychologen* Wertheimer,[3] Koffka[4] und Köhler[5] angesehen wird. Dies ist aber unzutreffend. Lewin nennt keinen der drei in seinen beiden Lebensläufen, die er zur Promotion und zur Habilitation eingereicht hat. Als Lewin in Berlin studierte, war Köhler in Frankfurt bzw. ab Ende 1913 auf Teneriffa. Als Köhler nach Berlin berufen wurde, war Lewin bereits habilitiert. Es ist natürlich richtig, dass Lewin unter dem Eindruck der Gestalttheorie* stand. Das lag an Carl Stumpf,[6] seinem Lehrer und Doktorvater, und an den wegweisenden Arbeiten der Gestaltpsychologen, die gerade in den Jahren erschienen, als Lewin in Berlin studierte.

---

[2] Alois Riehl (1844–1924) war ein österreichischer Philosoph, der wie auch Ernst Cassirer (1874–1945, für Lewin ein wichtiger Lehrer) ein deutscher Kulturphilosoph, die Schule des Neukantianismus repräsentierten.

[3] Max Wertheimer (1880–1943) Hauptbegründer der Gestaltpsychologie und Mitbegründer der Zeitschrift „Psychologische Forschung“.

[4] Kurt Koffka (1886–1941), deutscher Psychologe, Mitbegründer der Gestaltpsychologie und Mitbegründer der Zeitschrift „Psychologische Forschung“.

[5] Wolfgang Köhler (1887–1967). Philosoph und Psychologe, bekannt geworden durch seine Primatenforschung, Direktor des Psychologischen Instituts an der Universität Berlin.

[6] Carl Stumpf (1848–1936), deutscher Philosoph und Psychologe, begründete das Psychologische Institut an der Universität Berlin.

2.2   Kurt Lewin, der Patriot

Als der Erste Weltkrieg ausbrach, war Lewin an der Friedrich-Wilhelms-Universität in Berlin (heute: Humboldt-Universität) eingeschrieben und strebte die Promotion an. Diese galt nicht als Nachweis für eine bestimmte berufliche Qualifikation. Ein solches Diplom für Psychologie gab es erst Jahrzehnte später.

Kurt Lewin diente als Freiwilliger und wurde gegen Kriegsende verwundet. Sein Bruder Fritz fiel im Krieg. Kurt Lewin widmete seinem Andenken später sein Genesebuch (Lewin 1922a). Lewin verfasste in der Zeit seines Kriegsdienstes einige Rezensionen zu psychologischer Literatur über den Krieg (Lewin SAP2, S. 261 ff.), vor allem aber schrieb er seine programmatische Arbeit über die Kriegslandschaft* (Lewin 1917; vgl. ka 2015b). Damit gehörte Lewin zu den Psychologen, die kompetente psychologische Aussagen über den Krieg machen konnten.

Über Lewins praktisch-psychologische Untersuchungen in der Kriegszeit ist relativ wenig bekannt. Er erwähnt in seinem Lebenslauf zur Habilitation Schallmessapparate und Eignungsprüfungsverfahren für Funker. Veröffentlichungen dazu finden sich nicht.

Das Berliner Institut unter der Leitung von Carl Stumpf war im Ersten Weltkrieg und danach aktiv im Bereich der wehrpsychologischen Wahrnehmungsforschung. Erich Moritz von Hornbostel und Max Wertheimer hatten sogar ein Patent für ein Schallrichtungs-Messgerät (vgl. Hoffmann 1994, der allerdings Lewin nicht erwähnt).

Warum diente Lewin freiwillig in einem Krieg, der mit langen Stellungsgefechten, Giftgas und schlecht ausgebildeten Soldaten weit grausamer war als erwartet? Viele junge Männer zogen freiwillig in den Krieg. Wer das nicht tat, musste sich rechtfertigen. Später warf die Nazi-Propaganda dem jüdischen Teil der deutschen Bevölkerung vor, sich gedrückt zu haben. Tatsache ist aber, dass der Prozentsatz der Freiwilligen ebenso hoch war wie im nichtjüdischen Teil. Viele Menschen jüdischer Herkunft fühlten sich zunächst als Deutsche und erst in zweiter Linie als Juden. Sie machten sich auch Hoffnungen darauf, durch ihr patriotisches Handeln den Antisemitismus endgültig zu besiegen. Das galt auch für Kurt Lewin. Natürlich fragte er sich später, ob sein Patriotismus richtig gewesen sei.

12.000 deutsche Soldaten jüdischer Herkunft ließen ihr Leben für ein Vaterland, in dem sie als Menschen niederen Ranges galten (vgl. Grab 1988, S. 6). Die Überwindung des Antisemitismus gelang nicht, vielmehr nahm dieser in der Weimarer Zeit neue Formen an.

2.3   Kurt Lewin, der Wirtschaftspsychologe

Man sieht Lewin als Vater der experimentellen Sozialpsychologie, auch würdigt man seine entwicklungs- und erziehungspsychologischen Arbeiten, aber wenig wird beachtet, dass er von den Anfängen in Berlin bis zu seinem Tod auch arbeits- und organisationspsychologische Untersuchungen durchgeführt hat (Lück 2011; vgl. Spiess 2015a).

In den frühen Untersuchungen ist der Einfluss von Hans Rupp[7] deutlich zu erkennen. Gemeinsam mit Rupp führte Lewin umfangreiche Eignungsuntersuchungen in der Textilindustrie durch (Lewin und Rupp 1928). In den Jahren 1939–1947, also nach seiner Emigration in die USA, beriet Lewin acht Jahre lang die Harwood Manufacturing Corporation in Virginia. Das Unternehmen stellte Trikotagen her und wurde zu dieser Zeit von Lewins Schüler und späterem Biographen Alfred J. Marrow[8] geleitet (Marrow 1969, deutsch 1977, S. 228 ff.). Gemeinsam mit seinen Schülern Lester Coch, einem Manager des Unternehmens, und John R. P. French Jr., führte Lewin mehrere Untersuchungen durch, von denen jene zur Überwindung des Widerstands gegen Veränderung bekannt wurden (Coch und French 1948).

In der psychologiegeschichtlichen Literatur wird der amerikanische Lewin von dem Berliner Lewin bezüglich seiner wirtschaftspsychologischen Interessen verschieden bewertet: Während der Berliner Lewin der Sozialdemokratie nahestand und eher Interessen der Arbeitnehmer verfolgte, agierte der Amerikaner Lewin sozialtechnologisch im Interesse der Unternehmen (vgl. Zimmer-Winkelmann 2015). Er suchte allerdings Lösungen, die für beide Seiten akzeptabel waren.

2.4   Kurt Lewin, der Wissenschaftstheoretiker

Zur Philosophie ist vorauszuschicken, dass sie etwa im letzten Drittel des 19. Jahrhunderts geringes Ansehen besaß, die Naturwissenschaften mit ihren Erfolgen in Physiologie, Medizin, Pharmazie und Technik dagegen großen Aufschwung nahmen. Lewin begann seine wissenschaftliche Laufbahn in einer Zeit, in der der Neukantianismus in Deutschland dominierte. Zu seinen Lehrern gehörten dementsprechend die oben genannten Alois Riehl und Ernst Cassirer. Der Neukantianismus war ein Versuch der Philosophie, an Kant anzuknüpfen, und eine den Naturwissenschaften gemäße Philosophie zu entwickeln. (Zum Verhältnis von Lewin zum Neukantianismus s.

---

[7] Hans Rupp (1880–1954) österreichisch-deutscher Philosoph und Psychologe.
[8] Alfred Marrow (1905–1978) war ein amerikanischer Industriepsychologe.

Schönpflug und Heidelberger 2007). Mit dieser Ausbildung hängt zusammen, dass Lewin nie dem Positivismus oder Neopositivismus anhing, was besonders in seinem Verständnis der Methodologie der Psychologie sichtbar wird.

Die wegweisende Arbeit von Lewin hierzu stammt noch aus der Berliner Zeit. Es ist „Der Übergang von der aristotelischen zur galileischen* Denkweise in Biologie und Psychologie" (1931b). Lewin unterscheidet die ältere aristotelische Denkweise von der neueren galileischen. Wenn Lewin dies auch nicht explizit sagt, so war seine Feldtheorie*ein Bemühen um eine galileische Denkweise und Begriffsbildung in der Psychologie.

Es geht Lewin bei der Gegenüberstellung nicht um die Theorien von Aristoteles und Galilei, sondern um den Vergleich der aristotelisch-mittelalterlichen mit der galileisch-neuzeitlichen Forschung. Die aristotelische Sichtweise wird von Lewin als anthropomorph und unexakt angesehen, sie ist gekennzeichnet durch das Auffinden von Gesetzmäßigkeiten, die (nur) für einen begrenzten Bereich Gültigkeit haben. So betont die aristotelische Denkweise das Bilden von Kategorien, insbesondere die Dichotomisierung. Dieses Vorgehen ist jedoch unzureichend und unangemessen. Es wird in der galileischen Denkweise durch die Bildung von Reihenbegriffen abgelöst.

Auch die Psychologie sei „gegenwärtig noch in entscheidenden Zügen durchaus aristotelisch" (ebd., S. 243). Man benutze in der Psychologie überwiegend Klassenbegriffe: Ähnlich, wie die Botanik von Nutzpflanzen und Schädlingen spreche, spreche man in der Psychologie von kindlichen Fehlern, vom Üben, vom Verlernen oder von der Trotzphase. Man sei an Gesetzen im Sinne von statistischen Häufigkeiten interessiert und betrachte den einzelnen, vom Durchschnitt oder von der Norm abweichenden Fall als Ausnahme, der eigentlich nur die Regel bestätige.

Dazu berichtet Lewin eine Erfahrung mit seinen eigenen Filmen: Zeige man zum Beispiel im Film einen konkreten Geschehensverlauf bei einem bestimmten Kinde, so sei die übliche Frage von Psychologen, ob dies alle Kinder so machen oder ob es wenigstens typisch sei. Würde diese Frage verneint, so verliere der Fall an Interesse. Die Individualität erscheine eher als zufällig, als wissenschaftlich uninteressant. Es sei aber eben völlig falsch, die Häufigkeit des Auftretens eines Ereignisses oder eines Verhaltens als den Beweis für eine Gesetzmäßigkeit anzusehen.

Wie stellt sich die Feldtheorie nun in der konkreten empirischen Forschung methodologisch dar? Sprung und Linke (2007) haben hierzu die forschungsmethodischen Prinzipien von Lewin herausgearbeitet.

Wenn man nun denkt, Lewins Befürwortung der galileischen Denkweise und seine methodologischen und forschungsmethodischen Prinzipien hätten sich durchgesetzt, so irrt man. Deswegen hat Graumann vom Lewin-Mythos gesprochen: Man bezieht sich auf Lewin – auch als Ursprungs-Mythos, folgt ihm aber nicht. Ähnlich hat es der Psychologiehistoriker Kurt Danziger ausgedrückt:

„Man empfindet die Tatsache, dass Lewins Theoriesprache praktisch mit ihm gestorben ist, nicht als Widerspruch zu seinem Status, den er als Schutzpatron der experimentellen Sozialpsychologie hat." (Danziger 1990, S. 1)

Viele Autoren sind bisher davon ausgegangen, dass Lewin sich in den USA stärker an die empirisch-analytische Vorgehensweise angepasst hat, die in den USA zu seiner Zeit zum Standard der empirischen Forschung wurde. Die Durchsicht der amerikanischen Veröffentlichungen Lewins zu Fragen der Methodologie zeigt aber, dass dies nicht so ist.

Amerikanische methodologische Arbeiten von Lewin (Lewin und Lippitt 1938; Lewin 1945a) zeigen nämlich, dass Lewin weitgehend seine Berliner Methoden beibehielt, zumindest als Richtschnur ansah. Er forderte vor allem ein experimentelles Vorgehen und sieht im Experiment keineswegs den Versuch der Abbildung des Alltags. Bei Lewin und Lippitt (1938, S. 295; deutsch 1938a1, S. 135) heißt es:

„Der erste Zweck dieser Beobachtungstechnik ist es, so vollständig und einfühlsam wie möglich das gesamte Verhalten der Gruppe zu erfassen. Dies ist ein deutlicher Bruch gegenüber den üblichen Verfahren, die nur bestimmte, vorher festgelegte Symptome registrieren. Es ist vielmehr ein Versuch, die gleiche Methodologie des ‚Gesamtverhaltens' (‚total behavior' methodology) in der Sozialpsychologie anzuwenden, die sich in einer Anzahl von Untersuchungen zur Psychologie des Individuums (z. B. Dembos Studie über Ärger, Karstens Studie zur Sättigung sowie die Studie von Barker und Dembo über Frustration) als fruchtbar erwiesen hat."

Es war offenbar so, dass Lewin in der sozialpsychologischen Grundlagenforschung die Kennzeichen seines früheren Experimentierstils beibehielt: So waren auch diese Experimente durch bemerkenswerte Kreativität der psychologischen Variablen in Fragestellung und Versuchstechnik gekennzeichnet. Eigentlich hat es nur zwei Erweiterungen seiner Methodologie in den USA gegeben (vgl. vor allem Lewin 1945a), nämlich die stärkere Einbeziehung der Kulturanthropologie und die Befürwortung der Befragungsmethoden.

Diese Erweiterungen sind geringfügig. Lewin ist sich in den wissenschaftstheoretischen Grundlagen also treu geblieben. Natürlich gab es „äußerliche" Anpassungen: Er hat die in Amerika übliche Terminologie übernommen (vgl. Ash 2007). In einem Umfeld, das am Behaviorismus und einer quantitativ-nomologischen Forschung orientiert war, stieß Lewins Auffassung sogar bei seinen Schülern, wie z. B. Leon Festinger, auf Unverständnis. Diese Schüler tendierten zu einem in dieser Zeit gängigen neo-positivistischen Verständnis der Sozialpsychologie.

2.5   Kurt Lewin, der Persönlichkeitstheoretiker

Lewin hat vor allem in den zwanziger und dreißiger Jahren gearbeitet. Lewin – ein Persönlichkeitstheoretiker seiner Zeit? Auf den ersten Blick deutet nichts darauf hin.

In seiner topologischen Darstellung des Lebensraums in Form der Jordankurve[9] ist die Person* nur als Punkt dargestellt. Kleiner geht es nicht.

War Lewin also kein Persönlichkeitstheoretiker?

Persönlichkeitstheorien zu Lewins Zeit waren meist Großtypologien:

- Introversion vs. Extraversion von C. G. Jung,
- Konstitutionstypen nach Kretschmer,
- Lebensformen nach Spranger oder
- Achievement needs nach Murray usw.

Etliche Persönlichkeitstheoriker seiner Zeit kannte Lewin gut, so z. B. William Stern, Henry Murray und Gordon Allport. Die Psychoanalyse war Lewin vertraut. Auch projektive Verfahren kannte er, wie den TAT (Thematic Apperception Test) von Murray. Aber fast nichts davon findet sich in seinen Arbeiten. Lewin hat keine Tests entwickelt und er hat fast nie mit standardisierten Persönlichkeitstests gearbeitet; auch findet sich das Konzept des Unbewussten nicht in seiner Feldtheorie.

Und doch sah sich Lewin selbst als Persönlichkeitstheoretiker. So hatte zum Beispiel eine von ihm 1935 herausgegebene Sammlung von eigenen Aufsätzen den Titel A dynamic theory of personality – Eine dynamische Persönlichkeitstheorie.

Lewin lehnte die genannten Großtypologien seiner Zeit ab. Sie entsprachen nach seiner Auffassung dem aristotelischen Denken in der Psychologie, das in Kategorien, Klassen, Stufen, Phasen einteilte. Diese Art zu denken sollte nach Lewin gerade durch die Galileische Denkweise überwunden werden, durch ein Denken in dynamischen* Vorgängen, durch Entwicklung universeller Gesetze.

Was den Punkt im Lebensraum betrifft, muss man sogleich klarstellen: Die Person ist nicht ein Spielball der Feldkräfte im Sinn eines behavioristischen Ansatzes. Der Lebensraum zu einer bestimmten Zeit ist vielmehr der, wie ihn die Person wahrnimmt. Die Person ist Teil dieses Lebensraums, aber sie ist es auch, die die Darstellung des Lebensraums erst möglich macht.

---

[9] Benannt nach dem französischen Mathematiker Camille Jordan, zeichnet sich durch ihre Ellipsenform aus; Näheres dazu Abschn. 4.3.

Fünf Bereiche sollen nur kurz erwähnt werden, in denen sich Lewins Ansatz einer dynamischen Persönlichkeitspsychologie bewährt hat:

1. Die Konfliktpsychologie. Die Vorstellung von Feldkräften, die zu Appetenz-Appetenz-Konflikten*, Aversions-Aversions-Konflikten* oder Appetenz-Aversions-Konflikten* führt, ist plausibel und anschaulich.
2. Lewins Konzept der Psychischen Sättigung* hat sich sowohl in der Arbeitspsychologie als auch in der Entwicklungspsychologie bewährt (Marianne Soff wendet es 2015 auf das Phänomen des Burnout an).
3. Die von Lewin angeregten Arbeiten zum Anspruchsniveau* (Hoppe) bildeten den Anfang der Leistungsmotivationsforschung.
4. Das aus der Psychoanalyse entlehnte Konzept der Regression* machte Lewin (zusammen mit Barker und Dembo) zu einem psychologischen Konzept und untersucht es experimentell im Nachgang zur Tamara Dembos Untersuchungen über die Psychologie des Ärgers.
5. Schließlich hat Lewin seine Feldtheoretische Betrachtung auf kulturvergleichende Analysen angewandt, indem er Erziehung und Erziehungswirkungen im damaligen Deutschland und den USA verglichen hat.

Es ließen sich weitere Themen und Bereiche nennen, in denen Lewin die Persönlichkeitspsychologie bis heute geprägt hat.

Halten wir fest: Man findet bei Lewin fast keine psychodiagnostischen Untersuchungen, keine Arbeiten über interindividuelle Differenzen. Daher nimmt Lewin auch auf die Persönlichkeitstheorien seiner Zeit kaum Bezug. Aber er ist Persönlichkeitspsychologe, denn er untersuchte und erklärte die Dynamik des menschlichen Handelns, wie Motivation, Anspruch, Leistung, persönliche Konflikte, Gründe für Veränderungen des Anspruchsniveaus, Ursachen für Regressionen usw.

2.6   Kurt Lewin, der Feldtheoretiker

Wohl durch seine eigenen Kinder wurde Lewin zu Untersuchungen über Kinder in Konfliktsituationen angeregt. Seine frühen Filmaufnahmen dokumentieren diese verschiedenen Konflikte anschaulich.

Wer sich mit den Grundgedanken der Feldtheorie vertraut machen möchte, findet über Lewins Schriften wie „Die psychologische Situation bei Lohn und Strafe" (1931a) aber auch in der „Einführung in die Praxis der Feldtheorie" von msh und ka (2017) leicht Zugang zu Lewins Denken in Feldern und Feldkräften.

Die Situation, in der eine Person an einer Aufgabe, Beschäftigung oder an einem Gegenstand Interesse hat, ist Feldtheoretisch leicht zu beschreiben: Es besteht ein positiver Aufforderungscharakter* (Valenz*), und es besteht eine Feldkraft*, die Lewin topologisch dargestellt hat als Vektor von der Person (P) in der Bewegungsrichtung auf das Ziel (Z). Etwa ab 1933 hat Lewin – mathematisch genauer – Feldkräfte als Vektoren vom Ziel (Z) in Richtung auf die Person (P) dargestellt, wodurch die Darstellung allerdings ein wenig an Anschaulichkeit verloren hat.

Voraussetzung für das Wirksamwerden des Aufforderungscharakters ist, dass dieser im Vergleich zu den sonst wirksamen Feldkräften stark genug sein muss.

Nehmen wir an, ein Kind wolle seine Puppe wiederbekommen und auf dem Weg zum Ziel befinde sich ein Hindernis, von Lewin topologisch als „Barriere*" bezeichnet. Dieses Hindernis kann physikalischer Art sein, etwa eine Gartenbank, es kann aber auch im Verbot eines Erwachsenen bestehen.

In besonders starken Konflikten kann es sein, dass sich eine Person dem Konflikt nicht mehr stellt, sondern – wie Lewin sagt – aus dem Felde geht. Ein Schüler hasst die Schule, die Hausaufgaben und sein Elternhaus: er reißt aus. Dieses Aus-dem-Felde-gehen* ist in der Untersuchung von Dembo (1931) über den Ärger sehr anschaulich untersucht worden: Personen flüchten vor unlösbaren Aufgaben. Es ist eine Lokomotion*, die natürlich nicht wie beim Ausreißen physisch erfolgen muss. Flucht in die Fantasie, in Tagträume usw. sind bei Dembo genannt; Resignation, „innere Emigration", „innere Kündigung" sind andere Beispiele. Das Aus-dem-Felde-gehen erfolgt umso eher und häufiger, je negativer die Valenzen sind und je einfacher es ist, sich dem Konflikt nicht zu stellen. Erzieher errichten daher bei Strafandrohungen meist entsprechende Barrieren im Lebensraum des Kindes, die eine Flucht verhindern sollen. Diese Barrieren können physikalischer Art sein (z. B. Einsperren), häufiger sind es Machtmittel sozialer Art.

Die Konfliktsituationen werden wesentlich durch die Umwelt des Individuums bestimmt, jedoch ist der Lebensraum in Lewins Theorie stets die vom Individuum wahrgenommene Umwelt und nicht die dingliche Umgebung. Es ist z. B. sehr wohl möglich, dass ein Kind auch ohne besondere Barrieren die angewiesenen, unangenehmen Tätigkeiten ausführt. In diesem Fall scheint es wie von einem Netz zahlreicher schwächerer Barrieren umgeben.

Lewins Ausführungen zur psychologischen Situation bei Lohn und Strafe weichen von den bis dato üblichen Lerntheorien ab. Lewin versteht sich bewusst nicht als Pädagoge; er zeigt einfach und anschaulich, welche Wirkungen Lohn und Strafe haben können.

2.7   Kurt Lewin, der amerikanische Demokrat

Lewin war von der amerikanischen Demokratie überzeugt. In seiner Arbeit über einige sozialpsychologische Unterschiede zwischen den USA und Deutschland (Lewin 1936b) hat er vor allem Unterschiede im Erziehungsverhalten dargestellt. Dort führt er aus, dass für jemanden, der aus Deutschland kommt, der Grad der Freiheit und Unabhängigkeit der Kinder und der heranwachsenden Jugend in den USA sehr erstaunlich sei (ebd., S. 27). Topologisch gesprochen: Der Raum der freien Bewegung* ist in den USA viel größer.

Dann vergleicht er die Erziehung der Kinder zum Gehorsam im Nazi-Deutschland mit einer liberalen-demokratischen Erziehung in den USA. Lewin ist überrascht, dass in den USA Kinder eher als gleichberechtigte Personen behandelt werden, während in Deutschland von Schülern gegenüber Lehrern und von Studenten gegenüber Professoren serviles Verhalten verlangt wird.

Lewin bejahte die amerikanische Demokratie, stellte seine Fähigkeiten auch in den Dienst amerikanischer Regierungseinrichtungen. Lewin schrieb über die besondere Situation in Deutschland, über Möglichkeiten der Re-Demokratisierung Deutschlands nach Ende des Krieges usw. Gegen Ende des Krieges war Lewin im Geheimdienst tätig.

1941 wurde durch Präsident Roosevelt das Büro für Strategische Dienste (OSS – Office of Strategic Services) eingerichtet, um den US-amerikanischen Geheimdienst in seinen Bemühungen gegen Nazideutschland zu koordinieren. Roosevelt benannte William Donovan mit der Leitung. Analog zum britischen Camp X wurde in einer ländlichen Gegend Virginias „Station S" („S" für secret) eingerichtet. Das Personal der Station S wurde mit der Aufgabe der Auswahl der Agenten für eine Vielzahl verschiedener Spionageaufgaben betraut. Ein Team von Psychologen, darunter Kurt Lewin, entwickelte eine ganze Anzahl kreativer Ansätze für das Auswahlproblem. Unter anderem wurden Spionage-Kandidaten aufgefordert, während des Auswahlverfahrens ihre falsche Identität aufrecht zu erhalten, während andere Bewerber gerade aufgefordert wurden, die wahre Identität ihrer Mitbewerber aufzudecken.

Urie Bronfenbrenner (2005, S. 42 f.) beschreibt, dass er nach seiner Promotion Militärdienst geleistet habe und zu der Einheit „Station S" außerhalb von Washington D. C. gekommen sei, wo Lewin tätig war. Dazu gehörten vier oder fünf junge Leute, promovierte Psychologen, darunter eben Bronfenbrenner. Man habe viel gesungen und über menschliches Verhalten und menschliche Entwicklung nachgedacht (ebd., S. 43). In beidem sei Lewin führend gewesen.

Die Akten zu Lewins Tätigkeit für den Geheimdienst (Office of Strategic Services, OSS) waren Jahrzehnte unter Verschluss; inzwischen werden sie für Forschungszwecke genutzt.

Lewins vorbehaltloses Eintreten für die USA wurde kontrovers aufgenommen. Hedda Korsch z. B. hat gesagt, Lewin sei ein „zu guter" Amerikaner geworden. Allerdings hat Lewin die McCarthy-Ära nicht mehr miterlebt. Wie er sich in dieser Zeit verhalten hätte, kann man nur vermuten.

2.8 Kurt Lewin, der Zionist

Zu Beginn der Nazizeit bekam Lewin ein Angebot für eine Professur an der Hebräischen Universität in Palästina. Das Interesse Lewins an einer Professur in Palästina erstreckte sich zumindest über die Zeit 1933–1938, aber noch weit später sprach er mit einzelnen Personen über die Möglichkeit der Übersiedlung. Am Anfang war es Sigmund Freud, der sich – wenn auch ohne große Wirkungen – gegen Lewins Berufung und für eine psychoanalytische Professur an der Hebräischen Universität aussprach (Lück und Rechtien 1989); später waren es die unzureichenden Arbeitsbedingungen, die Lewin von der Übersiedlung abhielten. David Bargal hat über Pläne, die Lewin für seine Arbeit in Jerusalem entwickelt hatte, berichtet (Bargal 1998, 2007). Danach hat Lewin weitsichtig Forschungsthemen zu interkulturellen Einflüssen, Sozialisation, Erziehung, Lehrerbildung usw. vorgeschlagen. Lewins Interesse an Fragestellungen jüdischer Lebensführung und Erziehung sind auch an seinen Arbeiten ablesbar.

In den USA wurden Lewins Forschungsvorhaben intensiv durch jüdische Organisationen unterstützt. Mindestens acht Publikationen von Lewin befassen sich direkt mit Fragen des Judentums (s. Lück 2007b). Lewin setzte sich für eine jüdische Erziehung ein, die an der Realität orientiert sein sollte. So lehnte er es ab, wenn Eltern ihren Kindern aus Rücksichtnahme verheimlichten, dass sie Juden sind. Lewin präsentierte Befragungsergebnisse (1947d), die zeigten, dass die jungen zionistischen Juden in den USA eine positivere Identifikation mit dem Judentum hatten und interessanterweise zudem weniger unter Antisemitismus litten als junge nicht-zionistische Juden.

2.9 Kurt Lewin, der Netzwerker

Viele seiner Schülerinnen und Schüler haben die Bedeutung von Gruppen für Lewins wissenschaftliches Arbeiten herausgestellt. Da war zur Berliner Zeit die „Quasselstrippe", eine Gruppe, die sich mit Lewin im Schwedischen Café in Berlin traf. Es ist überliefert worden, dass die Hypothese vom besseren Behalten unerledigter Handlungen dort entstand und gleich an dem Kellner getestet wurde. Erst dann führte Bluma Zeigarnik* dazu ihre experimentellen Untersuchungen durch, die zum Zeigarnik-Effekt führten und von Lewin später immer wieder zitiert wurden. In den USA war es der „Hot Air Club", mit dem Lewin diskutierte.

Wichtiger als diese Studentengruppen war die Topology Group (Lück 1989). Dies war eigentlich keine Gruppe mit feststehender Mitgliedschaft, sondern eine Serie von Tagungen, bei denen die Zusammensetzung der Teilnehmerschaft sich immer wieder veränderte (Lück 1989). Es gab Lewin-Freunde und -Schüler, die regelmäßiger teilnahmen, dazu kamen gelegentlich aber auch Personen wie William Stern, Margaret Mead, Henry A. Murray und andere. An den Treffen nahmen so auch Behavioristen, Psychoanalytiker, Psychodiagnostiker und Kulturanthropologen teil. Man traf sich bereits ab 1933 jedes Jahr (mit Ausnahme von ein paar Kriegsjahren) meist zwischen Weihnachten und Neujahr an einer Hochschule im Nordosten der USA, hörte Vorträge und diskutierte über Topologische Psychologie und andere Themen der Psychologie und Anthropologie. Die Topology Group bestand bis 1964 – also weit über Lewins Tod hinaus.

Margret Mead hat sich erinnert, wie Lewin von hinten im Saal die Diskussion lenkte:

> „Dieses amüsierte, unschuldige Lenken vom Rücksitz aus hatte eine merkwürdige Wirkung auf solch ein Treffen, denn normalerweise sind ja alle Augen vorn; aber es entsprach auch Kurts schrecklichem Fahrstil. Ich sehe immer noch, wie er das Steuerrad losläßt und mit beiden Händen Diagramme in die Luft zeichnet." (Evaluation Margret MEAD 1967)

Der Vergleich der Topology Group mit dem Kreis um Sigmund Freud (Lück 1989) macht die erheblichen Unterschiede im Führungsverhalten deutlich. Freud war von seiner Theorie und Methode so überzeugt, dass Abweichungen der Mitglieder der Mittwochsgesellschaft – jenes Mittwochstreffens seiner Schüler in seinem Haus an der Berggasse in Wien – kaum ohne Sanktionen möglich waren; Lewin dagegen hielt die Zeit der Schulenbildung in der Psychologie schon zu einem sehr frühen Zeitpunkt für überholt. Die Topology Group war (trotz ihres Namens) in theoretischen Fragen aufgeschlossen. Für die Psychologie in den USA war sie von beträchtlicher, vielleicht bislang unterschätzter Bedeutung.

2.10 Kurt Lewin, der Gruppendynamiker und Aktionsforscher

Es ist unbestritten, dass Lewins Interesse an einer experimentellen Sozialpsychologie erst in den USA erwachsen ist. Zum Standardwissen der Psychologie, der Erziehungs- und der Organisationswissenschaften gehört heute auch, dass Lewin als erster die Wirkungen verschiedener Führungs- bzw. Erziehungsstile auf die Gruppenatmosphäre* untersucht und nachgewiesen hat.

Die Entstehungsgeschichte ist immer wieder erzählt worden: Es war vermutlich im Herbst 1937, als Lewin ein Thema für eine Masterarbeit anbot, das den Leitungswirkungen nachgehen sollte. Ronald Lippitt, einer der Studenten, hat – vermutlich anders als Lewin gedacht hatte – ein entsprechendes Experiment vorgeschlagen: Lewin willigte ein, dass das Experiment zunächst mit zwei Führungsstilen* durchgeführt wurde. Lippitt war ausgebildeter Sozialarbeiter und gewohnt, mit Gruppen zu arbeiten. Nachdem Ralph K. White es nicht schaffte, den demokratischen Stil zu realisieren, wurde daraus ein weiterer Stil kreiert. So wurde das Experiment mit autokratischer, demokratischer und laissez-faire-Führung durchgeführt (Lewin et al. 1939). Dazu wurden vier neue Gruppen von zehnjährigen Jungen fünf Monate lang untersucht. Die Befunde sind bekannt: Verzögerte Wir-Gruppenbildung unter autokratischer Leitung, ein weit höheres Maß an Aggression, wenn der autokratische Führer abwesend war als bei Abwesenheit des demokratischen Führers. Unter autokratischer Leitung gab es keine Auflehnung gegenüber dem Leiter, aber die Herausbildung von „Sündenböcken" in der Gruppe. Bei der „Laissez-faire"-Atmosphäre wurde fast die gleiche Häufigkeit aggressiver Verhaltensweisen wie in der autoritär geführten Gruppe beobachtet. Erwähnt sei nur, dass auch hier Lewin seine Methodologie des „Gesamtverhaltens" (total behavior methodology) anwandte (s. o.). Das Experiment steht also nicht in der Tradition positivistischer, empirisch-analytischer Forschung, obwohl es meist so dargestellt wird. Von Interesse für Lewin sind auch nicht einzelne Merkmale der Führung, auch nicht die „Produktivität" der Führung, sondern das Klima, in dem ein Kind lebt.

Die Untersuchung ist immer wieder zitiert und auch repliziert worden. Der Erfolg und die Bekanntheit der Untersuchung hat ganz sicher damit zu tun, dass man in den USA die Demokratie als die einzig akzeptable Gesellschafts- und Regierungsform ansah und dieses Experiment die Überlegenheit anschaulich machte. Mehr noch: Demokratie als Führungs- und Erziehungsstil erwies sich als erlernbar, machbar und als praktisch!

Eine der wichtigsten Untersuchungen von Lewin im Bereich der Gruppendynamik* war jene zur Bedeutung der Gruppenentscheidungen für die Veränderungen der Essgewohnheiten (Lewin 1942e). Heute wird diese Arbeit als Beleg dafür gewertet, dass gemeinsam getroffene Gruppenentscheidungen stärkere Verhaltensänderungen bewirken als Unterweisungen, Belehrungen und Aufklärungen. Tatsächlich hatte Lewin für die untersuchten Hausfrauen gefunden, dass eine Woche nach dem Experiment nur 10 % der Frauen in der Unterricht-Gruppe ihr Verhalten geändert hatte, während es in den Situationen mit Gruppendiskussion und -entscheidung 52 % der Frauen waren. Wenig bekannt ist, dass zuvor der Lewin-Student Ben Willerman (1942) in einer Pilotstudie ein vergleichbares Ergebnis an Studenten aus mehreren Studentenheimen gefunden hat (Copeland 2005, S. 21). Insgesamt ist es ein valider, mehrfach bestätigter

Befund unter der Voraussetzung, dass die Gruppe wirklich eine Entscheidung im Sinn der gewünschten Veränderung trifft. Genutzt wird die Methode seit Jahrzehnten von den Weight Watchers und vielen anderen Organisationen.

Zum Verständnis dieser Arbeiten von Lewin ist es wichtig, sich die damalige politische Lage und die Entstehungsgeschichte zu vergegenwärtigen. In den dreißiger Jahren hatte man sich in den USA mehr und mehr von einer bis dahin in der Einwanderungspolitik praktizierten Rassenideologie gelöst und die Bedeutung der Kultur der verschiedenen Einwanderergruppen erkannt. Für dieses Umdenken waren Arbeiten des deutsch-amerikanischen Anthropologen Franz Boas und seiner Schülerinnen Ruth Benedict und Margaret Mead von Einfluss. Durch die Weltwirtschaftskrise und später durch den Beginn des Zweiten Weltkriegs wuchsen auch in den USA wirtschaftliche Probleme; Regierungsstellen stellten sich zudem die Frage nach der Kriegsmoral in der heterogenen amerikanischen Bevölkerung für den Fall des Kriegseintritts. Diesen Patriotismus sah man in Abhängigkeit von einer gemeinsamen amerikanischen Kultur. Man hoffte, die Kampfmoral in der Heimat durch Überwindung kultureller Unterschiede zu stärken. Dies sollte u. a. auch dadurch gelingen, dass die kulturellen Gepflogenheiten in der Ernährung zurückgedrängt und allgemein eine gesunde, amerikanische Form der Ernährung akzeptiert werden. Bei einigen Forschern stand auch die Hoffnung auf Herausbildung des amerikanischen Nationalcharakters im Vordergrund, obwohl dieser Begriff nie klar definiert wurde und bald umstritten war.

In diesem Kontext des Nationalbewusstseins und der Kriegsmoral stand Kurt Lewin. Er arbeitete gemeinsam mit Margaret Mead und anderen für das National Research Council Committee on Food Habits, für das er mehrere, bislang unveröffentlichte Berichte erstellte (vgl. Copeland 2005). Soweit aus seinen Schriften erkennbar ist, sprach Lewin nicht vom Nationalcharakter. Seine oben erwähnten Arbeiten zum Judentum lassen auch vermuten, dass Lewin nur eingeschränkt an eine Steigerung der Kampfmoral durch Amerikanisierung (einschl. der Essgewohnheiten) glaubte. Lewins Arbeiten über Judentum zeigen vielmehr, dass nach seinen Befunden diese amerikanische Minorität ihre Überzeugungen gerade nicht aufgeben sollte. So war er vermutlich im Konflikt. Aber die Frage nach Einstellungs- und Verhaltensänderungen bewegte ihn, und als Gegner des Nationalsozialismus war er natürlich für die Stärkung der amerikanischen Kampfmoral.

Der nächste Schritt Lewins war die Einbeziehung der Beforschten in den Forschungsprozess, heute unter der Bezeichnung Aktions- oder Handlungsforschung (action research)[10] bekannt. Zu Lewins Programm der Handlungsforschung gehören

---

[10] Außer in Zitaten verwenden wir in diesem Buch durchgehend den deutschen Begriff „Aktionsforschung".

drei Elemente: verantwortungsvolle Intervention, Forschung und Training. Lewin sah diese Art der Forschung nicht als geringwertiger als herkömmliche Forschung an. (Die Entstehung der Aktionsforschung* ist eng verbunden mit der Entdeckung der angewandten Gruppendynamik als Methode; Kap. 7)

In der akademischen Psychologie hat sich diese Auffassung nicht durchgesetzt. Aber es hat immer Aktionsforschungsprojekte gegeben. Es gibt inzwischen sogar Neuentwicklungen. Unter dem Begriff Participatory Action Research (PAR) hat sich eine lebendige Richtung der Aktionsforschung u. a. in Indien, Südamerika und Frankreich entwickelt. Neben dem Rückgriff auf Kurt Lewins Aktionsforschung und die frühe Arbeit des Tavistock-Instituts waren an der Entstehung der Participatory Action Research u. a. die Bürgerrechtsbewegung, die Feministische Psychologie und die Ökologie-Bewegung beteiligt (Abschn. 8.3). Dieses Beispiel zeigt, dass es Wirkungen der Arbeiten Kurt Lewins auch noch nach fast einem Jahrhundert gibt – manchmal in unerwarteter Weise.

2.11 Lebendige Forschung zu Kurt Lewin

„Kurt Lewin war ursprünglich Physiker und hat schon in den zwanziger und dreißiger Jahren versucht, eine ‚Physik der menschlichen Beziehungen' zu gestalten." Diese Aussage (Schwarz 2015, S. 349) ist natürlich unzutreffend und irreführend. Lewin war nicht Physiker und er wollte keine Physik der menschlichen Beziehungen, sondern eine psychologische Feldtheorie der menschlichen Motivation schaffen.

Fehleinschätzungen der Person und Leistungen Kurt Lewins sind in den letzten Jahren seltener geworden. Das hat mit einer reichhaltigen Literatur – nicht nur in deutscher Sprache (z. B. Kardaś 2020) zu tun, auch mit Forschungsprojekten, ebenso damit, dass Arbeiten von Studierenden zu Lewin entstanden sind und veröffentlicht wurden (Bogner 2020), ferner mit Rundfunksendungen verschiedener Art zu Lewin, und schließlich auch damit, dass Lewin inzwischen von anderen Gruppen als Psychologen und Psychologiehistorikern entdeckt und gewürdigt und seine Ansätze z. T. praktisch genutzt wurden; besonders kann man die Erziehungswissenschaften nennen, schließlich auch die Literaturwissenschaften.

Wie lebendig die Forschung zu Lewin und seinen Theorien ist, bestätigt der vorliegende Band.

Lewins Feldtheorie

3

> *„Nach der Feldtheorie hängt das Verhalten weder von der Vergangenheit noch von der Zukunft ab, sondern vom gegenwärtigen Feld. (Dieses gegenwärtige Feld [...] schließt die ‚psychologische Vergangenheit‘, die ‚psychologische Gegenwart‘ und die ‚psychologische Zukunft‘ [...] mit ein.)“*
>
> (Lewin, KLW 4, S. 68)

Zusammenfassung

In diesem Kapitel kreisen wir den Begriff der Feldtheorie ein, verweisen auf frühere Darstellungen und geben eine Vorschau auf den Aufbau des Buches. Wir erläutern zentrale Begriffe und Konzepte und zeigen eher assoziativ auf, wo lewinisches Gedankengut aufscheint. Wir versuchen, Lewin in seiner eigenen Ambivalenz zu betrachten, seine ständigen Neuentdeckungen und Paradigmenwechsel.

Um in den nachfolgenden Kapiteln Lewins Aktualität nachspüren zu können, gilt es, einen Blick darauf zu werfen, was er, meist mit dem Begriff Feldtheorie* bezeichnet, an „praktischer Theorie“ hinterlassen hat. Diese Feldtheorie ist kein in sich geschlossenes Theoriegebäude, sondern ein Werk, das er selbst im Laufe seines wissenschaftlichen Lebens unterschiedlich benannt hat und das ganz unterschiedliche Interpretationen und Würdigungen im Laufe seiner Rezeptionsgeschichte erhalten hat.

© Der/die Autor(en), exklusiv lizenziert an Springer Fachmedien Wiesbaden GmbH, ein Teil von Springer Nature 2025
M. Stützle-Hebel, K. Antons, *Zur Aktualität von Kurt Lewin*, Aktuelle und klassische Sozial- und KulturwissenschaftlerInnen,
https://doi.org/10.1007/978-3-658-48827-7_3

Lewin hat kein Patent auf den Begriff „Feldtheorie". Zunächst ist der Begriff prominent besetzt. Das erfuhren wir, als wir 2017 unser Buch in der Einführungsreihe des Carl-Auer Verlages „Einführung in die Feldtheorie" nennen wollten. Der Verlag machte uns darauf aufmerksam, dass dieser Titel bereits durch Werner Heisenberg besetzt sei. Deshalb wurde dann eine „Einführung in die *Praxis der* Feldtheorie" daraus. Rehbein und Saalmann (2009) führen aus, der Feldbegriff stamme ursprünglich aus der Theorie des Magnetismus. „Kern der Feldtheorie war der Begriff der Kraft, die über eine bestimmte Entfernung auf Körper wirkt und damit Wesen und Grenze des Feldes bestimmt" (ebd., S. 100). Insofern endet ein Feld dort, wo die Feldeffekte aufhören (ebd., S. 101). Damit ist auch eine ernstere Antwort gegeben auf die im fiktiven Interview (Abschn. 1.1) gestellte Frage nach der Größe eines Feldes.

Aber auch viele andere Autoren verwenden den Begriff, z. B. die Begründer der Gestalttherapie Perls, Hefferlein & Goodman, deren Konzept der Person-Umwelt-Interaktion als Feldtheorie bezeichnet wird. Bei weitem nicht so ausgefeilt wie Lewins Feldtheorie* gehört sie neben der dominanten Figur-Hintergrund-Thematik zu den zentralen Konzepten der Gestalttherapie. Ihre Lewinischen Wurzeln werden allerdings kaum beleuchtet (vgl. Schnee 2018).

Steven J. Stanton, Julie L. Hall und Oliver C. Schultheiss formulierten 2010 die „Motivational Field Theory", die einen Zusammenhang von impliziten Motiven (von Bindung bzw. Dominanz) und Unterschieden im Ausdruck bzw. in der Wahrnehmung von Emotionen postuliert (Rösch 2012; Rösch et al. 2013). Wie Bedürfnisse die Wahrnehmung der äußeren Umwelt beeinflussen, ist ein zentraler Aspekt von Lewins Feldtheorie – wird von den Autoren aber nicht damit in Verbindung gebracht.

Die soziologische Verwendung des Feldbegriffes durch Bourdieu greifen wir in Abschn. 12.3 auf.

In unserem Kontext ist es nicht erforderlich an dieser Stelle das zu tun, was bereits an den verschiedensten Stellen versucht wurde: die Feldtheorie* in ihrer Gesamtheit darzustellen. Das lässt sich finden bei Lewin selbst (KLW 4[1] und KLW 6), aber auch bei Mey (1965), Solle (1969), Marrow (1977), Heigl-Evers (1979), Lang (1979), Métraux (1981), Hege (1998), Graumann (1991), Schönpflug (1992), Lück (1996), Stengel (1999), neuerlich bei Soff und Stützle-Hebel (2015), Stützle-Hebel und Antons (2017) und Soff (2017), sowie den jungen Lewin-Forscherinnen Perlina (2015) und Binder (2019, 2023a, 2023b). Auch Helmut Lücks Biographie-Kapitel (Kap. 2) zeigt skizzenhaft den Umriss seiner Feldtheorie.

---

[1] Die Bedeutung der Kürzel findet sich jeweils am Beginn des Lewin-Literaturverzeichnisses und am Beginn des allgemeinen Literaturverzeichnisses.

3.1 Was mit Feld und Feldtheorie gemeint ist

Lewins Feldkonzept ist ein energetisch-dynamisches, und nicht zufällig bezieht er sich in einer seiner Definitionen auf Einstein:

> „Eine Gesamtheit gleichzeitiger Tatsachen, die als gegenseitig voneinander abhängig begriffen werden, nennt man ein *Feld* (Einstein, 1933). Die Psychologie muss den Lebensraum, der die Person und ihre Umwelt umschließt, als Feld betrachten." (Lewin 1946a1, S. 377)

Das paradigmatisch Neue an seiner Feldtheorie ist, dass Lewin das Verhalten und Erleben einer Person* – und später auch von Gruppen – weder auf die „Persönlichkeit" noch auf „Stimuli" oder „Verstärkung", d. h. Verhaltenskonsequenzen in Form von Belohnung oder Bestrafung zurückführt, sondern auf das Zusammenwirken von anziehenden und abstoßenden Feldkräften sowie Barrieren* und Grenzen* im Lebensraum der Person. Ebenfalls paradigmatisch neu ist die energetische Konzeption dieses Feldes, die den Ursprung des lewinischen Feldkonzepts in der Physik durchscheinen lässt.

Für den von der Gestaltpsychologie und ihrer kritisch-realistischen Position kommenden Lewin[2] ist der **Lebensraum**[3] nicht unmittelbar die reale Umwelt, sondern all das, was und wie es für die Person aufgrund ihrer aktuellen Bedürfnis- und Interessenlage relevant ist – wobei es dabei keine Rolle spielt, wie bewusst dies der Person ist. Lewin beschreibt den Lebensraum (L) „als dynamisches, also in stetiger Veränderung befindliches, Feld* von untereinander in Verbindung stehenden und sich wechselseitig beeinflussenden Einzeltatsachen" (Soff 2017, S. 44) und als den Gesamtbereich dessen, was das Verhalten (V) eines Individuums (P) in seiner Umwelt (U) zu einem gegebenen Zeitpunkt bestimmt. Daraus ergibt sich die berühmte zentrale **Verhaltensgleichung:**

$$\mathbf{V} = \mathbf{f}\big(\mathbf{P}, \mathbf{U}\big) \text{ oder noch kürzer } \mathbf{V} = \mathbf{f}\big(\mathbf{L}\big).$$

Verhalten (V) ist die Funktion der Wechselwirkung der Person (P) mit ihrer Umwelt (U) bzw. ihres Lebensraums (L) (z. B. Lewin 1946a1, S. 376 f.; Abschn. 2.6 und Glossar).

---

[2] Der kritische Realismus ist die auf Cassirer zurückgehende erkenntnistheoretische Haltung der Gestalttheorie, von der auch Lewin kommt. Gerhard Stemberger hält es für angemessen, Lewin durchgängig kritisch-realistisch zu interpretieren (Stemberger 2023, S. 190 ff.).

[3] Die fett gesetzten Begriffe in diesem Abschnitt werden im Glossar erläutert. Im weiteren Verlauf werden Glossar-Begriffe mit einem Asterik * gekennzeichnet.

So strukturiert unser Lebensraum unsere Erfahrungen und wird gleichzeitig strukturiert durch unsere Erfahrungen – zusätzlich noch durch den Faktor Zeit und den Faktor Bedürfnisse. Das lässt sich durchaus als eine Parallele sehen zur heutigen Hirnforschung, die gewissermaßen galileisch* zu denken beginnt, indem sie postuliert, dass unser Gehirn zwar unsere Erfahrungen strukturiert, gleichzeitig unsere Erfahrungen die Struktur des Gehirns beeinflussen.

Dieses Grundkonzept hat Lewin im Laufe seines Schaffens vielfältig ausdifferenziert.

Der zentrale Faktor **Bedürfnisse** wird erweitert um das Konzept der von ihnen ableitbaren **Quasibedürfnisse**, zu denen wir auch das zählen können, was wir heute eher als Interessen bezeichnen.

Lebensräume, die sich durch die **Zugehörigkeit** zu zwei verschiedenen sozialen Systemen ergeben, können sich überschneiden und **Überschneidungskonflikte** konstituieren, wenn sie gleichzeitig aktualisiert werden.

Konflikte sind allgegenwärtig und in diesem Sinne „normal", weil in den meisten Situationen widerstreitende (Quasi-)Bedürfnisse und/oder unvereinbare Ziele aktiviert sind, was sich in **Appetenz-Appetenz-**, **Aversions-Aversions-** oder **Ambivalenz-Konflikten** niederschlägt.

Diese, und vor allem **Barrieren**, die sowohl physikalisch – aber mehr noch psychologisch – sein können, wie z. B. ein Verbot, eine Ausschluss-Drohung oder auch eine Selbsteinschätzung als inkompetent, schränken den **Raum der freien Bewegung** ein.

Ist der Raum der freien Bewegung zu eng oder sind die Konflikte zu stark, dann erhöht das die psychische Spannung und wenn kein Weg gefunden wird, die Barriere zu überwinden oder zu umgehen oder den Konflikt zu bewältigen, dann entsteht die Tendenz zum **aus dem Feld gehen**, physisch oder psychisch. Gelingt auch das nicht, dann steigt die **psychische Spannung** und **Aggression**, nach außen oder innen gerichtet. (s. Abb. 10.3 in Abschn. 10.5.3).

Will man **Verhalten ändern**, dann ist die erste, zentrale Frage, welche Feldkräfte dieses Verhalten konstituieren und aufrechterhalten. Hier hilft Lewins Konzept des **Quasi-stationären Gleichgewichts**. Die zweite Frage ist, welche dieser Feldkräfte in Richtung des erwünschten Verhaltens wirken und – noch wichtiger – welche dem erwünschten Verhalten bzw. der Veränderung entgegenstehen. Ein Verstärken der ersteren erhöht die Spannung im System und aktiviert in der Regel Widerstandskräfte. Ein Reduzieren der Feldkräfte, die der Veränderung entgegenstehen, führt dagegen dazu, dass die antreibenden Kräfte stärker verhaltenswirksam werden können und die Veränderung stabil wird. Ein Gedanke, der sowohl für die Pädagogik als auch für die Frage gesellschaftlicher Veränderungen – z. B. der Demokratisierung von Nachkriegsdeutschland (König 2025) – bedeutsam ist und viel zu wenig beachtet wird!

Auch **Gruppenprozesse** kann man mithilfe des Konzepts der gleich- bzw. gegenläufig gerichteten Feldkräfte gut verstehen, wie u.a. sehr schön an Lewins Texten zur **Minderheiten-Dynamik** zu sehen ist (vgl. msh und ka 2018). Feldtheoretisch ist so auch unmittelbar einleuchtend, wie wichtig ein gemeinsam geteiltes **Ziel** dafür ist, dass eine Gruppe sich entwickelt und in der Sache vorankommt.

Dies ist nur eine Auswahl aus der Reichhaltigkeit des lewinischen Feldkonzepts und seiner praktischen Implikationen. Viele davon werden wir in den nächsten Kapiteln noch eingehender erläutern, bevor wir sie auf deren Aktualität hin prüfen.

3.2   Die Feldtheorie in diesem Buch

Die Zielsetzung dieses Buches ist es, deutlich zu machen, was genau die Aktualität Lewins noch ausmacht, – anders ausgedrückt: Was aus seinem rastlosen Schaffen (vgl. dazu Marrow 1977, S. 153 sowie S. 241 f.; komprimiert in ka und msh 2015a, S. 318; msh und ka 2017, S. 111) ist heute für uns und unsere Lebensräume noch von Bedeutung? Was wäre das aktuell wichtige Kondensat seines Denkens?

Im Folgenden geben wir einen kurzen Aufriss des gesamten Bandes. Er besteht aus vier Teilen. Der erste, mit dem Titel „Das Phänomen Lewin" umfasst das fiktive Interview, eine einleitende Biografie von Helmut E. Lück sowie dieses Einführungskapitel „Lewins Feldtheorie", aus dem sich die verschiedenen Aspekte im weiteren Verlauf entfalten werden: Im zweiten Teil, Kap. 4 bis 6, verfolgen wir Lewins Entwicklungsweg, bevor wir im dritten Teil, Kap. 7 bis 9 dem nachgehen, was das Vermächtnis oder Erbe Lewins an uns heute genannt werden kann, um im vierten Teil einige „Bereiche Feldtheoretischen Denkens und Handelns" auf unsere heutige Situation anzuwenden und ein Fazit zu ziehen.

3.2.1   Das Entstehen der Feldtheorie

Im nachfolgenden Kap. 4 geht es, anhand der Dissertation von Anna Perlina (2015), um Lewins Herkunft aus der deutschen Schule der Gestalttheorie und -psychologie, um sein noch rein persönlichkeitspsychologisch orientiertes Denken, das sich aus einem bis dato in der akademischen Psychologie dominanten Denkparadigma herauslöst – das was er in seinem entscheidenden wissenschaftstheoretischen Aufsatz (1931b) in die Dichotomie aristotelisch versus galileisch fasst[4].

---

[4] Man könnte diese Unterscheidung auch formulieren als kategorisierend-einordnend-definierendes Denken versus dynamisch-beweglich-fließendes Denken.

Betrachten wir allerdings die von Lewin angeregten Untersuchungen seiner Doktorandinnen zur Wirkung unerledigter Aufgaben oder auch zum Ärger, dann können wir Perlina nicht ganz zustimmen: Auch in diesen Arbeiten wird schon nach den dynamischen Zusammenhängen gesucht – wenn auch über die auf die Person gerichtete Frage, wie die Psychologie (des Individuums) funktioniert. Das ist unseres Erachtens bereits der paradigmatische Wechsel, weg von der – aristotelischen – Typisierung der Persönlichkeit hin zur – galileischen – Suche nach dynamischen Zusammenhängen, die auf alle Menschen zutreffen. Bereits mit diesen Experimenten kamen das Subjekt und die Subjektivität in die Forschung, denn die Versuchspersonen werden Subjekte (und sind nicht mehr Objekte), die im Experiment agieren aufgrund ihrer subjektiven Wahrnehmung der Situation und ihrer Reaktion darauf. Das ist das, was Jan Böttcher so fasziniert und dazu gebracht hat, seinen Roman 2022 „Das Rosenexperiment" zu schreiben (s. Abschn. 1.2).

Perlina arbeitet auch eindrücklich heraus, in welcher Minoritätsposition Lewin in seiner Berliner Zeit gewesen ist. Das hat sich dann in den USA wiederholt, indem Lewin auch dort nie als ordentlicher Professor an einer Universität Fuß fassen konnte und so im wissenschaftlichen Betrieb immer eine gewisse Randposition hatte. Von dieser Randposition aus konnte er dann allerdings eine enorme fachlich-innovative Wirkung entfalten. Dies ist ein Stoff, den wir in Kap. 10 aufgreifen.

3.2.2 Die Entwicklung eines neuen experimentellen Ansatzes und der Sozialpsychologie

Das Kap. 5 fokussiert die Jahre Lewins in den USA, wo er sich vom Wissenschaftstheoretiker zum praktischen Theoretiker entwickelt und sich von der rein universitären Forschung zur Anwendung sozialpsychologischen Denkens und Forschens bewegt. Dieses Kapitel orientiert sich an der Dissertation von Nora Binder (2023a); sie erforscht die Umstände, unter denen Lewin arbeitete und wie er zu den Konzepten gelangte, die in den Kap. 7 bis 9 aufgegliedert sind: die Gruppendynamik*, die Aktionsforschung*, die Organisationsentwicklung* sowie als wichtiger Bestandteil davon die Minoritätenfrage (Kap. 10).

3.2.3 Die Bedeutung des Films für die Theorieentwicklung

Wie sehr Lewin mit seiner filmischen Tätigkeit in die heutige Zeit hereinragt, wird im Kap. 6 näher untersucht. Angefangen von der epochalen Arbeit von Lück und van Elteren spannt sich der Bogen über Locatelli zu Klinghardt, der Lewin als jemanden darstellt, der über seine Beziehungen zu Sergej Eisenstein nicht nur für die Theorie des

Filmes bedeutend wurde, sondern auch seine Filme benutzt hat, um „netzzuwerken", mit ihnen geworben und Publicity für sein wissenschaftliches Arbeiten gemacht hat.

3.2.4 Die drei „Erbstücke": Gruppendynamik, Aktionsforschung und Organisationsentwicklung

Im dritten Teil des Buches fokussieren wir die drei „Erbstücke", die Lewin uns hinterlassen hat. Wenn er auch nicht alles alleine erfunden hat, so hat doch sein Denken und Handeln die Konzepte geprägt, die zu seinen drei „Erbstücken" wurden und die in den Kap. 7 bis 9 aufgegliedert sind.

Wie aktuell trotz aller Unkenrufe die Gruppendynamik heute noch ist, belegt u.a. eine mehr als zwanzigteilige Podcast-Reihe des WDR ebenso wie die nach wie vor bestehende Nachfrage nach dieser Form des Erlernens sozialer Kompetenz. Das Kap. 7 geht der Frage der Aktualität der Gruppendynamik nach – der wohl letzten Erfindung Kurt Lewins. Helmut E. Lück hat in Kap. 2 die vorausgehenden Untersuchungen skizziert, die dann 1946 zur Methode Gruppendynamik geführt haben. Diese „Zufallsentdeckung" ist an vielen Stellen beschrieben worden. Seitdem hat sich die anfangs intuitive Methodologie schrittweise entwickelt und ist durch etliche Aufs und Abs gegangen. Tatsache ist, dass der große Boom längst vorbei ist, Tatsache ist aber auch, dass sich die Gruppendynamik in diversen Neuentwicklungen auf dem Feld* der psychosozialen Verfahren und Methoden wiederfindet (s. Abschn. 7.1.2).

Die Aktionsforschung, nicht eine alleinige Erfindung von Lewin (vgl. Petzold 1980), aber als sein zweites Erbe zu betrachten und von ihm konzeptuell als ein wichtiger Bestandteil seiner Feldtheorie gesehen, hat ebenfalls ein wechselhaftes Schicksal erlebt – wie in Kap. 8 dargelegt wird. Das Erstaunliche ist, dass sie – wie auch Helmut E. Lück in Abschn. 2.10 anmerkt – in leicht veränderter Gestalt heute in Entwicklungs- und Schwellenländern, in der Entwicklungszusammenarbeit (Chevalier und Buckles 2019), aber auch in der österreichischen Bildungsarbeit (Tippe 2015) eine große Rolle spielt. Diese beiden Arbeiten werden durch das Kapitel leiten, aber auch neuere Arbeiten von Schulze und von Langemeyer werden die Aktualität dieses lewinischen Erbes verdeutlichen.

Die dritte praxiswirksame Entdeckung Lewins ist die Organisationsentwicklung, beschrieben in Kap. 9, die wiederum sehr eng verkoppelt ist mit der Aktionsforschung. Lewins „geplanter Wandel", der auf seiner Theorie der Entwicklung von Personen wie Organisationen mit den drei Phasen unfreeze* – move* – freeze* beruht, gehört zu den am meisten kolportierten Feldtheoretischen Konzepten. „Planned Change", ein Buch des US-amerikanischen Gruppendynamikers Gilmore Crosby (2021), macht deutlich, wie aktuell lewinisches Denken und Handeln bis heute ist. Eine konkrete OE-Maßnahme auf deutscher Seite wird anschließend beschrieben: die Frauenquote.

3.2.5 Weitere aktuelle Anwendungsbereiche

In einem vierten Teil des Buches stellen wir einige Anwendungsbereiche vor, in denen Feldtheoretisch fundiertes Denken und Handeln greifen kann.

Im Kap. 10 geht es um etwas, das Lewin lebenslang selbst erfahren hat, nämlich in einer Minderheitenposition zu sein. Er hat dieses auch heute hoch brisante Thema als einer der ersten zu einem wissenschaftlichen Untersuchungsgegenstand gemacht. Bemerkenswert ist auch, dass für ihn dabei seine eigene Minoritätsgruppe der Gegenstand war: die Juden. Wie in Kap. 4 ausgeführt, lässt sich gut herleiten, weshalb der stets neugierige Lewin mit seiner eigenen Herkunft gewissermaßen sein eigenes Kollektiv erforscht.

Wir haben uns selbst damit auseinandergesetzt (msh und ka 2018) und daran das Thema der Feldkräfte verdeutlicht; Monika Stützle-Hebel hat das Minoritätsthema angewandt auf eine bei Lewin noch nicht genannte „Minorität", die Frauen – nämlich dort, wo sie noch eine Minorität sind (msh 2015).

Anschließend greifen wir in Kap. 11 ein hochbrisantes Thema auf, das schon Lewin ein großes Anliegen war: Demokratie lernen. Lewin hat sich in seinen letzten Lebensjahren sehr für die Demokratisierung Deutschlands (Re-Education) eingesetzt (vgl. Lewin 1943a und 1943b, sowie König 2025). Das ist zwar Vergangenheit und nicht mehr heutige Aktualität – aber es hat seine langfristigen, bis heute und in die Zukunft wirkende Konsequenzen: Im Gefolge dieser US-amerikanischen Initiative kam die Gruppendynamik nach Deutschland. Dieser politisch-pädagogischen Seite Lewins hat sich die DGGO zu ihrem 50. Jubiläum im Dezember 2018 zugewandt (Stähler und Stützle-Hebel 2018). Weiter geht es um die Bedeutung demokratischer Atmosphären, darum, wie Gruppendynamik demokratierelevante Erfahrungen ermöglichen kann, die Bedeutung von Führung und Partizipation auch in der Arbeitswelt und Demokratiepädagogik in der Schule (Soff 2017 und 2023). Am Ende dieses elften Kapitels werfen wir dann noch einen Blick auf die aktuellen Gefahren für demokratische Gesellschaften in Deutschland und weltweit und wie Lewin davor gewarnt hat.

In Kap. 12 blicken wir über den Gartenzaun: Wir betrachten Agilität und Agile Teams feldtheoretisch und würdigen Lewins Humanum. Wir finden die Feldtheorie in Forschungsarbeiten zu ganz anderen Praxisfeldern wie dem Sport, Gesundheitsthemen bis hin zum Kaiserschnitt, zur Bedeutung der Achtsamkeit, Bedingungen von Kooperation, zum Klimawandel und einem alternativen Klassifikationssystem psychischer Phänomene. Und zuletzt schauen wir noch über den Fach-Gartenzaun zur Psychotherapie und zur Soziologie.

In unserem Fazit in Kap. 13 fassen wir zusammen, was man von Lewin auch heute noch lernen kann und welche Aktualität er heute eigentlich noch hat und schließen mit dem, was sein Enkel Michael Papanek als das ganz Besondere an seinem Großvater erinnert.

3.3 Lewins mehrfache Paradigmen-Wechsel

Im Verlauf seiner Theorie-Entwicklung hat Lewin mehrfach die zu seiner Zeit gängigen Paradigmen verändert:

1. Er löste sich von der Idee der Objektivität, die die (psychologischen) Forscher seiner Zeit verfolgten, und ging von der Subjektivität der Wahrnehmung aus. Dies führte zu seinem *Lebensraum*-Konzept sowie zur Intersubjektivität in seinen Aktionsforschungs- und Organisationsentwicklungs-Ansätzen.
2. Verhalten betrachtet er nicht mehr als durch die Persönlichkeit oder (äußere) Reize bedingt, sondern als die Folge des Zusammenspiels psychischer Kräfte im *Lebensraum* (Dynamik) – bei denen äußere Reize und in der Person aktualisierte Motive und Werte durchaus eine Rolle spielen.
3. Diese Dynamik betrachtet er als Zusammenspiel von Strukturen und Kräften im Feld.
4. Er geht neue Wege, um diese dynamischen Verhältnisse darzustellen und über diese Darstellung zu verstehen und nimmt dazu Anleihe bei einer mathematischen Disziplin, der Topologie*. Auch wenn seine aus heutiger Sicht weit übertriebenen Versuche, dies auch mathematisch darzustellen nicht weiterführten, hat die daraus entwickelte Darstellungsform der *Jordankurven** immer noch kreative Kraft.
5. Statt des klassischen Lehrer-Schüler-Verhältnisses und Forschen „im stillen Kämmerlein" wird bei ihm die Theorie wie die Forschung diskursiv entwickelt.
6. Bei Lewin verändert sich das Experiment im psychologischen Labor, bei dem möglichst kein Kontakt zwischen Forscher und Versuchsperson stattfindet, zu einer Forschung, die als soziale Situation gedacht, verstanden, angelegt und ausgewertet wird.
7. Entsprechend wird auch der Forschende als Teil der sozialen Situation des Experimentes verstanden und sein Handeln als experimentelle Variable eingesetzt – beim Blumenexperiment ebenso wie in den Autokratie-Demokratie-Experimenten.
8. Sodann wandelt sich im Aktionsforschungs-Konzept die Person vom Untersuchungs-Objekt zum Forschungs-Subjekt.
9. Die Gruppendynamik wie auch die Organisationsentwicklung wurden für Lewin möglich, indem er die an Individuen gewonnenen dynamischen Konzepte auf soziale Situationen/Systeme übertragen hat.

Möglich wurden viele dieser Schritte, weil Lewin sich vom physikalisch-physiologischen Energie-Begriff seiner Zeit gelöst, davon abstrahiert hat:

> „Wenn hier der Energiebegriff und weiterhin der Begriff der Kraft, der Spannung, des Systems und ähnliche Begriffe verwandt werden, so kann dabei die Frage ganz offen gelassen werden, ob man dabei letzten Endes auf physikalische Kräfte und Energien zurückgehen soll oder nicht. Jedenfalls sind diese Begriffe m. E. allgemein-logische Grundbegriffe aller Dynamik." (Lewin, 1926b, S. 313)

Erst dieser Schritt ermöglichte Lewin, von psychischer Energie und psychischer Spannung im Lebensraum als wesentlichen Faktoren der psychologischen Dynamik zu sprechen.

Auch in seinem Privatleben hat Lewin einen Paradigmenwechsel – in diesem Fall im Baustil seines Hauses – vollzogen. Entsprechend seiner zur Moderne tendierenden Einstellung ließ er sein Privathaus von den Architekten Peter Behrens und Marcel Breuer ganz im Bauhausstil bauen und einrichten (s. Abb. 3.1).[5]

Abb. 3.1 Lewins Haus im Waldsängerpfad in Berlin. (Eigenes Foto KA, Berlin 25.09.2022)

---

[5] https://www.ad-magazin.de/artikel/peter-behrens-villa-lewin-berlin-verkauf, abgerufen am 03.03.2025.

Mit einem unfreiwilligen Paradigmenwechsel Lewins möchten wir dieses Kapitel beenden. War Lewin in seinen Berliner Jahren ein eher vorsichtiger und skeptisch denkender Kopf, so wandelt sich dies in den USA in eine allzu überzeugte Sichtweise, in der eines seiner Charakteristika getilgt ist: die Ambivalenz*. Er *glaubt* an die Überlegenheit des demokratischen Prinzips. (Danke, Oliver für diese Gedankenverbindung).

Teil II

Lewins Entwicklungsstadien

Ein neuer Forschungsansatz: die Berliner Jahre 4

> *„Forschung ist die Kunst, den nächsten Schritt zu tun.*
> *Methoden und Begriffe, die heute einen revolutionären*
> *Fortschritt bedeuten, können morgen schon über-*
> *holt sein."*
>
> Lewin (1949, KLW 1, S. 350)

Zusammenfassung

In diesem Kapitel verfolgen wir die komplexe Entstehungsgeschichte der Feldtheorie. In dieser Geschichte und in diesen Berliner Jahren wandelt sich der aus der Gestalttheorie kommende Lewin vom Persönlichkeits- und Entwicklungspsychologen zum Wissenschaftstheoretiker. In dieser Zeit, von 1918 bis 1933, erfolgt die Grundlegung seiner Feldtheorie, bei der die Interaktion zwischen Experimentator und Forschungssubjekt eine neue Dimension erhält. Dieser Kapitelteil stützt sich auf eine neuere Dissertation von Anna Perlina. Der letzte Abschnitt dieses Kapitels widmet sich dem, was Nora Binder als Lewins Diagrammatik bezeichnet: seine durchgängige Tendenz, in einem ständigen optischen Entwurfsgeschehen seine Theorie weiterzuentwickeln.

4.1 Lewin an der Friedrich-Wilhelms-Universität

Aus seiner Biographie (Lück 2009, 2015, 2023, Kap. 2; Marrow 1977; Schönpflug 2007; u. a.) wissen wir, dass Kurt Lewin nach seiner Promotion bei Carl Stumpf von 1918 bis 1933 in verschiedenen Funktionen an der Friedrich-Wilhelms-Uni-

M. Stützle-Hebel, K. Antons, *Zur Aktualität von Kurt Lewin*, Aktuelle und klassische Sozial- und KulturwissenschaftlerInnen,
https://doi.org/10.1007/978-3-658-48827-7_4

versität Berlin beschäftigt war und dort mit den Gestaltpsychologen* Max Wertheimer, Wolfgang Köhler und Kurt Koffka zusammenarbeitete.

Nun hat eine Doktorandin, Anna Perlina,[1] im Jahre 2015 eine Dissertation an der Humboldt-Universität mit dem Titel „Shaping the Field. Kurt Lewin and Experimental Psychology in the Interwar Period" verfasst, die ein neues Licht auf diese Zeit im Leben Lewins wirft. Diese Dissertation wurde an der Nachfolgerin der Universität geschrieben, an der Lewin geforscht und gelehrt hatte. Sie erscheint in englischer Sprache. Perlina gibt dazu an, dass sie damit frühe, unübersetzte Arbeiten Lewins in deutscher Sprache der englischsprachigen scientific community zugängig machen möchte (ebd. S. 8). Sie argumentiert, dass eine Vielzahl von populärwissenschaftlichen und halbgenauen Veröffentlichungen über Lewins Beitrag zur modernen Psychologie existiere, diese aber nicht Lewins intellektuellen Weg reflektiere (ebd., S. 7). Damit stellt sie sinngemäß dasselbe fest wie wir, als wir zur selben Zeit unseren Sammelband (ka und msh 2015) herausgaben. Sie und wir haben synchron geforscht, ohne voneinander zu wissen – das mag man als einen Beleg für Lewins Aktualität deuten.

Perlinas historische Rekonstruktion der Entwicklung und Transformation der deutschen Experimentalpsychologie vom ersten Labor von Wundt 1879 bis hin zur nationalsozialistischen „Gleichschaltung" zeichnet Lewins Weg vom Persönlichkeits- und Entwicklungspsychologen zum Erfinder der sozialpsychologischen Feldtheorie* nach. Ihr Fokus liegt auf der Zeit zwischen 1922 und 1936, in der Lewins Berliner Experimentalprogramm mit dem Schwerpunkt der Untersuchungen zur Handlungs- und Affektpsychologie stattfand: die Experimente zum Ärger und zur Wirkung unvollendeter Handlungen. – Die Psychologie bewegte sich in den Zwanzigern in Deutschland zwischen Geistes- und Naturwissenschaften. Dabei fehlte ihr eine einheitliche Theorie ebenso wie ein konzeptueller und methodologischer Rahmen. Die Gestaltpsychologie, eine holistische Richtung, stellte den Ausgangspunkt für Lewins Berliner Forschungsprogramm dar. Sie ist Ausgangspunkt für die Formierung der theoretischen Substruktur der Feldtheorie, bevor Lewin in den USA die Sozialpsychologie entwickelte (Kap. 5.).

Perlina schildert, welchen innovativen Beitrag Lewin zur heutigen Psychologie geleistet hat und wie seine empirischen Arbeiten und die seiner Kolleginnen zu einem neuen Verständnis von Wissenschaft beigetragen haben: Durch Lewins wissenschaftstheoretische Auseinandersetzung mit der zeitgenössischen Psychologie zieht sich die Grundspannung zwischen philosophischer Spekulation und experimenteller Psychologie als Thema und Konflikt* durch.

---

[1] Anna Perlina steht mit ihrer nationalen Herkunft – laut ihrer Webseite ist sie Deutschrussin – in der Tradition der Berliner Doktorandinnen Lewins.

Die Dynamik von Lewins berühmtem wöchentlichem Diskussionskreis, der „Quasselstrippe", mündete in ein Forschungsprogramm, in dem die experimentellen Arbeiten seiner Studentinnen und seine eigene Theorieentwicklung sich gegenseitig befruchteten. Lewin gelang es, die experimentellen Beiträge seiner Doktorandinnen und deren Diskussionen miteinander zu verbinden, sie zu integrieren. Dadurch wurde die Feldtheorie weiterentwickelt. Der Start sind Tamara Dembos Untersuchungen zum Ärger (1931; Abschn. 4.2). Hier werden schon die wesentlichen Begriffe von Region*, Position, und Barrieren* definiert, die als Denkfiguren bereits in Lewins erster Arbeit 1917 aufscheinen (ka 2015b); die topologischen Konzepte erscheinen ab 1931 – inspiriert durch Mathematik, Geometrie und Linguistik (ebd., S. 130 ff.). So wird 1931 ein produktives Jahr, mündend in „Eine dynamische Theorie der Persönlichkeit" (Lewin 1935a) und die „Topologische Psychologie" (Lewin 1936a), welche erst erschienen sind, als Lewin bereits in den USA war. Eben diese spannende Phase hat Jan Böttcher in seinem Roman „Das Rosenexperiment" lebendig werden lassen (Abschn. 1.2).

4.2   Forschung als soziale Situation

Diese Berliner Experimente waren noch von einem weiteren Paradigmenwechsel geprägt: In deutlichem Unterschied zur Distanz-Direktive, mit der die Gestalt*-Experimente durchgeführt wurden, wurden diese Experimente alle als eine soziale Situation verstanden, in der die Experimentatorin und die Versuchsperson als „Subjekt" zusammen im Geschehen waren. Das Handeln des Experimentators stellte eine entscheidende experimentelle Variable dar. Als Beispiel sei hier das Experiment von Tamara Dembo (1931) beschrieben: Sie intendierte, Ärger-Affekte bei der Versuchsperson – beziehungsweise beim Gegenüber – zu erzeugen, indem sie sie vor eine nicht lösbare Aufgabe stellte. In einem raffinierten Setting war an einer nicht auf direktem Wege erreichbaren Stelle des Raumes eine Blume, die es mit Hilfsmitteln zu erreichen galt. Real existierten zwei Möglichkeiten; die Versuchsleiterin bestand aber darauf, dass es noch eine dritte Möglichkeit gebe, die es aber nicht wirklich gab. Untersucht wurde dabei, wie die Versuchsperson mit dieser Frustration umging, welche Affekte sie entwickelte.

> „Kaum eine zeitgenössische experimentelle Arbeit geht auf die Beteiligung des Forschers in den Forschungsverlauf so bereitwillig und klarsichtig ein wie die von Tamara Dembo. In ihren Beschreibungen folgt sie der interaktiven Prozessdynamik zwischen Versuchsleitung und Versuchsperson in ihrer mal spielerischen, mal kämpferischen, gelegentlich auch handgreiflichen Qualität."

meint Herbert Fitzek (2011, S. 124) und sieht in Lewins neuem Verständnis der Forschungssituation bereits den Keim der Aktionsforschung (Kap. 8) angelegt.

Romanhaft verarbeitet und sehr lebendig beschrieben ist diese Versuchssituation bei Jan Böttcher als das titelgebende „Rosen-Experiment" (2022, S. 207–282, 362; vgl. Abschn. 2.6.).

Darin kündigt sich sowohl der Kern der späteren Aktionsforschung* als auch der Autoritäts-Demokratie-Experimente an (Perlina 2015, S. 109). – Dieses Denken und Handeln ist heute noch in der Aktionsforschung (Kap. 8) lebendig, wo das Untersuchungs-Objekt zum Forschungs-Subjekt wird, und in der Gruppendynamik*, wo es darum geht, gemeinsam die Spannung* zwischen gegebener Struktur und der sich daraus entfaltenden Prozessdynamik zu untersuchen (Kap. 7).

In seiner Berliner Zeit gehörte Lewin zu jenen Psychologen, die die Psychologie von der Philosophie lösen und an die Naturwissenschaften – als den „eigentlichen Wissenschaften" – heranführen wollten. Sein Versuch, sich durch mathematische Formeln wissenschaftlich zu legitimieren, scheiterte. Perlina bezeichnet seinen Versuch, die Topologie* zur Fundierung seiner Theorie zu übernehmen, als „eine ‚stürmische Liebesaffäre' zwischen der jüngeren experimentellen Psychologie und der Mathematik" (ebd., S. 134).

Die Berliner Entwicklung kann man als exemplarisch für Lewins Idee eines erkenntnistheoretischen Paradigmenwechsels hin zu einer galileischen* Wissenschaft (vgl. seine programmatische Schrift „Der Übergang von der aristotelischen zur galileischen Denkweise in Biologie und Psychologie", 1931b) verstehen: Er hält Ausschau nach funktionalen Zusammenhängen im psychosozialen Geschehen. „Dazu braucht es ein von Neu-Gier getragenes exploratives und experimentelles Vorgehen, wie es sich in den einzelnen Schritten der Aktionsforschung widerspiegelt." (msh und ka 2017, S. 42; Abschn. 2.4 und Kap. 8)

Auch für Entscheidungssituationen bedeutet das einen Paradigmenwechsel:

> „Werden Entscheidungsalternativen ‚aristotelisch' betrachtet, dann scheint es nur ein ‚Entweder – Oder', das Eine oder das Andere zu geben. Betrachtet man jedoch quasi ‚galileisch' den Zusammenhang der wirksamen Kräfte, dann eröffnet sich die Möglichkeit eines ‚Sowohl – Als auch', eines organischen dritten Weges, – oder manchmal gar, […], etwas Viertes, bei dem Bewegung entsteht." (msh und ka 2017, S. 42)

Auch in anderer Hinsicht war für Lewin Forschung eine soziale Situation: Er holte viele Frauen in die männlich dominierte Wissenschaft und brachte Menschen aus unterschiedlichen Kulturen und Gesellschaftsschichten zusammen – eine Haltung und ein Vorgehen, das heute unter dem Begriff „Diversity" subsummiert wird. Er gab den jungen Osteuropäerinnen, die in der Philosophie aufgrund der Sprache scheiterten, die Chance auf eine akademische Bildung. Das ist etwas, was den Romanautor fasziniert hat (persönliche Mitteilung von Jan Böttcher am 06.12.2022).

Vorweggenommen hat er auch, was heute fast überall Standard ist: in Gruppen um Forschungsfortschritte zu ringen, wie u. a. mit dem Ansatz der Objektiven Hermeneutik (Antons et al. 2004; ähnlich André, Mackrodt und Stützle-Hebel 2024).

4.3   Diagrammatik und Inszenierung

Die aus der Topologie* entlehnten Jordankurven*, Lewins „Abbildungen" – jene „kleinen Eier" oder „funny little eggs", wie Wera Mahler (1996, S. 268) sie nannte – und Lewins Fähigkeit, komplexe Zusammenhänge damit zu skizzieren, wurden zu seinem Markenzeichen. Ein Beispiel für eine Jordankurve ist in Abb. 4.1 zu sehen. Eben diese seine Originalität wurde allerdings auch heftig kritisiert, ja verspottet. Er sei naiv, und man brauche keine mathematische Technik, um Psychodynamik zu verstehen,[2] wie Marrow (1969, dt. 1977) und Heider (1959) über ihren Kollegen berichten. Dennoch bleiben Lewins Jordankurven eine produktive Metapher, die auch heute noch Erkenntnisgewinn bringend Anwendung findet (vgl. msh und ka 2017, 2018, 2023).

Es ist Nora Binder, der als Schauspielerin auffiel, welch theaterartige Inszenierungen Lewin in seinen Untersuchungen zu Gruppenatmosphären* eingesetzt hat, und die in ihrer wissenschaftshistorischen Arbeit erstmals der „Lewinian community" bewusst gemacht hat, welche bisher nicht beachtete Rolle dies in seinem Erkenntnisgewinnungsprozess spielte. Auch konnte sie die Bedeutung, die

Abb. 4.1 Eine Jordankurve als Beispiel. Sie repräsentiert einen strukturierten Lebensraum mit einem Appetenz-Appetenz-Konflikt und einer Barriere. (Aus msh und ka 2017, S. 26)

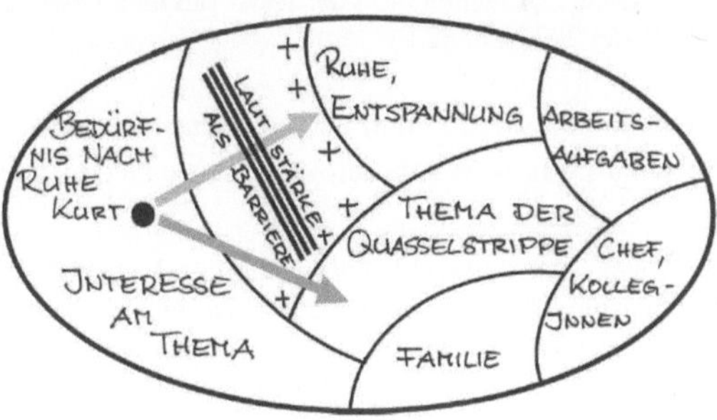

---

[2] Möglicherweise war Lewin mit dieser Idee der Mathematisierung einfach nur zu früh dran (Abschn. 13.2.)

dabei Lewins Bezug zu Bert Brecht als auch zu Sergej Eisenstein hatte, aufzeigen.[3] Nora Binder widmet sich in einem Artikel (2019/2020) und einem Kapitel ihrer Dissertation (2023a) dieser Besonderheit ebenso wie der erkenntnisstiftenden Bedeutung der „funny little eggs" (2023b).

Sie unterstreicht, dass diese Tätigkeit des Visualisierens „im Zentrum einer Praxis des Entwerfens" (Binder 2023a, S. 77) stand und ein „zentrales epistemisches Verfahren der Feldtheoretischen Wissensgenerierung" (ebd.) wurde. Sie hatte Zugang zu Dokumenten aus den Kurt Lewin Papers und konnte auch bisher nicht bekannte Skizzen Lewins auswerten. Sie konstatiert: „Die Feldtheorie formiert sich im Diagramm" (ebd.).

Wir müssen hier nicht ihren kenntnisreichen und instruktiven Ausführungen im Detail folgen, dürfen aber festhalten, dass vielen seiner Zeitgenossen die Diagramme als „visuelles, womöglich missglücktes rein illustratives Beiwerk" (ebd., S. 79) erschienen. Binder versucht das Gegenteil aufzuweisen. Die Jordankurve, benannt nach dem französischen Mathematiker Camille Jordan, „umfasste den Feldtheoretischen Analysegegenstand" (ebd., S. 78) und gehört seit den Dreißigern zum Grundbestand der Feldtheorie.

Es begann mit dem, was ein Kapiteltitel Binders ist, als „chalk dust":

> „Die neuartige psychologische Feldtheorie wirbelte in Berlin und den USA nicht nur im metaphorischen Sinne reichlich Staub auf, sie produzierte auch eine Menge tatsächlichen Staubs, vorzugsweise: Kreidestaub. Wenn Lewin seine Feldtheoretischen Diagramme mit der ihm eigenen Verve an der Tafel entwickelte, füllte sich die Luft rasch mit „chalk dust", die Tafel schnell mit Kreidezeichnungen […] Lewin war berüchtigt für seine zeichnerischen Exzesse, denen er sich vorzugsweise an der Wandtafel im Seminar oder während der Vorlesung hingab:
> [...]
> Ohne Zeichenmittel in der Hand sah man Lewin weder denken noch sprechen."
> (Binder 2023a, S. 82 f.)

Diese humorvollen Zeilen machen deutlich, wie sehr für Lewin die zeichnerische Aktivität nötig war, um dialogisch seine Gedanken weiterzuentwickeln – dass sie

---

[3] Im Unterschied zu Binder untersuchte Ines Langemeyer den Einfluss, den Lewin auf Bert Brecht hatte: „Für die Entwicklung des nicht-aristotelischen, epischen Theaters suchte Brecht bekanntlich Vorbilder aus der Wissenschaft." In den 1930er-Jahren griff er Kurt Lewins Psychologie auf. Obwohl er Lewin in seinen Schriften kaum erwähnt, sind die „Überschneidungen zwischen dem lewinschen und dem brechtschen Denken nicht unwesentlich". Belegt ist, dass 1) Brecht vor dem Hintergrund von Lewins „Kriegslandschaft" von 1917 die Gestaltung seines Bühnenbildes überdachte, und 2) Brecht 1931 einen „Marxistischen Klub" für „marxistische Studien" gründete, zu dem auch Kurt Lewin eingeladen werden sollte. (vgl. Langemeyer 2017).

alles andere war als illustratives Beiwerk. Und es war in der Tat die Wandtafel, die diesem dynamischen Prozess die geeignete Arbeitsfläche bot: jederzeit etwas auszuwischen und einen neuen Erkenntnisanlauf zu machen. Binder meint, es sei nicht verwunderlich, dass sich der Entwurf der Feldtheorie im Diagramm vollzogen habe (ebd., S. 87), weil dies der von Lewin postulierten galileischen Denkweise am besten entspreche. Und: „Die lewinsche Denkpraxis an der Tafel muss derart virtuos ausgeführt worden sein, dass sie mitsamt ihrer zeichnerischen Denkzeuge eine beinahe auratische Aufladung durch die Zeitgenossen erfuhr" (ebd., S. 91).

Nach vieler weiterer Detailarbeit schlussfolgert Binder, dass die zeichnerische Praxis des Entwerfens „sich abschließend als eine dezidierte *Theoriearbeit* [Hervorhebung im Original] betrachten" (ebd., S. 99) lässt. Dieses galileische Verständnis von Wissenschaft wird sehr schön deutlich in einem Wort von Lewin, das er seiner Schülerin Wera Mahler auf ihre etwas ängstliche Frage nach der Beständigkeit von Wissen lächelnd gesagt haben soll: „True science wants progress, development and development means change – what yesterday existed will not still exist tomorrow. Science does not know any stagnation, everlasting change – that is science" (Mahler 1996, S. 275; zitiert nach Binder 2023a, S. 134) – was in anderen Worten das Motto über diesem Kapitel aufnimmt.

Es ist nicht nur die eiförmige Jordankurve, wenn diese auch das Hauptelement von Lewins Darstellungsweise ist: eine Reihe von anderen Formen der „Kartierung" ergänzen sie. Im Laufe der Zeit entsteht eine Bildersprache, in der Pfeile (für Zugkräfte), Querstriche (für Barrieren), Plus- und Minuszeichen (für positive und negative Valenzen*) und andere Symbole hochkomplexe Zusammenhänge bildhaft darstellen können.

Lassen diese sich als eine Art Diagnosen für soziale Situationen verstehen, so stehen sie in einem engen Erkenntniszusammenhang zu Lewins Filmen, die in Kap. 6 näher beleuchtet werden. Ein weiteres Zitat von Binder macht diese Verbindung deutlich: „Denn die Beobachtung des Feldes vollzog sich zunächst filmisch, so dass sich die Theorie des Feldes anschließend in Zeichnungen artikulieren konnte" (ebd., S. 121).

Bereits in einer früheren Arbeit mit dem Titel „Künstliche Fälle" weist die Schauspielerin Binder (2019/2020) auf die theatralische Inszenierung bei den Gruppenexperimenten von Lewin, Lippitt und White hin. In ihrer Dissertation führt sie diese Gedanken fort, indem sie in einem Abschnitt „Räume einrichten" (2023a, S. 200) auf folgendes verweist:

> „Im lewinschen Experiment ging es also darum, mithilfe künstlich erzeugter Umwelten psychologische Effekte hervorzurufen, eine kognitive „Realität" sowie reales Verhalten zu erzeugen. Als Mittel, um die interessierenden genotypischen Konstellationen hervorzurufen, fungierte der experimentelle Raum."

Die Bedeutung der Dimension Raum durchzieht Lewins Arbeiten, von seiner ersten 1917 über seinen Begriff des Lebensraumes bis hin zu seiner Gestaltung der experimentellen Räume und findet ihre Fortsetzung in dem von der gruppendynamischen Forschergruppe formulierten Gruppendynamischen Raum (Antons et al. 2001, 2004; Abschn. 7.6.1).

Sozialpsychologische Experimente: die Jahre in den USA

„Daraus, dass Diskussionen eine zentrale Bedingung seines Schaffens bildeten, machte Lewin keinen Hehl. Er selbst bemerkte in der Einleitung zur Topologischen Psychologie, er habe sich als „Einzelperson" stets „ziemlich unfähig gefunden, produktiv zu denken", weshalb er die Ergebnisse des Buches auch als „Arbeitsergebnis einer Gruppe" ausweist."

(Binder 2023a, S. 98 sich dabei beziehend auf Lewin, Grundzüge der topologischen Psychologie 1936/1969, S. 10)

Zusammenfassung

In diesem Kapitel fokussieren wir die Jahre Lewins in den USA, wo er sich vom Wissenschaftstheoretiker zum praktischen Theoretiker und vom rein universitären Forscher zum Anwender sozialpsychologischen Denkens und Forschens entwickelt – vielleicht nicht ganz freiwillig, sondern weil er an den Universitäten nicht Fuß fassen konnte. Dabei verschieben sich seine Inhalte von der Arbeit mit einzelnen Kindern auf Gruppen von Jugendlichen und Erwachsenen. Er wird also vom Entwicklungspsychologen zum Sozialpsychologen. Wir orientieren uns an der Dissertation und Artikeln von Nora Binder; sie erforscht die Umstände, unter denen Lewin arbeitete und wie er zu den Konzepten gelangte, die in den Kap. 7 bis 9 gewürdigt werden: Gruppendynamik, Organisationsentwicklung und Aktionsforschung.

M. Stützle-Hebel, K. Antons, *Zur Aktualität von Kurt Lewin*, Aktuelle und klassische Sozial- und KulturwissenschaftlerInnen, https://doi.org/10.1007/978-3-658-48827-7_5

5.1   Von der Dyade zur Gruppe

Hat das vorherige Kapitel den Weg von den Wahrnehmungs-Experimenten der Gestaltpsychologen* zu den interaktiven Experimenten des Gestaltpsychologen Lewin (zur Emotions- und Motivationspsychologie) beschrieben, so zeigt dieses Kapitel den Weg vom Dyadischen zum Gruppen-Experiment auf.

Um diese Entwicklung zu verstehen, orientieren wir uns noch einmal bei dem, was Perlina (2015, S. 155 ff.) als Resultate ihrer Forschung zusammenfasst:

> „Mit der Emigration der besten deutschen Köpfe kam die Gestaltpsychologie in die USA, konnte sich dort aber gegenüber dem erstarkenden Behaviorismus nicht behaupten. Lewin gelang es nicht, an einer der renommierten Universitäten eine Professur zu erlangen. Stattdessen akquirierte er sehr erfolgreich Forschungsmittel außerhalb des akademischen Rahmens, indem er netzwerkte und den Bedarf nach angewandter Forschung sowohl der lokalen Industrie als auch der jüdischen Community und des Staates aufnahm – philosophische, wissenschaftstheoretische Arbeiten sind von ihm aber seither nicht mehr erschienen. Diese Veränderung ist als der ‚pragmatic turn‘ bekannt. (Perlina 2015, S. 160 f., übersetzt von ka)“

Damit änderte sich auch das Forschungsdesign: Statt der Dyade von Experimentatorin und Versuchsperson als konstituierender Einheit des experimentellen Geschehens, sind es jetzt für den Forschungszweck zusammengestellte Gruppen: Jungengruppen bei den Experimenten zu den Gruppenatmosphären*, bei Regierungsaufträgen Hausfrauen-Gruppen, um Wege zur Verbesserung der Ess- und Kochgewohnheiten der amerikansichen Bevölkerung zu finden, Sozialarbeiter zur Fortbildung hinsichtlich der Reduzierung von Rassenhass oder dem realen Leben entstammende Gruppen aus Lewins Auftrags-Projekten wie die Arbeitsgruppen in der Harwood Manufacturing Company u. v. m. Immer ging es darum, Wege zur Verbesserung einer Situation zu finden. Dazu ging Lewin vom Arbeitsplatz des Forschers zum Arbeitsplatz der Betroffenen.

In diesen Forschungsprojekten entdeckte und überprüfte Lewin die Bedeutung von Gruppengesprächen. Zum einen ging es um die Stabilisierung von Verhaltensänderungen, z. B. bei den Hausfrauen oder den Sozialarbeitern, zum anderen um die Erforschung sozialer Zusammenhänge, z. B. hinsichtlich Rassendiskriminierung. Lewin nannte diese Gruppen-Forschungen „Experimentieren unter wirklichen Lebensbedingungen“ und meinte dazu:

> „Obwohl es möglich erscheint, gewisse Probleme der Gesellschaft in experimentell erzeugten, kleineren Laborgruppen zu untersuchen, werden wir doch Forschungstechniken zu entwickeln haben, die uns erlauben, wirkliche Experimente innerhalb <natürlich> vorkommender sozialer Gruppen auszuführen. (Lewin 1963, S. 201)“

5.2   Feedback und die Dynamik der Gruppe

Ein Meilenstein war die Entdeckung des Feedbacks und der Wirksamkeit der daraus resultierenden Veränderungsimpulse in den intensiv beforschten Fortbildungen für Sozialarbeiter. Genauer beschrieben wird dieses Ereignis in Abschn. 7.2.

Im Kontext seiner Forschungsarbeiten zur „Dynamik der Gruppenhandlung" nannte Lewin die beobachtete Dynamik „Gruppendynamik*" (Lewin 1944c). Allgemein wird Lewin mit dem Begriff „Gruppendynamik" assoziiert und ihm die Urheberschaft für diesen Begriff zugeschrieben. Doch Hilarion Petzold (1980, S. 143) hat darauf hingewiesen, dass die Begründer des Psychodramas, Jacob L. Moreno und Helen H. Jennings diesen Begriff ein Jahr früher, nämlich 1938 verwandten. Vermutlich haben Mitarbeiter von Lewin diesen Begriff von ihren Psychodrama-Ausbildungen bei Moreno mitgebracht (Binder 2019/2020, S. 87). Doch Gerüchte, einmal in der Welt, halten lange – wie man u. a. daran sieht, dass Perlina Moreno lediglich in einer Fußnote bezüglich der Soziometrie erwähnt (2015, S. 162 f.). Andererseits ist ein Erfinderstreit müßig: Gute Erfindungen werden nicht selten in einem historischen Kontext mehrfach gemacht.

Weithin vergessen war, dass genau mit diesem Forschungsansatz die Gruppendynamik eng mit dem Psychodrama verknüpft war – allein schon dadurch, dass einige von Lewins Mitarbeitern bei Moreno Psychodrama-Seminare gemacht und sich damit auch auf ihre Rollen in den Demokratie-Experimenten vorbereitet hatten – auf jeden Fall von Ronald Lippitt ist das bekannt. Es ist ein Verdienst von Nora Binder, dies wieder ins Bewusstsein gebracht zu haben (2019/2020, S. 80 f., 2023b, S. 194 f.).

Bevor Lewin an „natürlichen" Gruppen zu forschen begann, machte er in den USA Labor-Experimente mit Gruppen. Es war ein in der psychologischen Forschung ganz neues Design – das sich bereits in den Berliner Experimenten angekündigt hat – und das Lewin selbst so beschrieben hat: Eine dynamische* Theorie müsse durch Experimente (!) überprüft werden, in denen die dynamischen Faktoren (durch Rahmenbedingungen und experimentelle Intervention) der aus der Theorie abgeleiteten Hypothese entsprechend aktiviert oder variiert werden. Trifft die vorhergesagte Wirkung auch nur einmal nicht ein, müssen die Theorie oder die daraus abgeleiteten Interventionen überprüft werden.

Dies ist auch das Paradigma des gruppendynamischen Lernens: Ich nehme die Gruppensituation wahr, deute sie aufgrund meiner (Alltags-)Theorien, handle – und beobachte die Wirkung, ob sie meiner Erwartung entspricht und korrigiere meine Einschätzung und teste diese erneut (Kap. 7.).

Abb. 5.1 Lewin bei den Experimenten zu Gruppenatmosphären (im Hintergrund sitzend). Mit Genehmigung durch die Frederic W. Kent Collection; the University of Iowa Libraries. (Aus ka und msh 2015, S. 226)

Die experimentelle Gruppenforschung ist als „Führungsstil*-Experimente" bekannt und berühmt geworden – wiewohl Lewin selbst sie immer als Experimente zur Wirkung von Gruppenatmosphären bezeichnet hat. Nora Binder (2019/2020, S. 68–91 sowie 2023a, b) hat in jüngerer Zeit Zugang zu bisher unveröffentlichten Akten bekommen und hat in ihrem Buchbeitrag „Künstliche Fälle" durchaus Neues zutage gefördert:

Diese Experimente liefen über einen langen Zeitraum. Die zweite Versuchsreihe wurde auf einem leergeräumten Dachboden der Child Welfare Research Station durchgeführt. (Näheres dazu 2019/2020, S. 76; s. Abb. 5.1). Hier war es möglich, die Rahmenbedingungen auf das Wesentliche zu reduzieren und gute Bedingungen für eine intensive Beobachtung und das Filmen zu schaffen, ohne dass die Kinder gestört wurden. Der Versuchsablauf war bis ins Kleinste inszeniert, für das Leiterverhalten war genau beschrieben, was eine autoritäre bzw. eine demokratische Atmosphäre erzeugen sollte (Lewin und Lippitt 1938a2, S. 359; 1938a1, S. 133).

5.3   Forschungstheater

„[…] die Lewin'sche Sozialpsychologie [brachte] ein dezidiert gruppendynamisches Repertoire gouvernementaler Techniken hervor, das sich, […] einer gänzlich neuartigen sozialpsychologischen Epistemologie verdankte. Diese Epistemologie verfuhr

> über die *Inszenierung künstlicher Fälle* […] Die Lewin'sche Gruppenpsychologie entwarf so eine spezifisch *demokratische* Form der Regierung, die nicht über Zwang funktionierte, sondern stimulierend wirkte, Handlungsspielräume und Wahlmöglichkeiten eröffnete. (Binder 2019, S. 70)"

Binder beschreibt sehr detailliert, wie für diese Experimente eine Art Bühne gebaut wurde und das Ganze durchaus Ähnlichkeiten mit einer Theaterbühne aufwies. Diesem Ansatz liegen Ernst Cassirers „erkenntnisstiftende Funktion des ästhetischen Raums" (ebd., S. 78) und Lewins Kontakte mit Bert Brecht und seiner Bühnengestaltung des epischen Theaters (ebd., S. 78 ff.) wohl ebenso zugrunde wie Lewins eigene grundlegende Arbeit über die aristotelisch-galileische* Wende.

> „Bei Brecht wie bei Lewin gingen die planvoll eingerichteten Bühnen mithin auf Hypothesen zurück, die das Geschehen betrafen, das sich auf der Bühne ereignen und durch sie in Gang kommen sollte. (ebd., S. 79)"

Vermutlich war es die Begegnung von Lewin mit Brecht (s. Abb. 5.2), die bei ihm die Vorstellung reifen ließ, dass man durch unterschiedliche Rollenübernahmen soziale Situationen herstellen, variieren und damit untersuchen kann, wie dies erstmals bei den Experimenten von Tamara Dembo über den Ärger (1931; s. Abschn. 4.2) stattfand. (vgl. auch Böttcher 2022, S. 221 ff., 249 ff.).

Ein wegweisendes Überraschungsergebnis dieser Experimente lässt eine weitere Facette von Lewins Forschungshaltung erkennen: Als eine geplante „demokratische" Führung zu Chaos geführt hatte, wurde das Ergebnis nicht verworfen, sondern Lewin regte die vielen Beobachter, die er bewusst mit eingesetzt hatte, zur ausgiebigen Diskussion ihrer Beobachtungen an. Diese führte dazu, dass das von

Abb. 5.2 Bert Brecht, 1954. Wikipedia, Wikimedia Commons Bert Brecht. https:// de.wikipedia.org/wiki/Bertolt_Brecht, abgerufen am 13.04.2025

der Rollenvorgabe abweichende Verhalten eingehender untersucht und dabei dessen Merkmale herausgearbeitet wurden, was zur Benennung und Beschreibung eines dritten Führungsstils, dem „Laissez faire" führte, der in die weiteren Experimente einbezogen und mit untersucht wurde. Das war bezeichnend für Lewins Umgang mit Experimenten: dass er solche Überraschungen und unerwarteten Entwicklungen sofort in seine Theorie-Entwicklung und Forschungspraxis integrierte.

Was hat diese Recherche um Ereignisse, die 85 Jahre zurückliegen, mit der Aktualität Lewins zu tun? Zunächst ist bemerkenswert, dass junge Forscherinnen sehr viel Energie investieren, um diese Geschehnisse besser zu verstehen. Sie versuchen, die Person Lewins in Interaktion mit seinem damaligen Umfeld wahrzunehmen – legen gewissermaßen seine Feldtheorie an ihn selbst und seine Studentinnen und Mitarbeiter (von Binder als die „Lewinianer" bezeichnet) an.

Indem sie die Entwicklung von Lewins Forschungstätigkeit nachzeichnen, werden Zusammenhänge mit späteren Forschungen und Praktiken sichtbar, welche interessanterweise selten den methodischen Bezug zu Lewin herstellten: Viele Forscher zu den Themen Ärger und Aggressivität/Aggression haben, genau betrachtet, die Dembo-Experimente in verschiedensten Variationen weitergeführt, die in den Forschungsstand der 1970er Jahre eingeflossen sind (Abschn. 4.2). Auf diesem Hintergrund und angeregt durch die in dieser Zeit heiße Diskussion des Aktionsforschungsansatzes* habe ich (msh) über 40 Jahre nach den Demokratie-Experimenten für meine Dissertation ein ähnliches experimentelles Design – sogar unter Einsatz von Schauspielern (!) – entworfen. Dieses Design – Nora Binder würde es unter „künstliche Fälle" subsummieren – ermöglichte es mir, die Wirkung von sportlicher und anderer Betätigung auf unmittelbar zuvor durch Provokation entstandenen Ärger und Aggressivität zu untersuchen (vgl. msh 1993, 1995). Dass ich dabei exakt Lewins Forschungsdesign übernahm, war mir nicht bewusst, was ich heute mit Bedauern – und auch ein wenig Beschämung – feststelle!

Die Aktualität Lewins erschließt sich noch mehr, wenn man die drei in seinen 14 letzten Lebensjahren gemachten Entdeckungen, Erfindungen und Entwicklungen in ihrer heutigen Relevanz betrachtet – was wir in den nächsten drei Kapiteln detailliert tun werden. Hier zum Schluss Binders Fazit:

> „Mit der angewandten Gruppendynamik – T-Gruppe, sensitivity training und Feedback – begründete die Forschungsgemeinschaft um Lewin kurz vor dem frühen Tod ihres Gründers eine Psycho- und Soziotechnik, die der führende Vertreter der humanistischen Psychologie, Carl Rogers, Ende der 1960er-Jahre als „die vielleicht bedeutendste soziale Erfindung des Jahrhunderts" identifizierte. In der Tat haben sich die von Lewin und seinem Team während der 1940er-Jahre erprobten künstlichen Umwelten gruppendynamischer Trainings bis auf den heutigen Tag als höchst wirksam erwiesen. [...] Mit ihrer Expertise in der Inszenierung zwischenmenschlicher

Beziehungen und der Einrichtung abgeschlossener experimenteller Umwelten lieferte die Gruppendynamik das entscheidende Repertoire einer effizienten indirekten Menschenführungskunst. (2019, S. 91)"

Dem ist außer der Bemerkung eines Teilnehmers in einem meiner (msh) gruppendynamischen Sensitivity-Trainings (eines der Verklärungsneigung nicht verdächtigen Ingenieurs) nichts hinzuzufügen: Die T-Gruppe sei „eine künstliche Laborsituation mit höchstem Realitätsgehalt".

Die „indirekte Form der Menschenführung" hat übrigens in heutiger Zeit die von Betriebswirten und Ökonomen vorangetriebene „Verhaltensökonomie"[1] entdeckt: Sie befasst sich mit der Frage, wie Umwelten gestaltet werden müssen, dass Menschen quasi automatisch zu gewünschtem Verhalten verleitet werden (s. fiktives Interview, Abschn. 1.1).

Auf Lewins Feldtheorie griff in jüngster Zeit, 2018, Alexander Nicolai Wendt in einer wissenschaftstheoretischen Auseinandersetzung mit der zeitgenössischen Methodologie der Erforschung von Problemlöseverhalten im psychologischen Labor zurück. Das Konzept des Lebensraums* führt ihn dabei zu einem ganz anderen, an Lewin angelehnten, Verständnis der Laborsituation:

„Lewin provides a framework of empirical concepts which explains the relation between person and environment as the life space that constitutes the experienced situation. This framework successfully illuminates the decisive factors which characterize the laboratory situation. [...] This contingency between the life space's content and the physical and social occurrences as well as concepts which surround it provides a shift of perspective from the idea of the laboratory situation as one might conceptualize it from the methodological point of view to what laboratory situation means within the subject's life space. (Wendt 2018, S. 4)"

Er argumentiert, dass auch die Übernahme von allgemein bekannten Alltagsproblemen in das Labor nicht zielführend sei, weil der Lebensraum der Versuchsperson* im Labor eine ganz andere Form habe. Die Versuchsperson sei „On an island quite isolated from the life of society", so dass im Labor andere Dinge relevant werden (ebd., S. 10, bezugnehmend auf Lewin 1944a). Wendt schlägt schließlich als vielversprechende Richtung, in die sich die Forschung bewegen könnte, die Untersuchung von „states as subtle as atmospheres" (2018, S. 11) vor. Damit übernimmt er Lewins Begriff für die Demokratie-Autokratie-Experimente und bezieht sich auf Empfehlungen von Petitmengin und Bitbol (2009)

---

[1] Z. B. Richard H. Thaler und Cass R. Sunstein 2011 „Nudge. Wie man kluge Entscheidungen anstößt". Iris Bohnet wendet 2017 das Paradigma auf das Gleichstellungsthema an: „What works. Wie Verhaltensdesign die Gleichstellung revolutionieren kann".

zur Ausbildung von Spezialisten für Introspektion – Überlegungen, die Lewin in „Die Erziehung der Versuchsperson zur richtigen Selbstbeobachtung und die Kontrolle psychologischer Beschreibungsangaben" (1981d, S. 153–202[2]) ausgeführt hat.

Letztendlich hat der „amerikanische" Lewin mit seiner Hinwendung zu sozialen und gesellschaftlichen Fragen sowohl mittels Aktionsforschung als auch sozialem Experiment – Nora Binders „künstlichen Fällen" – eine Sozialform als entscheidend herausgearbeitet: die Gruppe. Diesem Phänomen widmete die Zeitschrift „Mittelweg" ein ganzes Heft aus gruppensoziologischer Perspektive. Die Herausgeber beenden ihre Einführung in das Thema mit den Worten:

> „Von der […] Gruppenforschung war und ist es nicht weit zu praktischen Bemühungen, auf experimentellem Wege zugleich soziale Synergien zu erzeugen und emanzipatorische Ziele zu verwirklichen. Wer sich einmal der Gruppe als Sozialgebilde zugewandt hat, wird sie schnell überall als Forschungsobjekt entdecken – und damit auch ihre Bedeutung für die Selbstbeschreibung des eigenen Lernens, Forschens und Lebens. Wir kommen immer schon in Gruppen vor, der Weg aus der einen führt uns direkt in die nächste. Vom Stuhlkreis im Kindergarten bis hin zur geisteswissenschaftlichen Verbundforschung, von den Zumutungen des New Public Management an den Universitäten bis zur Selbsthilfepraxis bei der Burn-out-Bewältigung: Wir sind immer schon drin. (Engelmeier et al. 2019/2020, S. 21)"

Überdies zeigt Lewins Entwicklungsgeschichte, wie er selbst die Gruppe als Forschungsinstrument schätzte und nutzte: Schon zu seinen Berliner Zeiten die „Quasselstrippe" und in seiner amerikanischen Zeit den „Hot Air Club" – beides offene Gruppen von Kolleginnen und Kollegen, Mitarbeiterinnen und Mitarbeitern, Doktorandinnen und Doktoranden und Studierenden, oder wie bei der Entdeckung des „Laissez faire"-Stils die Gruppe der Beobachter.

Diese Forschungsmethode „Diskurs in der Gruppe" fand aktuelle Nachfolge: Von 1994 bis 2001 untersuchten Klaus Antons, Andreas Amann, Gisela Clausen, Oliver König und Karl Schattenhofer als Forschungsgruppe die Tiefendimension der Prozesse in längerfristigen Weiterbildungsgruppen – veröffentlicht in dem Buch „Gruppenprozesse verstehen" (2001, 2004; Kap. 7). 2003 bis 2013 und 2020 bis 2023 untersuchten zwei verschiedene Gruppen von DGGO-Mitgliedern die Tiefendimension von Trainerinterventionen in Trainingsgruppensitzungen – veröffentlicht von Andreas Amann, Klaus Brosius, Elke Häußler-Carl, Susanne Holzbauer, Hubert Kuhn und Monika Stützle-Hebel 2013 und von Robert André, Boris Mackrodt und Monika Stützle-Hebel 2024. Alle drei Beispiele stellen eine aktuelle Besonderheit

---

[2] In KLW 1 (S. 202 f.) vermutet Alexandre Métraux, dass das Manuskript um 1918 entstanden ist.

von Gruppenforschung dar, denn sie bedienen sich zweier von Lewin grundgelegter Methoden des Erkenntnisgewinns: erstens der Diskurs in einer Forschergruppe und zweitens die Wiederholung der Betrachtung von Film- oder Tonaufnahmen – spezieller herausgefilterter Sequenzen mit dem Ziel, dadurch den inneren Zusammenhang der Szene zu erfassen (s. das nachfolgende Kap. 6).

Forschungsmedium Film 6

> *„Furthermore, film could be interpreted as a major psychological metaphor …. Here, I will examine the case of Kurt Lewin, one of the founders of modern-day social psychology. My aim is, on the one hand, to illustrate how Lewin's approach could be indebted to the contemporary (modernist) film culture, at least as far as concerns his influential Field Theory, which is basically grounded upon a visible behavior. On the other hand, my contribution aspires to weigh Lewin's use of the film medium in his scientific practice.“*
>
> (Locatelli 2023, S. 13 f.)

Zusammenfassung

Wir gehen anhand der früheren Arbeiten von Helmut Lück sowie zwei neueren Analysen von Massimo Locatelli und Korbinian Klinghardt der filmischen Tätigkeit Lewins nach und beleuchten einen weniger bekannten Aspekt: Lewin profitierte einerseits von der Bekanntschaft mit Sergej Eisenstein und mit Bert Brecht von deren Film- bzw. Theatertheorie und inspirierte sie seinerseits für die Entwicklung des Mediums Film und die Filmtheorie, sowie für die Theatertheorie. Dies ist ein Beispiel für Wissenschaftsentwicklung durch „Netzwerken“.

M. Stützle-Hebel, K. Antons, *Zur Aktualität von Kurt Lewin*, Aktuelle und klassische Sozial- und KulturwissenschaftlerInnen,
https://doi.org/10.1007/978-3-658-48827-7_6

Abb. 6.1 Lewin als Filmemacher. Visualisierung von Karina Antons, Berlin 18.–20.06.2015

Lewin beschritt in seiner Forschung viele neue Wege. Für seine Experimente, sowohl zur Affektpsychologie als auch für die Experimente zu Gruppenatmosphären* „inszenierte" er soziale Situationen wie ein Regisseur ein Bühnenstück (Kap. 4 und 5; s. a. Binder 2019). Schon zuvor nutzte er das Medium Film (s. Abb. 6.1). Auf der Basis von drei Arbeiten, zwei davon im letzten Jahrzehnt veröffentlicht, möchten wir diese Seite Lewins beleuchten, die im engen Zusammenhang mit seiner Theorieentwicklung steht: Seine Tätigkeit als Filmer.

Auf die Aktualität von Lewins Wirken weist zunächst einmal der Umstand hin, dass sich erneut in diesem Jahrtausend Forscher mit dem Einsatz von Film als Medium des Forschens und Lehrens bei Lewin beschäftigen: Korbinian Klinghardt, Massimo Locatelli und Helmut E. Lück zeigen auf, wie bei Lewin die enge Verbindung von Experiment und Film bzw. die Dokumentation von psychologischen und sozialen Prozessen im Film zur Theorieentwicklung beitragen und ziehen Schlüsse für die Möglichkeiten des Films bzw. des Videos heute.

Um diese Seite Lewins bekannt zu machen, hat sich bereits seit 1985 Helmut Lück bemüht. 1990 haben van Elteren und er verloren geglaubte Filme Lewins in detektivischer Kleinarbeit ausfindig und über Digitalisierung zugänglich machen können (Van Elteren und Lück 1990; Lück 2007a). Dieser Pionierarbeit ist zu verdanken, dass sich unabhängig voneinander im letzten Jahrzehnt zwei Autoren (Klinghardt 2014; Locatelli 2013, 2023) mit Lewins Rolle als Filmemacher und seiner Wirkung wissenschaftlich auseinandersetzen konnten.

Der erste war Massimo Locatelli, Professore Associato für Film, Fotografie und Fernsehen an der Università Cattolica del Sacro Cuore in Mailand. In seiner, 2013 auf Italienisch erschienenen Publikation mit dem schönen Titel „I bimbi di Lewin" (zu Deutsch: Lewins Kinder) versucht Locatelli zu illustrieren, inwiefern sich die heutige Filmkultur auf Lewins Zugang zur Forschung beruft.

Während der Film das Sichtbare zeigt, so Locatelli, versucht die Feldtheorie, die inneren Prozesse zu beschreiben und zu verstehen, die das äußerlich beobachtbare und filmisch darzustellende Verhalten generieren. Locatelli vermutet, dass von Lewin die Anregung an Film und Theater ging, die hinter sichtbarem Verhalten liegenden Prozesse zu verstehen und zu vermitteln.

Andererseits hat der Film als die dominante Metapher der ersten Hälfte des 20. Jahrhunderts auch die wissenschaftliche Praxis der Gestaltpsychologie – erst in Deutschland und dann auch in den USA – beeinflusst. So lernte Lewin, zusammen mit seinem älteren Kollegen Wolfgang Köhler (der durch seine Schimpansenversuche auf Teneriffa bekannt wurde) das Filmen. Allerdings machte Lewin mehr aus diesem Medium:

> „Offenbar dienten die Filme [Köhlers für Lewin, ka] als Orientierung für seine eigenen Aufnahmen, mit denen er etwa 1923 begann. Er filmte vor allem Kinder in Konfliktsituationen. Mal war es nicht erreichbares Spielzeug hinter einer Abzäunung, mal Obst, das eine erwachsene Person absichtlich hochhielt, Furcht beim Überqueren eines kleinen Bachs über einen Steg oder die Verlegenheit beim Begrüßen einer erwachsenen Person." Lück (2021, S. 9)

Diese Kinder waren übrigens Lewins eigene Kinder oder die seiner Freunde. Sein Interesse war es, sowohl Forschungsmaterial als auch Anschauungsmaterial für seine Vorträge zu generieren.

6.1   Filme als Forschungsmedium

Der Frage, wie Lewin als einer der ersten Psychologen den Film zu Forschungszwecken einsetzte und zum Erkenntnisgewinn und letztendlich zur Entwicklung seiner Feldtheorie* nutzte, ging 2014 Klinghardt in einer 82seitigen Masterarbeit (unveröff.) nach, die sich durch überaus exakte Quellenverweise auszeichnet. Lück stand dabei mit seinen Arbeiten Pate.

> „[Dessen] Filmanalysen beziehen sich auf das Filmmaterial, das Kurt Lewin verwendete, um zentrale Aspekte seiner Feldtheorie, vor allem den Aufforderungscharakter von Objekten, die Wirkung von Feldkräften, die Konflikttheorie und die Ausweitung des Lebensraumes zu veranschaulichen." (Klinghardt 2014, S. 11)

Klinghardt beschreibt sein Ziel so:[1]

> „Auf der Basis des kontextualistischen Verständnisses von Psychologiegeschichte zielt diese Arbeit darauf ab, wissenschafts- und mediengeschichtliche Fragestellungen zu verbinden. Das Erkenntnisinteresse liegt dabei auf der Bedeutung des Mediums Film für die Entwicklung und Vermittlung der psychologischen Feldtheorie Kurt Lewins. Dabei wird untersucht, inwiefern die Filme, die er ab 1923/24 zu drehen begann, den Anfang einer topologischen Theorie begründeten und auf welche Weise das Medium Film zur Visualisierung und Popularisierung der Grundgedanken seiner Theorie beitrug." (ebd., S. 6)

Klinghardt untersucht anhand dieser Filme deren Inhalt, formalen Aufbau, filmische Gestaltung und ästhetische Besonderheiten, wobei er, auf Van Elteren und Lück (1990) aufbauend, sehr detailliert die technischen Aspekte von Filmmaterial und Methodik darstellt (ebd., S. 9 ff.).

Die zwei Filme „Hanna und der Stein" und „Günter mit den Bauklötzen" stellen nach Ansicht Klinghardts eine Wende in der Experimentalkultur des Menschenversuches dar (ebd., S. 28 ff.). Von den Labor-Demonstrationsexperimenten der frühen Psychologie entwickelte sich das psychologische Experiment über die Feldexperimente zu Lebensexperimenten im Freien, für deren Dokumentation der Film das geeignete Medium darstelle. An die Stelle der Wiederholbarkeit des (Labor-)Experiments tritt nun die Wiederholbarkeit des Betrachtens.

Mit seinen Kinderfilmen legte Lewin den Grundstein für sein Lebensraum*-Konzept. Anhand dieser Filme entwickelte und demonstrierte er sein Feldtheoretisches Postulat, dass die Dynamik des psychischen Prozesses immer herzuleiten sei aus der Beziehung des konkreten Individuums zu seiner konkreten Umgebungssituation. Locatelli (2013, S. 159) meint, Lewin erweitere mit seiner Feldtheorie das damalige Konzept des menschlichen Geistes zu einem dynamischen* Raumverständnis (vgl. Kap. 3).

In diesen Filmen wird insbesondere das Konzept der appetitiven und aversiven Kräfte und des Verhaltens als Resultante von deren Kräfteverhältnis sehr anschaulich sicht- und verstehbar. Bei seinen Untersuchungen über Trieb-, Affekt- und Ausdruckspsychologie kam Lewin zu der Überzeugung, dass es

> „möglich ist, die Dynamik des psychischen Geschehens auch innerhalb relativ kurzer Geschehensabläufe mit Hilfe des Films in einer Weise festzuhalten, die die wissenschaftliche Auswertbarkeit der gewöhnlichen Beobachtung ganz erheblich übersteigt." (Klinghardt 2014, S. 23)

---

[1] In den folgenden Zitaten sind die jeweilige Kennzeichnung von Zitaten im Zitat und die dazugehörigen Fußnotenverweise der besseren Lesbarkeit willen ausgelassen.

Die Filmtechnik überwindet damit die

> „Instabilität der Wahrnehmungen des erkennenden Subjekts, da der Beobachter ohne den Filmapparat nicht in der Lage ist, Verhalten als solches abzubilden und zu speichern. Die Filmaufnahme registriert das Verhalten in all seiner Detailliertheit und zeitlichen Abfolge und zeichnet sich durch ein höheres Maß an Objektivität und Genauigkeit aus. Filmaufnahmen können beliebig häufig gesichtet werden und einer wiederholten, ruhigen Betrachtung unterzogen werden – das ist auch im verlangsamten Tempo möglich." (ebd., S. 24)

Autorin und Autor dieses Buches wissen aus eigener Erfahrung (Antons et al. 2001, 2004; Amann et al. 2013; André et al. 2024), wie wichtig und hilfreich das wiederholte Betrachten von gleichen Filmsequenzen oder das wiederholte Hören derselben Audiosequenzen ist, um eine Idee von den, diesen Sequenzen zugrundeliegenden Prozessen zu bekommen. Besonders eindrücklich war für mich (msh) das DGGO-Projekt zur Beforschung von Interventionen in gruppendynamischen Online-Trainingsgruppen in den Jahren 2020 bis 2023 (André et al. 2024). Das häufige Wiederholen von Szenen ermöglichte ein ganz anderes empathisches Eintauchen in die Bewegungen der Beteiligten und dann auch wieder Distanzieren davon. Dadurch konnten die dynamischen Zusammenhänge von Interaktionssequenzen erkannt werden, wie es ohne diese Wiederholungen nicht möglich gewesen wäre. Ein Fazit der Forschergruppe mündete folglich auch in der Empfehlung, bei künftiger Forschung zur T-Gruppe das Medium Film (heute: Video) zu nutzen. Meine eigene Forschungserfahrung lässt mich vermuten, dass Lewin erst durch das Filmen das Feld* des Kindes, das sich auf den Stein setzen möchte, entdecken konnte – entdecken im Sinne von erspüren!

Einen Brückenschlag zwischen Lewin und unseren heutigen Forschungsbemühungen kann man in der Theorieentwickung der so genannten Mailänder Schule (Selvini-Palazzoli et al. 1977) sehen. Diese Gruppe nutzte Filmaufnahmen, um latente Dynamiken in Patienten-Familien zu verstehen und daraus familientherapeutische Interventionen zu entwickeln.

In jüngerer Zeit kommt Wendt (2018) über eine Feldtheoretische Auseinandersetzung mit psychologischen Laborversuchen zum Problemlöseverhalten im psychologischen Labor (Kap. 5) zu der Schlussfolgerung, dass es für eine adäquate Beforschung von Problemlöseverhalten „Live streaming" braucht – und meint damit die Einzelfallbeobachtung über Livestreams zum Beispiel beim Videogaming.

6.2   Filme als Anschauungsmaterial

Filmen war zu Lewins Zeit als Dokumentationsmethode im klinischen Bereich weit verbreitet und gehörte zu den Basiswerkzeugen der experimentellen Psychologie. Gegenüber den bis dahin meist verwendeten schweren Stativkameras ermöglichte es eine leichte Handkamera Lewin, die Kinder in ihrem gewohnten Lebensraum aus der Nähe zu filmen, ohne sie allzu sehr zu irritieren. Mit diesen seinen Film-Dokumentationen überwand Lewin die Grenzen der scientific community und popularisierte die Feldtheorie und seine Forschungsergebnisse. Und das gelang ihm trotz seines schlechten Englischs auch in den USA – die Filme sprachen für sich.

Zugleich demonstrierte er mit dem Medium Film, dass er auf der Höhe der Zeit war: Film war die wesentliche technologische Metapher der ersten Hälfte des 20. Jahrhunderts:

> „Lewin verwendete die Filmaufnahmen und Standbilder nicht nur als ‚didaktisches und gedankenklärendes Mittel' zur Visualisierung zentraler Feldtheoretischer Konzepte bei Vorträgen und in Publikationen, sondern er nutzte das Medium Film darüber hinaus im Bourdieuschen Sinn als soziales Kapital, um sich ein Netz aus sozialen Beziehungen zu Fachkollegen und Intellektuellen aufzubauen.
>
> So entwickelte sich beispielsweise zwischen Sergej Eisenstein und Kurt Lewin ein enger Kontakt, der sowohl auf ähnlichen wissenschaftlichen Interessen als auch auf der Begeisterung für das Medium Film basiert." (Klinghardt 2014, S. 69)

Der Film „Das Kind und die Welt" ist vielleicht der erste Film, der einer breiteren Allgemeinheit psychologisches Wissen vermittelte, also der Verallgemeinerung psychologischen Wissens diente.[2] Der Film stellt die „Entwicklung des Kindes als zunehmende Ausweitung, Differenzierung* und Organisation seines Lebensraumes (…) von der Geburt bis zum 8. Lebensjahr" dar (ebd., S. 43).

---

[2] Dieser Film wurde sehr professionell und kommerziell hergestellt: „Im Gegensatz zu den Kurzfilmen […] führte in „Das Kind und die Welt" nicht Kurt Lewin Regie, sondern der Schriftsteller und Filmemacher Eberhard Frowein (1861–1964). Lewin hingegen übernahm die wissenschaftliche Leitung und verfasste zusammen mit Anitra Karsten (1902–1988), Herbert E. Günther und Eberhard Frowein das Drehbuch. […] Am 27. November 1931 erfolgte die Freigabe des Films durch die Filmprüfstelle der Weimarer Republik in Berlin, die ihn als belehrend klassifizierte. […] Der Film [erschien] im Hauptprogramm regulärer Kinos […]." (Klinghardt 2014, S. 41).

Abb. 6.2 Der eingeengte
Spiel-Raum. Eigenes Foto
KA, Ramatuelle 21.02.2012

„Der diesen Filmszenen inhärente pädagogische Appell manifestiert sich in der Forderung nach der Schaffung von ‚Spielraum im wahrsten Sinne des Wortes‘. Da das
Spiel den kindlichen Lebensmittelpunkt darstellt, benötigt das Kind einen Raum, ‚in
dem das Spiel ungestört herrschen und seine ganzen geistigen, seelischen, und sittlichen Wirkungen entfalten darf‘.“ (ebd., S. 65 mit Bezug auf William Stern
1987, S. 22)

Gerade letzteres ist hochaktuell: Unserer Beobachtung nach haben Kinder heute
viel weniger diesen „Raum der freien Bewegung“ – einen Spielraum im doppelten
Sinne des Wortes, wobei paradoxerweise gerade die Fotografie und der Film diesen
einengen, wenn schon die Kleinen durch ständiges Fotografieren und Filmen im
Spiel unterbrochen werden und durch ständige Medienpräsenz ihr Spiel-Raum auf
die Größe eines Bildschirms reduziert wird (s. Abb. 6.2).

Der wohl bekannteste Film ist „Hanna und der Stein“ (s. Abb. 6.4). Darin wird
anschaulich gezeigt, wie Aufforderungscharakter* und Feldkraft* zu verstehen
sind, wie der Stein, auf den Hanna sich setzen will, also ein Objekt ist, das eine un-
mittelbare psychologische Wirkung ausübt und damit „einer Lockung, oder, wie
wir sagen, einem positiven Aufforderungscharakter“ (Lewin 1931a, S. 116) entspricht. Dies impliziert, dass die physische Annäherung Hannas an den Stein das
Resultat einer psychischen Feldkraft darstellt. Dabei werden ihre Anstrengungen
von „typischen Unruhehandlungen“ (Klinghardt 2014, S. 55) begleitet. Überdies
ist zu sehen, wie entsprechend Lewins Grundgleichung (vgl. Kap. 3) derselbe
Stein, der auf Hanna große Faszination ausübt, für ein anderes Kind bedeutungslos
sein kann. Der positive Aufforderungscharakter der Objekte wird erfahrbar durch
das Bemühen Hannas, den physischen Abstand zwischen sich und dem Objekt so
gering wie möglich zu halten. Aber auch das Dilemma wird spürbar, das darin besteht, dass genau durch dieses Bemühen das Kind das Objekt nicht erreichen kann.

Lewin nutzte den Film auch noch in einer weiteren Form als Anschauungsmaterial, so wie Klinghardt es Jahrzehnte später auch tut: Sein Text wird durch Standbilder aus den Filmen illustriert und verlebendigt. Damit verdeutlicht Lewin den Zusammenhang zwischen Ausdrucksgeschehen und den Kräften der momentanen Situation (Klinghardt 2014, S. 66). Gerade durch die apparativ erzeugte Sukzession der Einzelbilder offenbart sich der entscheidende Forschungs- und Demonstrationswert des Filmes (ebd., S. 67). Sowohl die Stills aus den beiden Filmen, in denen Hanna einen Ball halten (Abb. 6.3) bzw. sich auf einen Stein setzen (Abb. 6.4) will, verdeutlichen das Gesagte.

Filmtechnisch bemerkenswert ist Lewins neuartige Kameraführung, die darauf abzielt, den Zuschauer in die Perspektive des Kindes zu versetzen (Abb. 6.5):

(Abb. 1. TC: 02:24)   (Abb. 2. TC: 02:48)   (Abb. 3. TC: 03:14)

Abb. 6.3 Hanna und der Ball. Aus Klinghardt 2014, S. 24

(Abb. 7. TC: 01:15)   (Abb. 8. TC: 01:26)   (Abb.: 9. TC: 01:28)

Abb. 6.4 Hanna und der Stein. Aus Klinghardt 2014, S. 25

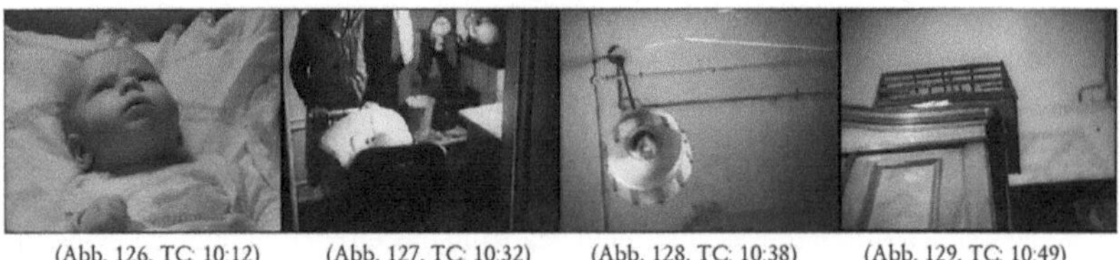

(Abb. 126. TC: 10:12)   (Abb. 127. TC: 10:32)   (Abb. 128. TC: 10:38)   (Abb. 129. TC: 10:49)

Abb. 6.5 Perspektive des Kindes im Bettchen. Aus Klinghardt 2014, S. 49

„Die Identifikation des Zuschauers mit den Kindern soll jedoch nicht nur durch die Kameraeinstellung, sondern auch durch die häufig untersichtige Kameraperspektive und die subjektive Kameraführung (point-of-view-shots) erreicht werden. Mithilfe dieser filmischen Gestaltungsmittel soll dem Zuschauer die Welt des Kindes realistisch vorgeführt und die spezifische Sicht der Kinder auf die Welt wiedergeben werden. So nimmt die Kamera die Perspektive eines in einem Kinderwagen gebetteten Kleinkinds ein, das in einem Wohnhaus in einen anderen Raum geschoben wird. Dadurch wird dem Zuschauer die sich verändernde räumliche Umgebung aus der Sicht des Kindes, das über den Rand seines Wagens und des Bettchens hinaus die nächsten Gegenstände und Menschen zu beobachten und zu erfassen beginnt, erfahrbar gemacht." (ebd., S. 49)

In der Bindungsforschung werden schon seit langem Film- und später Videoaufnahmen genutzt. Ich (msh) habe das bereits in meinem Studium in den 70er-Jahren bei Hanuš Papoušek[3] miterlebt. Mary Ainsworth und ihre Kollegen entwickelten 1969 mit der sogenannten Fremden Situation ein Setting zur Erforschung kindlicher Bindungsmuster. Mittels Videoaufnahmen wird das Verhalten des Kindes aufgezeichnet und sodann dessen Bindungsmuster analysiert. Dabei stützten sie sich auf frühere experimentelle Arbeiten aus dem Umfeld des Gestalttheoretikers* Kurt Lewin, nämlich die von F. Wiehe zum „Behavior of the child in strange fields" (Ende der 1920er-Jahre) und die von Jean M. Arsenian in den 1940er-Jahren zum Verhalten von „Young children in an insecure situation" (Stemberger 2012).

Die Nutzung von Filmen zur (pädagogischen) Aufklärung über soziale und psychologische Phänomene und Zusammenhänge ist heute längst Usus. Wir würden dazu die Reihe 37° des ZDF zählen – Dokumentationen über Menschen und über bestimmte soziale Situationen – oder Lesch's Kosmos, um nur zwei zu nennen. Die Idee, Filme als Methode des sozialen Lernens bzw. Lernens über Psychologie einzusetzen, hat unser Kollege Klaus Doppler schon vor 40 Jahren an mich und sicher auch andere herangetragen. Leider ist die Idee an mangelnden Kontakten zur Film- oder Fernsehbranche gescheitert.

---

[3] Hanuš Papoušek (1922–2000) war ein tschechischer Kinderarzt, Hochschullehrer und Erforscher der frühen Mutter-Kind-Beziehung. Er forschte, arbeitete und lehrte an diversen Hochschulen in Tschechien, USA, Niederlanden und war von 1972 bis 1988 am Max-Planck-Institut für Psychiatrie Leiter der Abteilung Entwicklungspsychobiologie und Professor für Entwicklungspsychobiologie an der Ludwig-Maximilians-Universität München.

6.3   Inspiration für die Filmer

In seinem Artikel „Kindliche Ausdrucksbewegungen" unterstrich Lewin (1927c), dass er die „Kräfte und Faktoren des Gesamtfeldes, aus dem gerade ein solches Geschehen resultiert", erforschen wolle. – Genau das war es, was den sowjetischen Regisseur Sergej Eisenstein (1898–1948, am bekanntesten durch seinen Film „Panzerkreuzer Potemkin", s. Abb. 6.6) so sehr an Köhlers und Lewins Arbeit interessierte. Er war einer der ersten Filmregisseure, der in der Psychologie Anregungen für seine Kunstästhetik und seine künstlerische Praxis suchte (ausführlich Klinghardt 2014, S. 70 ff.). Er ist Lewin auch direkt begegnet, war (nach Angaben von Bluma Zeigarnik*) mit einigen Kurzfilmen Lewins vertraut und begleitete sogar für kurze Zeit die Dreharbeiten zu „Das Kind und die Welt" (ebd., S. 41). „Ausdrucksbewegung" wird ein Schlüsselkonzept von Eisensteins Aktionstheorie. Offensichtlich haben also Lewins Ausdrucks-Studien geholfen, vom Theatralischen zum Natürlichen im Film zu kommen.

Abb. 6.6 Sergej Eisenstein, Anfang der 20er-Jahre. https://de.wikipedia.org/wiki/ Sergei_Michailowitsch_ Eisenstein, abgerufen am 13.04.2025

Lewins Einfluss, so meint Locatelli (2013, S. 162), könne in den Schriften wichtiger Filmwissenschaftler entdeckt werden, besonders da, wo es um den Akt des Sehens geht. Auch beziehen sich viele Filmtheoretiker auf Lewin.

Eine der Spuren Lewins findet Locatelli bei Albert Michotte, der untersucht hat, was beim Anschauen von Filmen im Wahrnehmungsapparat geschieht. Er postuliert eine partizipative Dimension, die sich unterscheidet, je nachdem ob jemand auf gewöhnliche Weise äußere Realität wahrnimmt oder einen Film anschaut. Beim Anschauen eines Films entsteht eine psychologische Distanz zum Geschehen, das aber, so das Ergebnis seiner Forschung, kein Hindernis, sondern notwendige Bedingung für „emotionale Teilhabe" sei.

Den Bezug zu Lewins Forschung stellt Locatelli (ebd., S. 163 f.) her, indem er auf dessen Lehrer Ernst Cassirer mit seiner Unterscheidung von Substanz- und Funktionsbegriff rekurriert: Cassirers Beobachtung war, dass in der (damals) modernen Physik dichotome Klassifizierungen aufgegeben wurden zugunsten von „continuous gradiations". Substanzielle Konzepte seien durch funktionale Konzepte zu ersetzen – dem ist Lewin in seinem Wissenschaftskonzept gefolgt. Locatelli übersetzt das so auf die Filmwahrnehmung: Das Filmbild ist ein Bild, dessen wir wie jedes anderen Bildes gewahr werden, allerdings in einem unterschiedlichen Maße: Der Film *fließt* im Gegensatz zum Standbild, so dass Sequenzen und graduelle Dynamiken betrachtet und untersucht werden können.

In einer aktuellen Zusammenfassung von „I bimbi di Lewin" (2013) benennt Locatelli (2023, S. 23) vier wesentliche Ergebnisse des Zusammenhangs der Psychologie-Geschichte und der Filmtheorie: Zunächst hat der Film als dokumentarisches Werkzeug für Forscher in fundamentaler Weise die Verbindung zwischen Psychologie und Film geschaffen, so dass Psychologen heute anders über den menschlichen Geist (im Sinne des italienischen „mente" bzw. des englischen „mind") denken können. Zum zweiten ist das Medium Film zu einer Metapher geworden, indem es als dynamisch-strukturierter Prozess sich der basalen Formen menschlichen Verstehens bedient: Raum, Zeit und Körperlichkeit. Drittens kann der Film als technologischer Ausdruck unserer projektiven Neigungen gesehen werden. Schließlich hat der Film unser Verständnis von Realität verändert: von einem Absoluten zu einem intentionalen und sozialen Akt.

Diese vier Schritte in Richtung einer Theorie der Filmerfahrung

> „could help explain how we can give order to the fragmentary, modular, multilayered images of the digital era as well as to our daily multimedia environment. We could think of it as a great achievement of the modernist era: to consider our media experience as a whole psychical field, which should be described as a dynamic framework shaping our sense of reality to various degrees." (ebd.)

6.4   Fazit

Klinghardt fasst das Zusammenwirken von Theorieentwicklung und filmischem Schaffen wie folgt zusammen:

> „Lewins Ausarbeitung der Feldtheorie muss in unmittelbarem Zusammenhang mit seiner Tätigkeit als Filmemacher und seiner Arbeit als Kinderpsychologe betrachtet werden [...] Die Bedeutung des Films für die sukzessive Ausarbeitung der Feldtheorie lässt sich daran erkennen, dass Lewin Standbilder aus seinen Filmen in die Aufsätze integrierte, um die schriftlichen Erläuterungen zum Aufforderungscharakter, zur Wirkung der Feldkräfte und der Konflikttheorie zu illustrieren. Darüber hinaus verwendete er seine Kurzfilme als optisches Begleitmaterial auf internationalen Kongressen und Tagungen. Erst durch diese Einbindung in den Feldtheoretischen Kontext gewannen die Filmaufnahmen, die alltägliche Situationen aus dem Leben von Kindern zeigen, an psychologisch-wissenschaftlicher Relevanz." (Klinghardt 2014, S. 73)

Klinghardts Arbeit weist auf eine Art von Film hin, der in der heutigen schnelllebigen Zeit kaum noch vorkommt: der langsame Film (man denke an Klassiker wie Viscontis „Tod in Venedig" oder Leones „Spiel mir das Lied vom Tode"), aus dem auch Standbilder, stills, dazu dienen, den einen Moment festzuhalten, der im Fluss des Geschehens unterzugehen droht. Damit betont er ein retardierendes Moment, das gerade auch die praktische Umsetzung der Feldtheorie auszeichnet: die Gruppendynamik* bzw. die Methodik der Trainingsgruppe.

Wenn wir im Motto dieses Kapitels Locatelli zitieren mit der Aussage, dass „Field Theory is basically grounded upon visible behavior", dann schließt sich an die Überlegungen zu Lewin und dem Medium Film eine andere an: Lewins Bezug zu visuellen Darstellungen – siehe dazu Abschn. 4.3.

Die Vielfalt lewinischen Denkens wird noch einmal deutlich in der Arbeit des Lewin-Experten Helmut E. Lück, der den Eindruck des Lewin-Freundes Fritz Heider[4] teilt, dass Lewins Visionen

> „einen Reichtum impliziter Bedeutung [haben], der noch nicht ausgeschöpft ist, und dass es daher die Aussicht auf weitere Entwicklung gibt." (Heider 1967, S. 9, zitiert nach Lück 2021, S. 20)

Was eine zwar 58 Jahre alte, aber wohl immer noch gültige Aussage ist – wie dieses Buch hier belegen mag.

---

[4] Fritz Heider, 1896–1988 war ein österreichischer Psychologe gestalttheoretischer Orientierung und Weggefährte und persönlicher Freund Lewins, der seit 1930 in den USA lebte und arbeitete. Er gehörte ebenso wenig wie Lewin zum harten engeren Kern der Berliner Gestaltpsychologenschule. Beide galten bei den „harten" Gestaltpsychologen wie Wolfgang Köhler nicht als einer der ihren. Er gilt als Begründer der Attributionstheorie und machte zahlreiche Untersuchungen zur Kausalattribution. (Lück 1996, S. 76 ff.)

Erbe eins: Gruppendynamik

„Aus der Kenntnis der historischen Trends kann auf keine definitive Weise beurteilt werden, wie schwierig es ist, Veränderungen in einer bestimmten Richtung zu bewirken.“

(Lewin 1943a, S. 207)

Zusammenfassung

Diese seine wohl bekannteste Entdeckung, mit der wir beide beruflich eng verbunden sind, hat ein wechselvolles Schicksal in den letzten 70 Jahren erfahren. Dass sie trotz allem Totgesagt Sein noch sehr aktuell und lebendig ist, belegen wir im folgenden Text mit einer Reihe von Beispielen. Wir untersuchen sowohl zentrale Konzepte der Gruppendynamik wie Feedback, Führung, Selbststeuerung, Gruppenentscheidungen als auch Arbeitsformen der angewandten Gruppendynamik. Schließlich stellen wir neuere Modelle dar, die als Weiterentwicklungen des lewinischen Lebensraumes für Gruppen zu sehen sind.

7.1 Totgesagte leben länger

Ein solches, an James-Bond-Filme erinnerndes Bonmot könnte man über diese Lewin sich verdankende Richtung schreiben. Die vor einem Dreivierteljahrhundert gemachte Zufallsentdeckung (Marrow 1977; Lück 1996 u. v. a. m., Kap. 5) hat

© Der/die Autor(en), exklusiv lizenziert an Springer Fachmedien Wiesbaden GmbH, ein Teil von Springer Nature 2025
M. Stützle-Hebel, K. Antons, *Zur Aktualität von Kurt Lewin*, Aktuelle und klassische Sozial- und KulturwissenschaftlerInnen,
https://doi.org/10.1007/978-3-658-48827-7_7

1963 Deutschland erreicht. Die Deutsche Gesellschaft für Gruppendynamik und Organisationsdynamik (DGGO; früher Sektion Gruppendynamik im DAGG), mit der wir beide sehr verbunden sind, hat 2018 ihr halbes Jahrhundert begangen.

Auch die anderen zu jener Zeit gegründeten Zentren der Gruppendynamik* haben nach wie vor ein aktives Leben: die Österreichische Gesellschaft für Gruppendynamik und Organisationsberatung (ÖGGO) und der Österreichische Arbeitskreis für Gruppendynamik und Gruppenpsychotherapie (ÖAGG), das Tavistock Institute for Human Relations (TIHR) mit seinen Leicester Conferences in England, die National Training Laboratories (NTL) und Crosby & Associates in den USA.

Die durchaus widersprüchliche und kritisch zu sehende Geschichte der Gruppendynamik im deutschsprachigen Raum ist an vielen Stellen diskutiert worden. Die einen Autoren fragen sich, wohin die Gruppendynamik nach ihrem lebhaften Beginn denn wohl entschwunden sei (Edding 1988, 2005, 2006; Edding und Kraus 2006; König 2003, 2007, 2010, 2011), und betrauern den Terrainverlust, den die Gruppendynamik hinnehmen musste. Andere, vorwiegend österreichische Beobachter sind wiederum von einem leicht gedämpften Optimismus (Heintel 2008; Pichler 2015; Wimmer 1993, 2006) geprägt. Überdies sind gerade in den letzten Jahren einige neue Bücher erschienen, die das Interesse an Gruppendynamik belegen (Abschn. 7.6).

Weder ist die Gruppe verschwunden noch die Gruppendynamik; sie hat sich vielmehr in andere vielfältigere Richtungen weiterentwickelt. Gruppendynamik in diesem Sinne meint eine der drei Bedeutungen, die das Wort hat: Gruppendynamik als Methode des Lernens über sich selbst und gruppale Prozesse. Zum zweiten beschreibt das Wort das natürliche Phänomen, wenn Menschen zusammenkommen – da geschieht Gruppendynamik, ob man es will oder nicht; zum dritten ist damit ein Wissens- und Wissenschaftsgebiet der theoretischen wie angewandten Sozialpsychologie gemeint, die sich ja zu nicht unerheblichen Teilen Kurt Lewin verdankt (s. a. ka und msh 2015a).

7.1.1 Der politische Entstehungszusammenhang

Geprägt ist die Gruppendynamik bis heute durch ihren Entstehungskontext, den Helmut Lück in Abschn. 2.7 als „Kurt Lewin, der amerikanische Demokrat" skizziert und den Nora Binder auf den neuesten Stand gebracht hat (Binder 2019/2020, 2023a, b; s. a. Zimmer-Winkelmann 2015, Stähler und Stützle-Hebel 2018; König 2025). Dieser Kontext ist ein prägnant politischer. Der Auftrag zum ersten gruppendynamischen Laboratorium im Sommer 1946 kam unter anderem vom Ausschuss des Bundesstaates Connecticut für Rassenbeziehungen. Die Teilnehmenden sollten qualifiziert werden für die Umsetzung des Gesetzes über die gerechte Behandlung von Arbeitssuchenden unter dem Aspekt der Rassenbeziehungen (vgl. Bradford et al. 1972, S. 96; Lück 1996, S. 132 f.).

Zeitgleich mit der 68er Bewegung kam die Gruppendynamik nach Deutschland. Sie partizipierte an dieser Bewegung und prägte sie selbst auch mit. Oliver König (2025) hat diese Zeit gründlichst recherchiert und aufgezeigt, dass es ganz am Anfang, in der zweiten Hälfte der 1940er-Jahre, Anstöße durch die amerikanische Militärverwaltung gab und Trainer aus dem Umkreis von Lewin und den NTL (National Training Laboratories) die ersten Trainings in Deutschland durchführten – gründend auf Lewins Anregungen zur demokratischen Re-Education Deutschlands. Doch bald schon übernahmen überwiegend psychoanalytisch ausgebildete Personen wie u. a. Tobias Brocher, Alf Däumling, Otto Hürter, Peter Fürstenau und, als einzige Frau, Magda Grube solche Trainings. So hatte die Gruppendynamik im deutschsprachigen Raum von Anfang an eine große Nähe zur Psychoanalyse und den Anfängen der Analytischen Gruppenpsychotherapie. Der DAGG wurde 1967 durch eine ausgebildete Psychoanalytikerin, Annelise Heigl-Evers und einige ebenfalls psychoanalytisch orientierte Männer gegründet. Es dauerte noch ein Jahr, bis die Gruppendynamik sich von der Analytischen Gruppentherapie differenzieren und eine eigene Sektion „Gruppendynamik" innerhalb des DAGG bilden konnte. Diese historische Besonderheit führte dazu, dass in Deutschland anders als in den USA die gruppendynamische Praxis und Methodenentwicklung noch lange Zeit stark durch die Psychoanalyse und neuere psychosoziale und -therapeutische Verfahren (Transaktionsanalyse, klientenzentrierte Gesprächsführung, Gestalttherapie, themenzentrierte Interaktion und andere), aber nur wenig durch die lewinische Tradition beeinflusst war.

7.1.2 Die Ausdifferenzierung

Das, was seit dem Beginn der Professionalisierung in der ersten Hälfte der Siebziger unter Gruppendynamik bezeichnet und praktiziert wurde, hat sich inzwischen ausdifferenziert und eine Vielzahl von Richtungen generiert oder ihnen Pate gestanden. Das folgende Zitat aus der Neuauflage eines der Werke, die am Beginn der Professionalisierung standen (Antons 1973), mag dies verdeutlichen:

> „Damals vertrat oder ‚hütete' diese erste der psychosozialen Wellen eine Vielzahl von Anliegen und Verfahren, die sich inzwischen verselbständigt haben, eigene Methoden und Techniken geworden [sind] und sich in entsprechenden Fach- und Berufsverbänden organisiert haben. Das hat immer wieder zu einem Substanzverlust in der verbandsmäßig organisierten Gruppendynamik geführt, spricht aber letztlich für deren langfristigen Erfolg, auch wenn wir uns deren Federn nicht selbst an den Hut stecken können. Es sind vor allem:

Supervision, Coaching, Beratung
Organisations- und Teamentwicklung
Erlebnis- und Outdoor-Pädagogik
Mediation
Planspielmethoden
Moderne Großgruppenmethoden
Familien- und Organisationsaufstellungen
Kommunikationstrainings
Lebens- und Karriereberatung
Visuelle Kommunikation
Moderationsmarkt
Diversity-Kompetenz." (Antons, Ehrensperger und Milesi 2019, S. 15)

7.1.3   Die Aktualität der Gruppendynamik

Die Aktualität des lewinischen Denkens und Handelns begegnete uns im Jahre 2021, als wir Kontakt zu Gilmore Crosby bekamen (Crosby 2021), der sich in seinen Schriften und seiner Arbeit explizit auf Lewin stützt. Das wird neben seinen zahllosen Lewin-Zitaten auch aus seiner Aussage in typisch amerikanischem Stil deutlich:

> „I believe I can and will demonstrate, that Lewin achieved his goal of establishing so-cial science theory and methods that can be applied universally to understanding and influencing human behavior." (Crosby 2021, S. 37)

Verwunderlich ist diese Überzeugtheit nicht, denn schließlich besteht eine nahezu genealogische Linie von ihm zu Lewin: Sein Vater, Robert P. Crosby (s. Abb. 7.1 und 7.2), hat noch gelernt und zusammengearbeitet mit Ron Lippitt, einem direkten Schüler und Mitarbeiter von Lewin. Vater und zwei seiner Söhne sind als OE-Berater tätig und verfolgen in ihrem Ansatz des „Planned Change" eine klare lewinische Linie (Abschn. 9.1).

Wir haben im September 2022 und Juni 2024 Gil als Trainer erlebt (s. Abb. 7.3) – wir haben uns den Luxus gegönnt, in fortgeschrittenem Alter noch einmal bewusst in die Teilnehmerrolle zu gehen. Was uns dabei aufgefallen ist:

Gilmore Crosbys Art des Trainierens kommt dem ursprünglichen Modell von Kurt Lewin und seinen unmittelbaren Schülern ziemlich nahe. Es geht um eine kontinuierliche Schulung von Selbst- und Fremdwahrnehmung, bei der auch die gegenseitige Beobachtung von Teilgruppen ein wesentliches methodisches Element ist. Ein anderes Element dieser sehr strukturierten und leiterzentrierten Arbeit ist Paararbeit mit häufigem zeitnahem und wechselseitigem Feedback und einem konstanten Fokus auf die Person* und das Bewusstheitsrad (Wahrnehmen-Denken-Fühlen-Intendieren-Handeln). „What's the feeling behind?" war Gils Standard-Intervention. Eine Untersuchung der speziellen Unterschiede zwischen dieser Art

Abb. 7.1 Robert P. Crosby 1953. Aus: Crosby et al. (2019, S. 295)

Abb. 7.2 Robert Crosby 2022. Screenshot einer Videokonferenz mit Monika Stützle-Hebel, Klaus Antons und Enrico Troebst am 09.12.2022

von gruppendynamischem Training und unserer deutschsprachigen Art des gruppendynamischen Trainings ist in Vorbereitung.

Ein weiterer Beleg für die Aktualität der Gruppendynamik ist eine podcast-Reihe, die seit 22. April 2021 unter https://gruppendynamik.castos.com/ zu hören ist. Stimuliert durch die Notwendigkeit von Videokonferenzen in der Corona-Zeit haben Dozenten der HTW Berlin (Hochschule für Technik und Wirtschaft; größte staatliche Fachhochschule), Jürgen Radel, Roland J. Schuster und Samuel Friedl begonnen, in Dialog- oder Interviewform Vertreter der verschiedensten Schulen und Länder über Gruppendynamik sprechen zu lassen. Es geht um die verschiedenen Zentren der Gruppendynamik in Deutschland, Österreich, England und USA. Das Minderheitenthema wird in mehreren Folgen bearbeitet (dazu mehr in Kap. 10).

Abb. 7.3 Gil Crosby in Pose. Berlin 2022. (Eigenes Foto KA, 29.09.2022)

7.2 Zentralprinzip Feedback

In den intensiv beforschten Fortbildungen der Lewin-Gruppe für Sozialarbeiter und Lehrer 1946 traf sich abends regelmäßig die ziemlich große Gruppe der diese Diskussionen beobachtenden Forscher zum Austausch ihrer Beobachtungen und Interpretationen des Geschehens. Einige Teilnehmer waren neugierig und fragten, ob sie dort zuhören dürften – was Lewin sofort bejahte. Es blieb aber nicht beim Zuhören. Diese Teilnehmer steuerten nach einiger Zeit ihre eigenen (erinnerten) Beobachtungen, Eindrücke und Interpretationen des Gruppengeschehens am Tag bei. Am folgenden Tag wie auch an den darauffolgenden machten die Beobachter eine erstaunliche Entdeckung: Die Teilnehmer, die bei der abendlichen Reflexionsrunde dabei gewesen waren, veränderten ihr Verhalten – ohne dass sie dazu aufgefordert worden wären. Dies war die Geburtsstunde des Feedbacks und der gruppendynamischen Trainingsgruppe als Methode des sozialen Lernens, wie sie heute noch praktiziert wird.

> „Mich hat die gewaltige pädagogische Wirkung tief beeindruckt, die diese für den Zweck der wissenschaftlichen Erfassung bestimmten Evaluationsmeetings auf den Trainingsprozess hatten (…) Diese und ähnliche Erfahrungen haben mich überzeugt, dass wir Aktion, Forschung und Training als ein Dreieck betrachten sollten, das um jedes seiner Ecken willen zusammenzuhalten ist. (Lewin 1946a, S. 482)"

Lewin beschreibt diese Situation, in der das Feedback-Prinzip entdeckt wurde, selbst in „Tat-Forschung und Minderheitenprobleme" (1946b, S. 479 ff.). Nacherzählt wird sie u. a. von Bradford, Gibb und Benne (1972, S. 96 ff.), Marrow (1977, S. 228 ff.) und Lück (1996, S. 132 ff.). Der so entstandene Feedback-Prozess war die Geburtsstunde des Feedback-Prinzips in der (Sozial-)Psychologie, das wir Feldtheoretisch so beschreiben:

Im Grunde fordern wir beim Feedback die Teilnehmenden auf, ihren Lebensraum* zu explorieren und mitzuteilen: Worauf sind ihre Gefühle und Interessen gerichtet (Kräfte und Faktoren), was (be)hindert sie (Barrieren*), wer oder was spielt eine Rolle (Region*), wo stehen sie bezogen auf die Gruppe, ihr aktuelles Thema, andere Personen … (Position)? Indem die Teilnehmenden sich darüber austauschen, wie es ihnen miteinander in einer bestimmten Situation geht, bekommen sie differenzierte Bilder voneinander, die wiederum ihren Lebensraum differenzieren und manches Mal auch die Kräfte darin verändern (s. Abb. 7.4). Geschieht dies innerhalb einer Gruppe, dann entsteht mit der Zeit auch ein klareres Bild vom Lebensraum der Gruppe – welche Bedeutung die Gruppe im Lebensraum der Einzelnen hat und welchen Einfluss die Einzelnen auf die Gruppe haben. Auf diese Weise stimmen sie ihr Verhalten aufeinander und auf ihre je eigenen Bedürfnisse ab.

Abb. 7.4 Gruppe im Feedback-Gespräch. (Eigenes Foto KA, Berlin 30.09.2022)

7.3   Gruppendynamisches Training

Das zentrale methodische Element eines Gruppendynamischen Trainings ist die gruppendynamische Trainingsgruppe – oft als „TG" abgekürzt, im englischen T-Group genannt. Ihre Methodik ist, genau betrachtet, Aktionsforschung* (Abschn. 8.2) in „Reinkultur": Die Betroffenen, nämlich die Teilnehmenden sind Akteure und Beobachtende zugleich, sie beforschen die vielfältigen Wechselwirkungen des eigenen individuellen Verhaltens untereinander und mit den Eigenheiten und der Atmosphäre der Gruppe.

Das Gruppengespräch war im Grunde bereits die Konstellation bei der „Entdeckung" des Feedbacks (Abschn. 7.2). In der heutigen Trainingsgruppe sind lediglich die externen Beobachter weggefallen; deren Rolle übernehmen jeweils die Gruppenmitglieder untereinander. Sie sind also Forschungssubjekte und Forschungsobjekte zugleich, die das bei sich und anderen Wahrgenommene einander mitteilen (Feedback-Prinzip) und sich darüber austauschen. Dabei richten sie ihren Beobachtungs-Fokus auf das, was alle gerade eben erleben oder erlebt haben (Hier-und-Jetzt-Prinzip). Es ist das, was in der an Watzlawick orientierten Kommunikationspsychologie „Metakommunikation" genannt wird.

Damit ist die Trainingsgruppe Forschungsraum und Übungsraum zur Schulung der Wahrnehmungsfähigkeit der zugleich Teilnehmenden und Forschenden. Dieser Forschungsraum ist Beobachtungs- und Experimentierraum auch für die Trainerinnen und Trainer:

> „Das nach wie vor Experimentelle an der Gruppendynamik ist: Ich gebe etwas in die Gruppe hinein – eine Wahrnehmung, eine Unterstützung, eine Konfrontation – aber welche Bedeutung diese Eingabe für die Gruppe wirklich hat, weiß ich erst, wenn ich die Antwort bekomme (um Heinz von Foerster zu paraphrasieren): Wird darüber hinweg gegangen? Dann war die Intervention zu leise oder am falschen Platz, zum falschen Zeitpunkt oder so bedrohlich, dass sich die Gruppe dagegen schützen muss. Oder einfach doof. Wird sie brav aufgegriffen und eifrig jasagend diskutiert? Dann habe ich es wohl mit einer noch ziemlich trainerabhängigen Gruppe zu tun. Wird es heftig abgestritten? Dann habe ich entweder voll getroffen oder habe einen Schluss gezogen, der von der Gruppe nicht geteilt, nicht angenommen werden kann – vielleicht noch nicht. (msh und ka 2015, S. 228)"

In dieser Beschreibung findet sich das, was als das Paradigma des gruppendynamischen Lernens bezeichnet wird: Ich nehme die Gruppensituation wahr, interpretiere sie aufgrund meiner (Alltags-)Theorien, handle – und beobachte die Wirkung, ob sie meiner Erwartung entspricht und korrigiere meine Einschätzung und teste diese erneut. Wir werden dieses Paradigma in Kap. 8 wieder aufnehmen.

Als Übungsraum erfüllt die Trainingsgruppe eine Forderung Lewins, die er aus seinen wissenschaftstheoretischen Überlegungen abgeleitet hat, und die letztendlich auch zum Konzept von Aktionsforschung und Change* geführt haben: ein Wahrnehmungs-Training als Voraussetzung für Veränderung mittels Action Research.

Das soziale Lernen, „der Change" folgt im gruppendynamischen Training dabei dem von Lewin beschriebenen Dreischritt von Change-Prozessen: Unfreeze* – Move* – (Re-)Freeze*: Durch das aktive, genaue und differenzierte Hinschauen, Beobachten und Wahrnehmen der eigenen Befindlichkeit, des eigenen Verhaltens und seiner Wirkungen bei den anderen und bei der Gruppe geschieht immer dann „Unfreezing", wenn das Feedback der anderen nicht der eigenen Intention und Bedürfnislage entspricht. Dadurch wird die eigene Motivation frustriert und das hat emotionale Folgen. Meist löst diese Erkenntnis eine Suchbewegung aus nach anderen Möglichkeiten, die gewünschte Wirkung zu erzielen: das ist das Moving. Und gerade diese Moving-Phase beinhaltet das von Lewin „galileisch*" genannte experimentelle Vorgehen im Sinne eines zirkulären Vorgehens: Wahrnehmen – Hypothesen bilden – Agieren/Intervenieren – Evaluieren (d. h. erneut Wahrnehmen und Reflektieren) – Hypothesen verbessern/anpassen und so weiter. Ist auf diese Weise eine Verhaltensalternative gefunden und durch entsprechendes Feedback bestätigt, so wird diese eingeübt: Das ist das (Re-)Freezing.

Dieser Change-Dreischritt ist heute vielfach zitiert, oft fälschlich, indem nur der mittlere Schritt Change genannt[1] und oft missverstanden wird: Immer wieder taucht die Idee auf, die Leitung/die Trainer müssten die Irritation gezielt herbeiführen, indem sie verstörende Ereignisse provozieren. Für Lewin ist Unfreezing eine Folge, wenn die Teilnehmenden der Anregung und/oder Herausforderung zur Selbstwahrnehmung und zum Feedback folgen – ganz so, wie es im Sommer 1946 (Abschn. 7.2) geschehen ist.

Unvermeidbar trägt allerdings das Setting, gekennzeichnet durch Minimalstrukturierung und einen permanenten Wechsel von Aktion und Reflexion (vgl. msh und ka 2015, S. 246 ff.), anfangs auch zur Irritation bei. Personen, die sich üblicherweise nicht kennen, sitzen für einen festgelegten Zeitraum im Stuhlkreis beisammen. Ihre einzige Aufgabe ist es, darüber zu sprechen, was sie hier und jetzt erleben, in sich selbst spüren und bei anderen wahrnehmen und interpretieren. Das macht man im Alltag weder beruflich noch privat so. – Genau diese Metakommunikation* brauchen selbststeuernde (oder selbstorganisierte) Teams wie auch die Aktionsforschung und davon geprägte OE-Prozesse, um zu gelingen (Kap. 8 und

---

[1] So verwendet leider auch Amann (2023) in seiner Diskussion des lewinischen Veränderungsmodells nicht die präzise Sprache Lewins, die den mittleren Schritt als „Move" bezeichnet, sondern das gängige, unschärfere „Change".

9). Da im Alltag unüblich, muss dies eingeübt werden. Ein Gruppendynamisches Training ist hierfür ein bestens geeigneter Lernort und Übungsraum.

Diese Künstlichkeit der Trainingsgruppe hat Nora Binder im Blick, wenn sie im folgenden Zitat von der Wirkmächtigkeit der „abgeschlossenen wie artifiziellen Umwelten" spricht. Nicht umsonst wird das Gruppendynamische Training auch als „Laboratorium" bezeichnet.

> „Ende der 1940er-Jahre kulminierte dieser gruppendynamische Ansatz in der bis heute wirkmächtigen Figuration der Trainingsgruppe (T-group), die sich die Einrichtung ebenso abgeschlossener wie artifizieller Umwelten systematisch zunutze macht, um Wandel und kollektive Lernprozesse zu initiieren. Verfahren, die innerhalb solcher Umwelten […] erprobt wurden, liefern noch heute die grundlegenden Bausteine für die Organisationsentwicklung und Durchführung von change management-Prozessen. (Binder 2019/2020, S. 71)"

Im Gruppendynamischen Training wird die Arbeit in der Trainingsgruppe, die den Hauptteil der Zeit ausfüllt, ergänzt durch

- Einheiten der systematischen Reflexion des bisher Geschehenen,
- Theorie-Inputs, die das Erlebte in einen größeren Zusammenhang stellen und damit als Grundmuster von Gruppendynamik verstehen lassen,
- thematische Arbeitseinheiten, in denen aufgetauchte Themen vertieft bearbeitet werden können,
- gruppendynamische Übungen und Rollenspiele
- und Back-Home-Übungen.

Wie bei Bradford, Gibb und Benne (1972, S. 138 ff.) zu lesen ist, gehörten Rollenspiele und Übungen von Beginn an zum gruppendynamischen Trainingsprogramm. In den Anfangsjahren erschienen mehrere Publikationen zu solchen Übungen – am bekanntesten sind die Übungsbücher von Vopel und die „Praxis der Gruppendynamik" vom Autor, ka (erste Auflage 1973). Im deutschsprachigen Bereich hat die Akzeptanz von Übungen im Kontext eines gruppendynamischen Trainings allerdings unter dem Einfluss v. a. der Psychoanalyse eine wechselvolle Geschichte der Zustimmung und Ablehnung erfahren, wie in Antons, Ehrensperger und Milesi (2019, S. 19 ff.) nachzulesen ist. Über ein halbes Jahrhundert Theorie und Konzeptbildung, Experiment und Praxis – dazu die Einflüsse der anderen Psychoverfahren, (Gestalt, Transaktionsanalyse. klientenzentrierte Gesprächsführung, System u. a.) – haben natürlich verschiedene Epochen mit sehr unterschiedlichen konzeptuellen Schwerpunkten generiert (vgl. Tändler 2016).

Für Andreas Amann (2023) ist die gruppendynamische Trainingsgruppe der Prototyp der „reflexiven Vergemeinschaftung". Die vier Konzepte der Gruppendynamik, die diese „reflexive Vergemeinschaftung" bewirken, gehören zum normativen Kern der angewandten Gruppendynamik und konstituieren den strukturellen Rahmen der gruppendynamischen Praxis (2023, S. XI). Es sind:

- Das gruppendynamische Laboratorium[2] ist definiert als der Raum für experimentelles Verhalten – entsprechend Lewins Idee der Verbindung von Handlung, Forschung und Training.
- In diesem ist die Trainingsgruppe der primäre Ort für experimentelles Verhalten.
- Entsprechend der psychoanalytischen Grundregel alles zu sagen, was einem in den Sinn kommt, ist die gruppendynamische Grundregel die des „Hier und Jetzt": in die Beziehung zu bringen, was im Moment präsent ist.
- Eine zentrale Trainerintervention ist die Minimalstrukturierung im Experimentierfeld Trainingsgruppe: Sitzordnung im Stuhlkreis, feste Zeiten, immer am selben Ort im vorgegebenen Rhythmus.

7.4 Gruppendynamisches Verständnis von Team[3]

7.4.1 Interdependenz als konstitutives Moment

Das aktuelle gruppendynamische Verständnis von Team basiert in sehr wesentlichen Aspekten auf Lewin, obwohl er den Begriff Team nicht verwendet. Es leitet sich insbesondere aus seinen Überlegungen in zwei zentralen Artikeln her: Experimente über den sozialen Raum (Lewin 1939b, S. 114 ff.) und Analyse der Begriffe Ganzheit, Differenziertheit und Einheitlichkeit (Lewin 1941b). Für Lewin war Zugehörigkeit* ein enorm wichtiger Faktor, der die Kräfteverhältnisse in und zwi-

---

[2] Amann spricht ähnlich wie andere Autoren weniger von „Training", sondern überwiegend von „gruppendynamischem Laboratorium" und fokussiert damit stärker den experimentellen Charakter gruppendynamischen Lernens. Nora Binder spricht von „abgeschlossenen experimentellen Umwelten".

[3] Heute ist die Gruppe ein allgegenwärtiges Struktur- und Organisationsprinzip in Organisationen verschiedenster Art geworden. Sie heißen Projektorganisation und -gruppen, Netzwerke, Team in der Produktion, Qualitäts- und Problemlösezirkel, und in neuerer Zeit die verschiedenen Formen und Elemente von New Work, die die Prinzipien das Agilen Manifests mit unterschiedlichen Akzenten umsetzen. Sie alle greifen Konzepte von Selbstorganisation und Selbststeuerung in unterschiedlichem Maße auf. In Kap. 12 wird ein Feldtheoretischer Blick auf agile Teams geworfen.

schen Gruppen sowie deren Wirksamkeit wesentlich begründete. Ein konstitutiver Faktor war dabei die zwischen den Gruppenmitgliedern bestehende und akzeptierte Interdependenz* – die gegenseitige Abhängigkeit* und Bindung und die daraus resultierende Kohäsion* (ausführlicher in: msh und ka 2015, S. 230 ff.):

Diese Interdependenz, so postuliert er, sei für das Gelingen einer Gruppe entscheidender als das Ausmaß der Ähnlichkeit ihrer Mitglieder. Indem sie ein wesentlicher Teil im Lebensraum der je anderen und sich dessen bewusst werden, verstärkt sich das Erleben des Gefühls von Zusammengehörigkeit – der Kohäsion.

Teamentwicklung unter dieser Perspektive zu betrachten hat markante Konsequenzen: Es geht nicht mehr darum, möglichst viel Nähe zu erzeugen, sondern eine gegenseitige Einflussnahme zuzulassen und zu fördern. Das dürfte Teams von unrealistischen Erwartungen entlasten und auf das Wesentliche fokussieren. Es ist allerdings kein Wohlfühlprogramm: Die Teammitglieder erfahren zu lassen, dass der partielle Autonomieverlust Einflussmöglichkeiten eröffnet, ist ein oft mühsamer Aushandlungsprozess.

Lewin folgend, muss die Binnen-Abhängigkeit (innerhalb einer Gruppe) die Außen-Abhängigkeiten (gegenüber Personen anderer Gruppen) klar überwiegen, damit die spezifische Gruppe Team handlungsfähig ist. Das hat Konsequenzen für die Gestaltung der durchaus alltäglichen Mehrfach-Zugehörigkeiten – insbesondere in den modernen Projekt-Architekturen: Die Mitglieder haben ihren Arbeitsprozess so zu gestalten, dass, wenn sie zusammentreffen, die aktuell erlebten Bindungen innerhalb des Teams bei allen Teammitgliedern überwiegen.

Doch die Interdependenz ist nur die eine Seite der Medaille. Denn maximale Interdependenz ist sogar schädlich für die Kreativität und Problemlösefähigkeit einer Gruppe. Gruppen müssen deshalb ihre Binnen-Abhängigkeit ständig in einer Balance halten, die einerseits die notwendige Kohäsion sichert und andererseits ihre Verhaltensspielräume so weit offenhält, dass sie sich entwickeln und ihre Kreativität und Problemlösekompetenz entfalten können.

7.4.2   Ziel- und Aufgabenorientierung

Teams sind insofern eine spezielle Art von Gruppen, als sie eine – meist von außen, der Organisation und deren Leitungen – gegebene Aufgabe und hinsichtlich dieser ein Ziel haben (vgl. z. B. Edding und Schattenhofer 2012, S. 7 ff.; Antons 2022, S. 72–79). Erst die gemeinsame Orientierung darauf ermöglicht ein zielgerichtetes und koordiniertes Arbeiten – oder mit den Worten Lewins: eine Lokomotion der Gruppe entsteht erst, wenn die Aufgabe als Lebensraum-Region* attraktiv ist und die (kognitive) Struktur des Lebensraums der Gruppe so ist, dass das Ziel mit den vorhandenen Ressourcen und entsprechendem Einsatz erreichbar erscheint. Das be-

Abb. 7.5 Teamarbeit auf dem Segelschiff. (Eigenes Foto KA, Straße von Bonifacio, 10.09.2017)

deutet unter anderem, dass sich die Gruppenmitglieder ein weitgehend übereinstimmendes und klares Verständnis über Inhalt und Wesen der Aufgabe und des Ziels erarbeiten und auch weitgehend darin einig werden müssen, dass diese Aufgabe für sie hinreichend attraktiv ist. Dies erfordert eine gründliche Klärung und Abstimmung am Anfang und laufend während des Arbeitens (vgl. msh und ka 2017, S. 76, 112; msh 2008, S. 40 ff.; msh 2020, S. 300 ff.). Um Segel zu hissen, braucht es diese ständige Abstimmung und Koordination, wie Abb. 7.5 zeigt.

7.5 Führung und Selbststeuerung

Eines der großen Forschungsinteressen Lewins war die Frage, wie durch unterschiedliche Arten des Führens einer Gruppe unterschiedliche Gruppenatmosphären* erzeugt werden und wie diese Gruppenatmosphären das Verhalten der einzelnen Gruppenmitglieder beeinflussen. In seinen sogenannten „Führungsstil*-Experimenten" (Abschn. 2.10, Kap. 4) konnten er und seine Mitarbeiter sehr überzeugend demonstrieren, wie sich das Verhalten von Personen verändert, wenn sie zwischen Gruppen mit verschiedenen Atmosphären (erzeugt durch klar unterscheidbares Leitungsverhalten) wechseln.

Deshalb haben er und seine Mitarbeiter früh Wert auf die Ausbildung von psychosozialer Kompetenz von Leitungspersonen gelegt und sie als Teil von Organisationsentwicklungsmaßnahmen* betrachtet. Auch hielten sie die psychosoziale Kompetenz von Führungskräften für unentbehrlich, damit sich in einer Gesellschaft demokratische Einstellungen und eine demokratische Kultur nachhaltig entwickeln können.

Führungskräfte haben immer auch mit Gruppen in Form diverser Teams und Besprechungsformaten zu tun. Ihr Gelingen hängt erheblich von den jeweiligen Leitungspersonen ab. Auf die Entwicklung insbesondere der gruppenbezogenen Kompetenzen haben Gruppendynamiker von jeher großen Wert gelegt, und schon vor 45 Jahren wurde ein Rahmencurriculum für eine Weiterbildung zum/r „Gruppendynamischen Leiter/in und Berater/in von Gruppen (DGGO)"[4] entwickelt. Auch wenn der Bezug zu Lewin und dem von ihm generierten Wissen meist nicht mehr hergestellt wird: Die Nachfrage nach dieser Weiterbildung ist ungebrochen und ein Beleg für die nach wie vor aktuelle Relevanz.

Selbstorganisation und Selbststeuerung sind heute en vogue, davon wird heute viel gesprochen und auch viel dazu geschrieben. Bei den verschiedenen Formen von New Work und Agilität (Kap. 12) sind sie zentrale Konzepte.[5]

Und hierfür, meinen wir mit Karl Schattenhofer und Wolfgang Weigand (1998, S. 8),

> „[kann] die angewandte Gruppendynamik als Praxis des Konzepts der Selbststeuerung verstanden werden […]. Gruppendynamische Verfahrensweisen haben zum Ziel, das individuelle, aber auch das Selbststeuerungspotential von Gruppen und Organisationen zu erweitern. Mit der gruppendynamischen Trainingsgruppe wurde ein Prototyp des selbststeuernden Sozialsystems erfunden: Eine Gruppe, in der das Verhalten der einzelnen und die in der Gruppe geltenden Regeln, Normen und Rollendifferenzierungen über verschiedene Formen von Feedback reflektiert und damit gestaltbar werden. Die Trainingsgruppe selbst wird zum Gegenstand der Reflexion und Gestaltung gemacht und wird dadurch zum selbststeuernden System."

Solcherart Selbstreflexion der Gruppe geht auf Lewin zurück und ist das zentrale und unverzichtbare Element jedweder Selbststeuerung.

Für alle Teams – aber nicht nur für diese – ist es auf Dauer unerlässlich, dass sie gute Gruppenentscheidungen treffen.

---

[4] https://www.dggo.de/gruppendynamische-ausbildung/ausbildung-zum-zur-gruppendynamiker-in.

[5] Die systemtheoretische Unterscheidung von Selbststeuerung und Selbstorganisation wird häufig ignoriert und beide Begriffe meist synonym verwendet (vgl. Brinkmann und Schattenhofer 2022, S. 20 f.). Dieser unterschiedliche Gebrauch der beiden Begriffe erzeugt erhebliche Verwirrung. Näheres zu Selbstorganisation und Selbststeuerung u. a. bei Schattenhofer & Weigand (1998), Schattenhofer (1998, 2002).

Der Gruppenentscheidung und ihrer Bedeutung für Veränderung hat Lewin viel Aufmerksamkeit gewidmet. Die Beteiligung von Betroffenen in den verschiedenen Aktionsforschungs-Projekten beinhaltete in der Regel auch Entscheidungen dieser Betroffenengruppen.

Wenn es darum ging, bei einzelnen Personen Verhaltensänderungen zu bewirken – und vor allem deren Nachhaltigkeit zu stabilisieren, griff Lewin auf das Mittel der Gruppendiskussion und anschließender Gruppenentscheidung zurück. (Lewin 1947c, S. 263 ff. oder 1944c, S. 432 ff.). Beispielsweise ging es zu Zeiten des Zweiten Weltkriegs und der auch in den USA damit verbundenen Nahrungsknappheit darum, Menschen zur Änderung ihrer Ernährungsgewohnheiten zu bewegen. In Gruppengesprächen wurden diese Fragen diskutiert und Argumente ausgetauscht. Am Ende wurde gemeinsam die Entscheidung gefällt, was man in Zukunft essen wolle. Es zeigte sich, dass die individuelle (!) Verhaltensänderung durch so eine Gruppenentscheidung wesentlich häufiger und nachhaltiger war als nach einem entsprechenden Vortrag. (Abschn. 2.10, Kap. 7). Eine ähnliche Wirkung hatte die Gruppenentscheidung von Arbeitern in einer Bekleidungsindustrie (1947a3, S. 249 ff.). Bemerkenswert ist, dass „[…] nach der Gruppenentscheidung […] der Ehrgeiz, das Ziel zu erreichen, weitgehend unabhängig davon [war], wie die [individuellen] Präferenzen vorher waren" (Lewin 1944c, S. 432f.).

Lewin stellte zudem fest, dass das Individuum anscheinend vorwiegend als Gruppenmitglied handelt.

Auf eben dieses Prinzip setzen auch heute noch Selbsthilfegruppen wie z. B. die Anonymen Alkoholiker oder Weight Watchers – wie auch jede Sportmannschaft. Auch die populistischen Bewegungen und Parteien bedienen sich dieser Wirkung von Gruppenentscheidungen: Sie sprechen das Zugehörigkeitsgefühl von Menschen an, die sich von der „politischen Elite" ausgeschlossen fühlen und bieten sich an, dieses zu bedienen. Damit motivieren sie Wahlentscheidungen zu ihren Gunsten (Kap. 11).

> „Die Experimente beweisen jedoch sogar, daß Entscheidungen im Hinblick auf die persönliche Leistung selbst dann wirkungsvoll sein können, wenn sie in einer Gruppenanordnung, die sich nie wiedersieht, getroffen wurden." (Lewin 1947a2, S. 283)

Und die Langzeitwirkung dieser Experimente? Frey und Hauser fassen diese so zusammen:

> „Mit seinen frühen Experimenten zu Gruppenentscheidungen ebnete Lewin letztendlich den Weg für Forscher wie Edward Deci und Richard Ryan, die 40 Jahre später seinen Gedanken zum Einfluss von Partizipation und Selbstbestimmung auf die Nachhaltigkeit von Entscheidungen wieder aufnahmen. (vgl. Deci und Ryan 1983)." (Frey und Hauser 2013, S. 96)

Lewins Arbeiten zur nachhaltigen Wirkung von Gruppenentscheidungen für individuelles Handeln nehmen die Rubikon-Thematik der aktuellen Motivationstheorie und -forschung vorweg. Lange wurde in der Psychologie über den Umstand nachgedacht und geforscht, dass es oft trotz klarer Motivation für eine bestimmte Handlung *nicht* zu dieser Handlung kommt. Heckhausen, Gollwitzer und Weinert (1987) haben mit dem Rubikon-Modell diese theoretische Lücke durch den Rückgriff auf das Konzept der Volition als eigenständiger Handlungsphase geschlossen. Hat Lewin diese Rubikon-Thematik bereits lange davor gelöst?

Lewin hält die „groupdecision method" für die gute Form der Gruppenentscheidung, weil die so getroffenen Entscheidungen nachhaltig handlungsrelevant werden. Wir haben an mehreren Stellen gefunden, dass er seine Gruppenentscheidungen mit einer kleinen Lecture eingeleitet und dann eine Diskussion darüber unter den Teilnehmenden angeregt und sie am Ende zu einer gemeinsamen Entscheidung herausgefordert hat (vgl. dazu Binder 2023a, S. 239 f.). Eine solche gemeinsame Entscheidung fordert alle Beteiligten heraus, die eigenen Interessen hinter das gemeinsame Interesse zu stellen – Abb. 7.6 mag das verdeutlichen.

Werden die Feldtheoretischen Kräftekonstellationen nicht ausreichend berücksichtigt, kann es allerdings zu dem von Irving Janis 1972 beschriebenen Groupthink-Phänomen kommen (vgl. Frey und Hauser 2013, S. 96). Wie gefährlich das Groupthink ist, beschreibt Janis in „Victims of groupthink: A psychological study of foreign-policy decisions and fiascoes" anhand zahlreicher historischer Entscheidungen (vgl. auch Sader 1991, S. 218 ff. und ka 2015a, S. 332 ff.). Eine große Zahl von Firmenpleiten (u. a. Benko) oder zumindest gefährlichen Schieflagen ist ebenfalls auf dieses Phänomen (kombiniert mit einer „charismatischen" Führungspersönlichkeit) zurückzuführen – gerade jüngst wieder sichtbar an den Turbulenzen um die Baywa: „Der Rest des Aufsichtsrates sei faktisch ausgeschaltet worden,

Abb. 7.6   Gruppe in einer Entscheidungssituation. (Eigenes Foto KA, Budapest 08.07.2013)

[…] ‚Wer Kritik äußerte, wurde als Nestbeschmutzer beschimpft.'" (Höss und Anastasiadis 2024). In solchen mikropolitischen Prozessen wird das Phänomen Groupthink gerne zum Machterhalt benutzt.

Entscheidungssituationen sind aus Lewins Perspektive immer Konfliktkonstellationen*, bei denen sich Feldkräfte mit etwa gleich großen positiven und/ oder negativen Valenzen* zweier oder mehrerer Alternativen annähernd die Waage halten. Dieser Umstand aber macht Entscheidungssituationen an sich aversiv – was Vermeidungs- und Fluchttendenzen mit sich bringt. Erstere führen dazu, Entscheidungen hinauszuschieben, letztere führen dazu, sie vorschnell zu treffen, um aus der aversiven Situation schnellstmöglich wieder herauszukommen. Beides ist – selbstredend – guten Entscheidungen, individuellen wie gruppalen, nicht förderlich. Wie schwierig es ist, sich gegen eine Gruppenmajorität zur Wehr zu setzen, macht ein immer noch zeitgemäßer Film von 1957 deutlich: Die 12 Geschworenen von Sidney Lumet. Abb. 7.7 zeigt eine Szene, in der dieses „alle gegen einen" optisch markant ist.

Die Fluchttendenz dürfte einer der Faktoren sein, der zu dem gefährlichen Phänomen des Groupthink führt. Indem die Gruppenmitglieder schnellstmöglich aus der unkomfortablen Situation wieder herauswollen, tendieren sie dazu, nicht alle Aspekte der Entscheidungsfrage auf den Tisch zu legen und abzuwägen. Zu diesen

Abb. 7.7 Die 12 Geschworenen. Still aus dem gleichnamigen Film von Sidney Lumet, 1957: 12 angry men. http://rogerebert.suntimes.com/apps/pbcs.dll/article?AID=%2F20020929%2FRE-VIEWS08%2F209290301%2F1023, abgerufen am 13.04.2025

Aspekten gehören alle individuellen und gruppalen Feldkräfte und die mit ihnen zusammenhängenden Bedürfnisse, Werte und kognitiven Erkenntnisstrukturen. Durch diese Fluchttendenz besteht die Gefahr, dass im Streben nach Einigkeit, die am lautesten und/oder von statushohen Gruppenmitgliedern vorgebrachten Argumente dominieren und die entgegenstehenden Aspekte ungehört bleiben und übersehen werden. Aus Angst, dann als Außenseiter ausgeschlossen zu werden, verstummen die Vertreter dieser Widersprüche – Gruppen, die mit ihrer Entscheidung „endlich zu Potte kommen" möchten, üben entsprechenden Druck auf diese Personen aus.

> „Im Falle der Gruppenentscheidung ist die Bereitschaft anscheinend von der persönlichen Vorliebe verhältnismäßig unabhängig; das Individuum handelt anscheinend vorwiegend als Gruppenmitglied." (Lewin 1947a3, S. 266 f.)
>
> „Der Einfluss der Gruppenzugehörigkeit auf das Verhalten eines Einzelnen kann als das Ergebnis einer Überschneidungssituation angesehen werden: die eine Situation entspricht den Bedürfnissen und Zielen der eigenen Person; die andere den Zielen, Regeln und Werten, die für die Person als Glied der Gruppe bestehen. Die Anpassung des Individuums an die Gruppe hängt von der Vermeidung eines zu großen Konflikts zwischen diesen beiden Kräftekonstellationen ab." (Lewin 1946a2, S. 303)

Folgt man Lewin, dann kann man die Qualität von Entscheidungsalgorithmen danach einschätzen, wieweit sie geeignet sind, die individuellen Interessen und Bedürfnisse (in der Sache) zu berücksichtigen und abzuwägen, und wieweit sie geeignet sind, die Spannung* zwischen Gruppen-Interessen und individuellen Interessen zu balancieren. Einerseits muss die notwendige Kohäsion abgesichert, andererseits müssen die Verhaltensspielräume der Individuen offengehalten werden, so dass sich Kreativität und Problemlösekompetenz entfalten können.

7.6   Aktuelle Modelle der Gruppendynamik als Weiterentwicklung von Lewins Lebensraum der Gruppe

In den vergangenen Jahrzehnten haben sich viele Gruppendynamiker auf Lewin berufen, dies zumeist wenig konkret und ohne differenzierte inhaltliche Bezüge.

Oliver König und Karl Schattenhofer (2006) würdigen in ihrem Vorwort die Entdeckung der Gruppendynamik und damit Lewin. Ähnlich ist es bei Rosa Budziat und Hubert Kuhn (2022), wo Lewin als einer der Pioniere und seine Bedeutung für die Gruppendynamik ausführlich beschrieben wird. In beiden Werken wird seine Feldtheorie* allerdings nicht erwähnt. Bei Heidi Ehrensperger und Peter Stierli (2020) taucht Lewin gar nicht auf. Dass bei Olaf Geramanis (2017) die Gruppe ausschließlich innerhalb von Organisationen vorkommt, ist befremdlich –

und wenn die einzige Literaturangabe, die sich auf Lewin bezieht, gleich vier Fehler aufweist, dann lässt sich vermuten, dass der Autor dieses Werk nie in Händen gehabt hat.

Von den vielen brauchbaren Modellen für die Arbeit mit Gruppen, die in letzter Zeit entwickelt wurden, wird das Modell von Differenzierung und Integration von König & Schattenhofer explizit auf Lewins Feldtheorie bezogen (2006, S. 58), in Fachkreisen wird es auch Pendelmodell genannt. Bei dem Modell des Gruppendynamischen Raumes (Antons et al. 2004) gibt es eine bemerkenswerte Entwicklung: Hier hat erfreulicherweise einer der Autoren, Andreas Amann, fast 20 Jahre später, gewissermaßen im Nachhinein, dessen Feldtheoretische Fundierung nachgeliefert (Amann 2023), was sich bereits im Titel ausdrückt: „Das gruppendynamische Feld". Er hat die damals zwar in der Latenz vorhandenen, aber nicht explizit formulierten Bezüge zu Lewin manifest gemacht.

7.6.1 Der gruppendynamische Raum

1995 haben sich fünf Mitglieder der damaligen Sektion Gruppendynamik im DAGG nach einigem Vorlauf zusammengefunden,[6] um ein privates, von niemandem gefördertes Forschungsprojekt anzugehen: Sie wollten wissen, welche gruppendynamischen Prozesse laufen, wenn eine Gruppe über die übliche Zeit von fünf Tagen zusammen ist. Daraus wurde, nach fast sechs Jahren Arbeitszeit, das Werk „Gruppenprozesse verstehen"; die AutorInnen waren Andreas Amann, Klaus Antons, Gisela Clausen, Oliver König und Karl Schattenhofer (s. Abb. 7.8). Das Prioritätsrecht wurde dem Senior gegeben, weshalb das Buch heißt: Antons, Amann et al. (2001, 2004)

Es waren zwei zentrale Ergebnisse, die sich aus dem Forschungsprozess herausschälten: zum einen, dass entgegen der damals noch landläufigen Glaubensüberzeugung von Trainerinnen und Trainern im längeren Verlauf von Gruppen die Frage der Zugehörigkeit zur Gruppe eine wesentlich höhere Dynamik entwickelt als die Fragen von Macht und Autorität. Das war bereits für Lewin in seinen Untersuchungen zum Judentum eine virulente Frage. Das zweite war die mit diesem Ergebnis verbundene, gemeinsame Entwicklung eines Modells für Gruppenprozesse, das sehr rasch Verbreitung fand: *der Gruppendynamische Raum*. Obwohl es kein quantifizierbares Modell ist, scheint es eine hohe Erklärungsstärke zu besitzen, wie einem hohen Zitationspegel zu entnehmen ist.

---

[6] Monika war zu dieser Zeit beschäftigt, aus dieser Sektion Gruppendynamik im DAGG die DGGO zu formen.

Abb. 7.8 Das Autorenteam von „Gruppenprozesse verstehen". V.l.n.r.: Klaus Antons, Karl Schattenhofer, Gisela Clausen, Oliver König, Andreas Amann. Fotoarchiv KA

Es sind drei Leitdifferenzen, die die Anfangssituation eines gruppendynamischen Trainings charakterisieren. Sie werden ursprünglich (Amann 2004, S. 30 f.) und in Amanns neuester Arbeit (2023) zu drei, bereits von früheren Autoren postulierten Dimensionen verdichtet:

- Der Unterschied – und die damit konstituierten Konflikte – zwischen Trainern und Teilnehmern markiert ein Machtgefälle und verdichtet sich zur Dimension Macht und Einfluss, hinsichtlich der sich im weiteren Verlauf auch die anderen Gruppenmitglieder unterscheiden.
- Der Unterschied zwischen Frauen und Männern bzw. generell hinsichtlich der Attraktivität der je anderen Gruppenmitglieder sorgt für die Auseinandersetzung um Intimität, d. h. Nähe und Distanz.
- Die übliche Aufteilung der Gesamtgruppe in zwei Teilgruppen forciert die Thematik der Zugehörigkeit – zur eigenen und in Abgrenzung gegenüber der anderen Gruppe.

Mit diesen drei Dimensionen ist das lewinische Denken über Spannungen im Feld* der Gruppe (angetrieben durch die Frage der Zugehörigkeit und der Macht) um eine Dimension erweitert und konstituiert einen dreidimensionalen Raum.

Amann schreibt 2023 (S. 149) dazu:

„Die Muster zur Lösung des gruppendynamischen Strukturproblems erwirbt man in der ödipalen Krise und in der präadoleszenten Peergruppe. In der ödipalen Krise bilden sich die Muster zur Gestaltung von Macht und Sexualität, während die Muster zum Erwerb von Zugehörigkeit in der präadoleszenten Peergroup entstehen. Das gruppendynamische Strukturproblem drängt die Teilnehmenden notwendig auf Individuierung, da in ihm strukturell der ödipale Konfliktkomplex samt seiner Individuierungsdynamik enthalten ist. Oder anders formuliert:

Mit seinen drei Elementardifferenzen ist der gruppendynamische Raum zum einen an den Familienkomplex angeschlossen, weil dort die Gestaltung der beiden Differenzen Macht und Geschlecht aufgegeben ist. Mit seiner Elementardifferenz Zugehörigkeit schließt der gruppendynamische Raum an die präadoleszente Peergroup an. Verortet man die T-Gruppe sozialisationslogisch, dann werden in ihr diejenigen Wahrnehmungs- und Handlungsmuster reinszeniert, die sich dem Kind ursprünglich in der ödipalen Krise und in der Kooperation durch die präadoleszente Peergroup eingeschrieben haben.“

Das diagnostische Modell des Gruppendynamischen Raumes – das eher zu einem spielerischen Umgang damit animieren möchte – postuliert, dass jede Gruppe sich im Verlaufe ihres Lebens immer wieder mit jeder dieser Dimensionen auseinandersetzen muss. Hier nur kurz beschrieben (ausführlicher bei ka 2004, S. 308 ff.), besagt es: Die Machtdimension ist ein umso ausgeprägteres Konfliktthema, je intensiver es um Steuerung, Kontrolle und Machtunterschiede geht. Um Intimität geht es, wenn Beziehungen, Beziehungsklärungen und personale Auseinandersetzungen Hauptthemen werden. Zugehörigkeit ist im Fokus, wenn der Zusammenhalt innerhalb der Gruppe und die Abgrenzung nach außen thematisiert werden.

Bereits damals war es das jüngste Mitglied dieser Gruppe, Andreas Amann, der sehr intensiv daran herumdachte, wie dieses zunächst pragmatische und heuristische Modell theoretisch zu unterfüttern sei (siehe obiges Zitat). Mir (ka) selbst ging es, durchaus im Sinne Lewins, eher um eine graphische Repräsentation dieses komplexen Modells. Ein Beispiel aus diesem Werk sei hier als Abb. 7.9 eingefügt. Es zeigt, wo in diesem Raum sich eine Gruppe im Laufe ihres Bestehens jeweils schwerpunktmäßig befindet.

Seitdem sind viele kreative Ideen entstanden, wie der Raum sinnlich erfahrbar zu machen ist (z. B. Budziat und Kuhn 2022, S. 74 f., 304 f.).

Auch wenn dieses Modell anhand von Trainingsgruppen in einem gruppendynamischen Laboratorium entwickelt wurde, hat sich seither vielfach gezeigt, dass es eine ebenso große Erklärungskraft für die Dynamik in Teams und auch in größeren sozialen Systemen hat. In Teams spielen dabei Aufgabe(n) und Ziel(e) eine moderierende Rolle, wobei es bei Sach-Auseinandersetzungen nicht immer leicht ist, zu unterscheiden, ob es tatsächlich um eine Sach-Frage geht oder ob sich

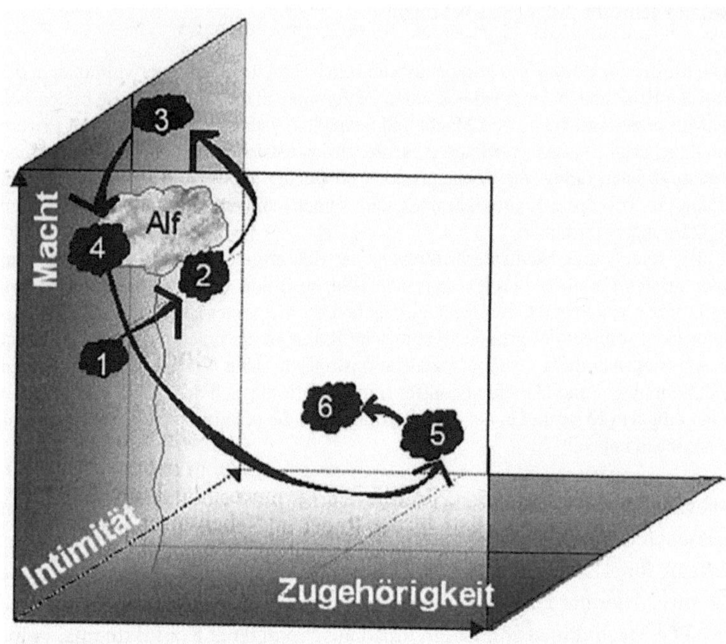

Abb. 7.9 Gruppe Alf bewegt sich im Verlauf ihrer Geschichte durch den Gruppendynamischen Raum. Aus Antons et al. (2004, S. 311)

das gruppendynamische Thema/der gruppendynamische Konflikt in der Sach-Frage niederschlägt. Ewald Krainz schreibt als Herausgeber der Reihe, in der Amanns Buch 2023 erschienen ist:

„Bestimmte Modelle haben dabei eine beachtliche Karriere gemacht. Eines davon ist das vom „gruppendynamischen Raum", in Kurzfassung von Andreas Amann bereits publiziert, in Form von mündlicher Überlieferung mittlerweile von vielen gehört und weitererzählt. Mit dem vorliegenden Buch liegt nunmehr die theoretisch ‚tiefergelegte' Langfassung vor. Sie elaboriert Denkzusammenhänge, die erkennen lassen, dass modellhafte Narrative einen Hintergrund haben, in den sie eingebettet sind. Darüber Bescheid zu wissen, steht allen an, die sich für Gruppendynamik und ihre Anwendungen interessieren. Obwohl in erster Linie auf das Lernsetting der gruppendynamischen Trainingsgruppe bezogen, sind die ausgebreiteten Überlegungen mutatis mutandis auch auf Beratungs- und Supervisionssettings beziehbar. (ebd., S. VIII)"

7.6.2   Die Spannung zwischen Individuum und Gruppe

Das Spannungsverhältnis zwischen Individuum und Gruppe beschäftigt alle, die mit Gruppe arbeiten. Besonders fokussiert Olaf Geramanis (2017) diesen Aspekt. Für Lewin ist es offenkundig, dass die individuellen Lebensräume in einem dynamischen* Zusammenspiel den Gruppen-Lebensraum konstituieren und dabei für jedes einzelne Individuum eine „Überschneidungssituation" zwischen „Ich" und „Gruppe" ent- und besteht. Aufgrund des Zugehörigkeitsbedürfnisses lösen die einzelnen Personen im Konfliktfall die Überschneidungssituation zugunsten der Gruppe.

In dem oben erwähnten Pendelmodell der Gruppenentwicklung (König und Schattenhofer 2006, S. 56 ff.) ist es genau diese Spannung zwischen dem Individuum und der Gruppe, die die Gruppe ein ums andere Mal bewältigen muss, will sie sich weiterentwickeln und dadurch arbeits- und handlungsfähig werden. Die Gruppenentwicklung wird dabei durch die polaren Kräfte vom Streben nach Gemeinsamkeit und nach Unterschiedlichkeit angetrieben: Einerseits resultiert aus dem gruppalen Streben nach Kohäsion, Zugehörigkeit aller und Harmonie wie auch aus der Notwendigkeit, eine gemeinsame Linie zu finden, eine Tendenz zur Vereinheitlichung. Dieser steht die Tendenz zur Differenzierung innerhalb der Gruppe gegenüber, die aus dem Wunsch der Individuen nach Autonomie und Individualität geboren ist.

In der Gruppenanalyse und Gruppenpsychotherapie wurde die Frage Individuum und/oder Gruppe dahingehend sehr kontrovers diskutiert (Abschn. 12.3.1), ob es um die Behandlung des einzelnen Patienten im Schwingungs- und Spannungsfeld der Gruppe, also um Einzelanalyse in der Gruppe geht, oder ob die zu therapierende Einheit die gesamte Gruppe ist. Geht es also um die Therapie der Gruppe als Ganzes, die damit eine therapeutische Wirkung auf die einzelnen Gruppenmitglieder hat? Exponent der ersten Richtung war Samuel Slavson, der zweiten Wilfrid Bion. Real gibt es zwischen diesen Extrempositionen viele, die beides miteinander verbinden. Nicht nur im therapeutischen, auch im gruppendynamischen Kontext gibt es solche Fokus-Unterschiede.

Einen ganz anderen, pragmatischen Zugang zu dieser Frage des Verhältnisses von Individuum und Gruppe hat Lewin etwa zur gleichen Zeit, als sich diese psychoanalytischen Konzepte entwickelten, zwar nicht auf Gruppentherapie, aber auf Gruppenarbeit im Allgemeinen bezogen mit den Worten:

> „Eine Analyse des Gruppenlebens wäre undurchführbar, wenn sie jedesmal eine Analyse der Lebensräume jedes einzelnen Mitgliedes einschließen müßte.
>
> Die Analyse des Gruppenlebens kann auf der Basis verhältnismäßig großer Einheiten ziemlich weit kommen. … Es scheint unmöglich zu sein, das Verhalten von Gruppen vorherzusagen, ohne die Gruppenziele, die Gruppennormen, die Gruppenwerte und die Art und Weise, wie die Gruppe ihre eigene Situation und die anderer Gruppen ‚sieht', in Rechnung zu stellen. (Lewin 1947a3, S. 233)"

7.6.3 Unplanbarkeit von Gruppenprozessen

Damit bahnt Lewin eine Sichtweise, die die Unplanbarkeit menschlicher und ökologischer Prozesse ins Bewusstsein rückt. Er war mit seinen Überlegungen seiner Zeit voraus und ist heute so hochaktuell wie – eigentlich schon – seinerzeit:

> „Auch wenn durch eine perfekte Stichprobentechnik sowohl zuverlässige wie gültige Daten gesammelt werden, ist die Voraussage für die Zukunft eine Wahrscheinlichkeitsaussage, welche voraussetzt, daß die Verhältnisse entweder stationär bleiben oder sich um einen bekannten Betrag in einer bekannten Richtung ändern. Die Crux der Sache liegt darin, daß die Bedingungen oft von einem Tag auf den anderen radikal wechseln. (Lewin 1943a3, S. 207)"

Damit kehren wir zum Motto dieses Kapitels zurück, dass nämlich die Kenntnis historischer Trends nichts dazu sagen kann, in welche Richtung Veränderungen zu bewirken sind oder um Karl Valentin, Mark Twain, Niels Bohr oder Helmut Schmidt zu zitieren: Prognosen sind schwierig, besonders, wenn sie die Zukunft betreffen! (https://de.wikipedia.org/Prognose abgerufen am 14.03.2024).

In den beiden obigen Zitaten vertritt Lewin zwar die Position, dass es theoretisch möglich sein sollte und wünschenswert wäre, das Verhalten von Gruppen vorhersagen zu können. Er konstatiert aber selbst, dass in Realität die notwendigen Voraussetzungen nie vollständig gegeben sind. Diese Spannung ist charakteristisch für ihn.

Dank der sogenannten Chaostheorie teilen wir Lewins Hoffnung heute nicht mehr. Es gibt stochastische Prozesse, das heißt Ereignisse, die sich durch ihre Unvorhersehbarkeit auszeichnen. Gruppen gehören dazu.

Erbe zwei: Aktionsforschung

8

> *„Die für die soziale Praxis erforderliche Forschung läßt sich am besten als eine Forschung im Dienste von Social Management oder Social Engineering kennzeichnen. Sie ist eine Art Aktionsforschung, eine vergleichende Erforschung der Bedingungen und Wirkungen verschiedener Formen des sozialen Handelns und eine Forschung, die zu sozialem Handeln führt.*
>
> *[…] daß wir Aktion, Forschung und Training als ein Dreieck betrachten sollten, das um jedes seiner Ecken willen zusammenzuhalten ist."*
>
> (Lewin 1946c1, S. 475 und 482)

Zusammenfassung

Die Bedeutung, die das zweite Erbe Lewins international wieder gewonnen hat, wird von zwei kanadischen Forschern und Praktikern detailliert beschrieben und stellt uns die Frage, inwieweit Lewin uns in unserem heutigen professionellen Verhalten beeinflusst, ohne dass wir es immer gleich merken. Allerdings kleidet sich die Aktionsforschung inzwischen in andere Namen wie z. B. PAR (Participatory Action Research) und akzentuiert unterschiedliche Aspekte des „großen Daches" Aktionsforschung, dem ein stringentes Konzept fehlt.

103

M. Stützle-Hebel, K. Antons, *Zur Aktualität von Kurt Lewin*, Aktuelle und klassische Sozial- und KulturwissenschaftlerInnen,
https://doi.org/10.1007/978-3-658-48827-7_8

8.1   Forschung in Aktion

Die Aktionsforschung – auch Handlungsforschung genannt – ist das zweite Erbe Lewins. Es steht in einem engen Entstehungs- bzw. Entdeckungszusammenhang mit der Gruppendynamik* (Abschn. 2.10). Als im Jahre 1946 Teilnehmende an einer von Lewin geleiteten und beforschten Fortbildung zuhören wollten, wie die Forscher ihre Beobachtungen auswerteten, sich dann einmischten und ihre eigenen (Selbst-)Wahrnehmungen beisteuerten – und Lewin dies zuließ(!) – fand quasi Aktionsforschung statt. Entdeckt wurde dabei einerseits das Feedback-Prinzip, seine Wirkung sowohl im Gruppenprozess als auch auf das Verhalten und die Sensitivität der Beteiligten (Abschn. 7.1.1). Andererseits wurde erkannt, welchen Wert die Beteiligung der Beforschten an der Forschung hat – das Grundelement der Aktionsforschung.

Ein konstitutives Moment der Feldtheorie*, nämlich das „gegenwärtige Feld" prägt die Interventionspraxis der Aktionsforschung (Lewin 1940a[1], S. 68; Tippe 2015, S. 21). Aus dem „gegenwärtigen Feld" leitet sich die methodische Betonung des „Hier und Jetzt" in der angewandten Gruppendynamik wie auch in der Aktionsforschung her.

Lewin war offenbar nicht der Einzige, der sich in seiner Zeit als Wissenschaftler und Forscher mit der Veränderung sozialer Prozesse beschäftigte. Chevalier und Buckles schreiben, dass die Managementtheoretiker Taylor, Shewart, Deming und Mayo

> „offered not a theory of human and social behaviour but rather a more dynamic framework for increasing business productivity and efficiency. It was left to Kurt Lewin to broaden this frame of reference based on rational problem solving and planned change beyond the world of business and management, to include psychology, sociology and cultural anthropology in the practice of what he called 'action research'. Lewin first used the expression in his 1946 paper 'Action Research and Minority Problems', a year after John Collier's more action-oriented formulation of the same idea […]. (2019, S. 19)".

Gute Begriffe haben offenbar mehrere Väter und bezeichnen dann auch verschiedene Konzepte. Auch wenn „Aktionsforschung" am markantesten mit der Person von Lewin verknüpft ist, so hat wohl Jacob L. Moreno schon vor ihm diesen Begriff verwendet (Petzold 1980). Auch dem Beauftragten der US-amerikanischen Regierung für Indianerfragen, John Collier, wird die Erfindung des Begriffs wie des Konzepts zugeschrieben: Zur „Verbesserung der Beziehungen mit den Ureinwohnern" kooperierte er von 1933 bis 1945 eng mit den betroffenen indigenen Stämmen und bezog sie in eine gemeinsame Problemfeststellung, -analyse und -bearbeitung ein, was er als „Aktionsforschung" bezeichnete (https://de.wikipedia.org/wiki/Aktionsforschung abgerufen am 14.03.2024).

Über Lewins frühe Aktionsforschung gibt als erster Alfred Marrow (1977) Aufschluss in seiner Lewin-Biographie: Lewin arbeitete mit seinen Studenten in Marrows Fabrik. Für ihn war es eine Selbstverständlichkeit, dass Veränderungsansätze seinem galileischen* Forschungsparadigma folgen sollten – Veränderung war für Lewin nicht ohne Forschung denkbar. Letztlich können auch die Berliner Experimente als Vorläufer angesehen werden, verstand Lewin sie doch alle als eine soziale Situation, in der sich der Experimentator und das „Subjekt" (die Versuchsperson*) zusammen befanden. Der Experimentator wurde selbst als Teil seines eigenen Experiments betrachtet. Darin zeigt sich bereits der Kern der späteren Aktionsforschung (vgl. Perlina 2015, S. 109). Sehr anschaulich nachvollziehbar ist dies in dem Roman „Das Rosenexperiment" von Jan Böttcher (2022; Abschn. 1.2).

Um dieses zweite Erbe Lewins wurde es nach Lewins Tod relativ still. Burnes und Cooke (2013) führen das zurück auf die rigide Mathematisierung der Feldtheorie, die Lewin versuchte und die von kaum jemandem nachvollzogen werden konnte. Jedenfalls wurde sie mehrfach totgesagt (Bilitza 1980). Aber auch dieser Totgesagte lebt länger! Während die akademische Psychologie den Aktionsforschungsansatz nicht aufnahm, gehört sie außereuropäisch, u. a. in Indien und Südamerika, aber auch in Frankreich unter dem Begriff „Participatory Action Research" (PAR) zum state of the art (Abschn. 2.10).

Es gibt eine vielzitierte Anekdote, die man als Startschuss dieser Bewegung bezeichnen kann, weil sie alle wesentlichen Aspekte der Aktionsforschung enthält. Sie ereignete sich 1944 und wird von Lewin selbst an drei Stellen berichtet (Lewin 1936a, 1942a, 1948, S. 125–141), taucht in der Lewin-Biographie von Marrow (dt. 1977) auf und wird ausführlich referiert und analysiert von Chevalier und Buckles (2019, S. 200–203). Deshalb sei sie hier nur kurz skizziert: In einer großen Näherei der Harwood Manufacturing Company mit 170 Nähmaschinen ist der Konflikt* zwischen der Aufseherin Sulinda und dem Mechaniker Paulsen hoch eskaliert. Durch einen Wechsel von Einzel- und Gruppeninterviews, Einbezug aller weiteren Beteiligten, Zuhören, Vermitteln und Herausarbeiten des Entscheidungsdilemmas, in dem Paulsen stand, gelingt es Lewin und seinem Studenten Alex Bavelas, der als Psychologe im Unternehmen arbeitet, mit allen zusammen eine tragfähige Lösung zu entwickeln.

Eine ausführliche Beschreibung der Entwicklung des Aktionsforschungs-Ansatzes findet sich bei Nora Binder (2023b) in ihrem IV. Kapitel mit dem doppelsinnigen Titel „Ins Feld intervenieren: Die Action Research". Außerordentlich gründlich recherchiert stellt sie detailliert dar, wie der Eintritt US-Amerikas in den zweiten Weltkrieg dazu führte, dass eine große Nachfrage nach sozialwissenschaftlichen Antworten auf die mit der Kriegsbeteiligung einhergehenden Nöte, Notwendigkeiten und Fragen entstand. Lewin und seine Mitarbeiter waren hierbei in vielfacher Weise gefragt und erfanden in ihrem Bemühen um Antworten jene spezifische Art des Forschens, die sie „Aktionsforschung" nannten (vgl. auch Fitzek 2011).

Wie die folgenden Beispiele (Abschn. 8.3, 8.4, und 8.5) zeigen, ist dieses Erbe Lewins weiterhin aktuell und als alternativer Forschungsansatz bekannt und anerkannt. Doch „trotz ihrer Anerkennung führt sie bis heute ein Schattendasein in der psychologischen Forschung." (Walter 2020, S. 214). Dieser „nun auch schon fast *chronisch neue Ansatz der Aktionsforschung*" (ebd., S. 170, kursiv im Original) könnte, so Hans-Jürgen Walter, eine Alternative zur aktuellen, auf Klassifikationen ausgerichteten und deshalb problematischen Therapieforschung sein. Er existiere „aber weitgehend jenseits der Grenzen universitärer Wissenschaftlichkeit", habe aber „immer wieder einen Durchschlupf zur universitären Empirie gefunden." Dennoch sei es aber bis heute ein „eine akademische Karriere gefährdendes Wagnis, sich als Aktionsforscher zu exponieren. Das konnten wir[1] […] erleben." (ebd.).

8.2   Die Grundzüge des Aktionsforschungs-Ansatzes

Der Begriff „Aktionsforschung" ist mit zwei Persönlichkeiten der 1940er-Jahre verbunden. Jacob Moreno möchte mit „Aktionsforschung" primär eine Veränderung eines Sozialsystems, letztendlich der ganzen Menschheit induzieren und fortführen (Petzold 1980). Lewins Aktionsforschungs-Ansatz erwächst aus seinem Verständnis von Wissenschaft und Erkenntnisgewinn bezüglich lebendiger Systeme.

Dieser Ansatz basiert im Wesentlichen auf vier Prinzipien, in denen Aktion, Forschung und Training zu einem Dreieck miteinander verwoben sind:

1. *Der Dreischritt des galileischen Forschungsparadigmas* (u. a. Lewin 1946c2, zusammengefasst in msh 2015, S. 101 ff.):

   A). Analyse des Status quo des konkreten sozialen Geschehens
   B). Planung einer daraus abgeleiteten Veränderungsstrategie
   C). experimentelle Umsetzung dieses Veränderungsplans
   Dieser Dreischritt entspricht der von Lewin andernorts beschriebenen Forschungshaltung: Beobachten – Hypothesen bilden bezüglich „tiefer liegen-

---

[1] Das sind Hans-Jürgen Walter und unser altbekannter Kollege Jörg Fengler, der dies 1978 in dem Editorial zum Thementeil „Aktionsforschung – eine (immer noch) neue Alternative" der Zeitschrift „Gruppendynamik" beschreibt.

der dynamischer* Zusammenhänge"– daraus Interventionen ableiten und verantwortungsvoll intervenieren – Evaluieren der Wirkungen dieser Interventionen – erneute Hypothesenbildung …. Das wird heute als Action-Survey-Schleife zu den Kernmethoden systemischer Organisationsberatung gerechnet (vgl. z. B. Krizanits 2013, S. 28–31).

In der Regel gibt es einen Auftraggeber, der einen Veränderungsbedarf – häufig noch etwas unspezifisch – sieht. Erst in der Analyse des Status quo können dann differenzierte Veränderungsziele definiert werden – in einem Zusammenspiel von Auftraggeber, Forschenden und beteiligten Betroffenen.

2. *Betroffene als Forschende:*
Lewin ging davon aus, dass die „tieferliegenden dynamischen Zusammenhänge" von außen kaum erfasst werden können, weil sie wesentlich in den Lebensräumen der an den Organisationsprozessen Beteiligten begründet sind. Man müsse den je individuellen Lebensraum* der Person* (oder Gruppe) erfassen, um Anhaltspunkte für die Ableitung von Veränderungsstrategien zu entdecken (Vgl. z. B. Burnes und Cooke 2013, S. 411). Oft können auch nur sie deren Umsetzung leisten. Die externen Forscher haben also eng mit diesen „internen Forschern" zusammenzuarbeiten. Diese Sichtweise begründet das lange Zeit gültige OE-Prinzip, Betroffene in einem gemeinsamen Forschungsprozess zu Beteiligten zu machen.[2]

3. *Das Wahrnehmungs-Training:*
Da das psychologische Kräfte-Feld* des Lebensraumes eines jeden Individuums zu großen Teilen vorbewusst ist, können ungeschulte Personen darüber oft kaum differenzierte Auskunft geben. Es bedürfe also eines Trainings der Selbst- und Fremdwahrnehmung der (betroffenen) Beteiligten. Wenn dieses Training fehlt bzw. die Selbst- und Fremdwahrnehmung der an so genannten Diagnose-Workshops Beteiligten unterentwickelt ist, dann können entsprechende OE-Veranstaltungen die „tiefer liegenden Zusammenhänge" oft nicht erhellen (Lewin 1981). Das führt zu einem unzureichenden Verständnis des Status quo und damit zu unwirksamen Interventionen. Solche Wahrnehmungstrainings lösen auch Lewins Anspruch an Forschung ein: die Wahrnehmungs- und Analyse-Kompetenz der Betroffenen und Beteiligten weiterzuentwickeln und damit auch für die Zukunft nutzbar zu machen (vgl. Nevis 1988, S. 142; Burnes und Cooke 2013, S. 409).

---

[2] Menschen, die daran nicht so sehr glaubten und eher die mögliche, subtile Indoktrination fürchteten, sprachen davon, „Beteiligte zu Betroffenen zu machen".

4. *Das Gruppengespräch als Erkenntnisquelle und Veränderungsmedium*:
   Um eine annäherungsweise zutreffende „Diagnose", d. h. Annahmen über die
   Wirkzusammenhänge im gemeinsamen psychosozialen Feld zu bekommen,
   müssen die verschiedenen Sichtweisen auf das Geschehen in einem gemeinsamen Prozess zusammengetragen werden und zu einer gemeinsamen Entscheidung über Veränderungsschritte führen (Lewin 1943a2, S. 295; Marrow
   2002, S. 222 ff.; msh 2015, S. 108).

Dieser Forschungsansatz unterscheidet sich grundlegend von bis dato üblicher Forschung, indem sie nicht nur auf die Beschreibung des Status quo angelegt ist, sondern auf das Entdecken „zugrundeliegender Dynamiken". Aus dem Beobachteten
auf Basis der Feldtheorie werden Hypothesen über Wirkzusammenhänge gebildet
und daraus Interventionsansätze abgeleitet, ausprobiert und evaluiert. Aktionsforschung, die in einer Organisation stattfindet, ist damit automatisch eine
Organisationsentwicklung* oder Change-Management und folgt im Prinzip dem
Aktionsforschungs-Paradigma.

8.3 Participatory Action Research

Viele aktuelle Anwendungen und Fortschreibungen des lewinischen Aktionsforschungs-Ansatzes firmieren unter dem Begriff PAR – Participatory Action Research. Die Erweiterung des Begriffs um „participatory" unterstreicht das Prinzip
„Betroffene als Forschende" (Abschn. 8.1), dass es darum geht, die Beteiligten in
die Forschung partizipativ einzubinden und nicht über sie hinweg oder für sie Veränderungsprozesse anzustoßen, sondern mit ihnen.

Üblicherweise wird PAR als ein Forschungsprozess verstanden, in dem demokratische Beteiligung eingeübt wird. Im Dialog zwischen Wissenschaftlern und
Praxisakteuren kommen dabei insbesondere jene zu Wort, die bisher sprachlos
sind. PAR ist emanzipativ, weil die Beteiligten als problematisch wahrgenommene
Situationen eigenständig verändern, und führt zu einem tieferen Verständnis von
Kommunikation* und Organisation im jeweiligen Feld. PAR ist auch kritisch
gegenüber Machtprozessen, indem sie ungleiche Machtverhältnisse nicht nur aufzuzeigen sondern auch aufzuheben anstrebt. Zentral ist eine kollektive Selbstreflexion (Kemmis und Wilkinson 1998, insb. S. 23f.).

Als ein Beispiel für die Verbesserung psychosozialer Arbeit mit einer
Klientinnengruppe sei hier eine Arbeit mit australischen Frauen genannt, die kurz
zuvor die Diagnose Diabetes Typ 2 erhalten hatten. Die zyklische Natur des PAR-
Prozesses förderte die Reflexion und den Lernprozess unter den Frauen. Die Frauen

lernten durch das gegenseitige Engagement mehr über Diabetes und sich selbst und die selbst-gesteuerten Aktivitäten. Die Autorinnen berichteten, dass das Gruppenlernen eine kraftvolle Dynamik entwickelte, die den Frauen half, mit einer chronischen Krankheit zu leben (Adili et al. 2012 nach Bäumer 2015, S. 22).

Die Kanadier Chevalier und Buckles, ein Soziologe und ein Kulturanthropologe, haben in einem umfangreichen Werk (2019) eine Vielzahl verschiedener Ansätze des PAR zusammengetragen und auch mit klarem Rückbezug auf Lewin die PAR theoretisch gefasst. Sie greifen dabei auf eine reiche Erfahrung mit eigener Entwicklungstätigkeit seit den siebziger Jahren zurück. Seit 1984 arbeiten sie mit dem PAR-Konzept in 30 Ländern mit insgesamt mehr als 2000 Menschen – z. B. mit Maisbauern in Mexico und Mittelamerika.

Chevalier und Buckles schlussfolgern in ihrer Übersichtsarbeit: PAR ist keine klar umrissene Theorie, sie umfasst viele andere methodische Ansätze und ist wie ein „großes Dach" (big tent). Unter diesem „big tent" findet sich auf einem gemeinsamen Hintergrund ein „flowering of eclectic pluralism" und es lässt sich seitenlang aufzählen, was alles unter dieses Dach passt – für sie gehört die Entstehungsgeschichte von Wikipedia ebenso dazu wie die modernen Großgruppenverfahren. Chevalier und Buckles haben es sich zur Aufgabe gemacht, die Diskrepanzen zwischen den kleinteiligen, manchmal ideologisch gefärbten Theorien zu überbrücken. Denn alle unter diesem großen Dach seien sich einig in einer humanistischen Kritik an positivistischer Wissenschaft und Technokratie, so wie bereits Lewin und Dewey sich gegen eine positivistische Sicht der Welt gewehrt hätten. Nichts könne kontroverser sein als PAR und Taylorismus bzw. Utilitarismus (ebd., S. 14 f.). Verbindend sei die Idee, dass „Participation (life in society)", „Action (experience)" und „Research (knowledge making)" zusammengehören. Dieser Rückbezug auf Lewins Aktionsforschungsansatz (vgl. oben) könne einfach sein, sähe die Realität nicht anders aus: Dieses Rahmenkonzept ist von einer derartigen Unverbindlichkeit, dass man so ziemlich alles und jedes darunter unterbringen könne.

Für unser Interesse ist es weniger wichtig, in die Differenzierungen, die diese beiden Autoren vornehmen, einzusteigen als vielmehr festzuhalten, dass das von Lewin entwickelte Bild von Forschung in vielen Facetten weiterlebt, obwohl viele, die es in den verschiedensten Bereichen praktizieren, das wohl kaum wissen. Zugleich schließen wir uns den kritischen Fragen von Chevalier & Buckles an: Was kann (noch) alles als Wissenschaft bezeichnet werden und was nicht (mehr)? Welche und wie viele Daten darf man aus dem Feld mitnehmen? Was muss alles erfüllt sein, um berechtigterweise von PAR zu reden? Zudem ist stets zu fragen – sei es bei Projekten zur Entwicklungszusammenarbeit oder in anderen Feldern – inwiefern es sich dabei um Auftragsforschung handelt, bei der weder die Forscher noch die Betroffenen ein eigenes Mandat haben.

8.4   Aktionsforschung als Bildungsmaßnahme

Im deutschsprachigen Raum führte die österreichische Sozialarbeitskammer der Bundesarbeitskammer von 1997 bis 2011 ein Modellprojekt durch. Das Ausbildungsmodul „Organisationsformen der Arbeit – Zukunft der Arbeit" wurde als Aktionsforschungsprojekt konzipiert. Diesem Angebot liegt ein emanzipatorischer Bildungsansatz zugrunde. In einer sich rasch wandelnden Arbeitswelt soll gewerkschaftliche Handlungskompetenz ausgebaut und erweitert werden. Das explizit als Aktionsforschung angelegte Modul folgt dem Credo der Gruppendynamikerin Andrea Tippe:

> „Die doppelte Zielsetzung der Aktionsforschung, >Forschung< und >Veränderung<, hat viel methodische Kritik, aber auch immer wieder Weiterentwicklung des Ansatzes hervorgebracht. Ich vertrete die Annahme, dass praxisrelevante emanzipatorische Bildung effektiv durch den Aktionsforschungsansatz entwickelt werden kann." (Tippe 2015, S. 13)

Tippe meint, dass eine vierte industrielle Revolution nur gelingen könne, wenn echte Partizipation zwischen Praxis und Forschung, Politik und Lehre ermöglicht werde, so dass die Zukunft von Arbeit gemeinsam gestaltet wird. Sie schließt sich explizit Lewins Postulat einer neuen Sozialforschung an,

> „die sich nicht mit der Produktion wissenschaftlicher Texte begnügt, sondern zu konkreten Veränderungen und Entwicklungsprozessen in den sozialen Systemen führt, in denen sie angewandt wird." (ebd., S. 15)

Mit ihrem Einführungsartikel „Aktionsforschung und Gruppendynamik: Grundlagen des partizipativen Forschens, Veränderns und Lernens" (ebd., S. 13–42) liefert Tippe in aller Kürze eine brillante und kompakte Darstellung des Aktionsforschungsansatzes für die heutige Zeit. Dessen theoretische und methodische Grundlagen bezieht sie auf das Ausbildungsmodul als praktischem Beispiel. Das Vorgehen in dem Projekt sei hier kurz skizziert:

Im Rahmen vorgegebener Großthemen wählen die Arbeitsgruppen ihren Forschungsschwerpunkt, ihre Forschungsfragen und schließlich ihre Ziele selbst. Die Referentinnen unterstützen die Teilnehmer indem sie sie zu eigenständigem Forschen ermutigen. Außerdem erhalten die Arbeitsgruppen eine Prozessbegleitung, die ihre Zwischenreflexionen und die Ergebnispräsentationen unterstützt. Das Zentrale sei die Erforschung und Reflexion des selbst gewählten Forschungsgegenstandes (Daumen 2015, S. 8).

„Konkret bilden TeilnehmerInnen einer Aktionsforschungsgruppe ein autonomes Sozialsystem, das nicht direkt von außen steuerbar ist. Niemand kann eindeutig vorhersagen, wie ein bestimmter Einfluss von außen wirken oder wie eine Gruppe darauf reagieren wird. Jede Intervention hat neben den beabsichtigten auch ungewollte Folgen. [...] Legt man ein solches Systemverständnis von Gruppe zugrunde, so ist die Steuerung von Gruppen vor allem durch Selbststeuerung zu konzipieren und somit als Reflexionsprozess der Gruppe in Bezug auf sich selbst." (Tippe 2015, S. 23)

Für Andrea Tippe und ihre Kolleginnen und Kollegen sind wichtigste Prinzipien der Aktionsforschung

- Partizipation im Sinne der Demokratisierung von Entscheidungsprozessen
- Prozesskompetenz zur Herstellung eines sicheren Raumes
- Kommunikation auf Augenhöhe, d. h. darauf zu achten, wie sich die Beziehung zwischen Forschenden und Beforschten gestaltet wird

„damit alles passiert, nur eines nicht: Gleichgültigkeit den gesellschaftlichen Entwicklungen gegenüber, denn darum geht es beim Aktionsforschungsansatz zentral." (ebd., S. 40).

Tippe verfolgt in ihren nachfolgenden Publikationen (Tippe 2017; Forman et al. 2019) diese Ideen weiter. Im letzten Abschnitt skizzieren wir in aller Kürze, welche neuen Veröffentlichungen zu diesem, offenbar durchaus aktuellen, auf Lewin fußenden Thema aufzufinden sind.

8.5 Aktuelle Nachwirkungen

8.5.1 Alter Wein in neuen Schläuchen? – Oder: Aktionsforschung reinvented

Was Lewin schon vor Jahrzehnten gesagt hatte, hat sich nach einer Phase der Geringschätzung für seinen Ansatz der Aktionsforschung mittlerweile in der sozialwissenschaftlichen Forschung herumgesprochen: In sozialen Systemen stellt jedes Forschen einen Eingriff in das zu untersuchende System dar. Während Lewin aus dieser Erkenntnis eine Tugend gemacht hatte und das Forschungsdesign konsequenterweise als eine bewusste Intervention angelegt hat, beschränkten sich nachfolgende Forschergenerationen auf Fragebogen-Erhebungen (das eingreifende daran ignorierend) und Korrelationsstudien (die nichts über Wirkzusammenhänge sagen können).

In jüngerer Zeit hat sich das geändert. Am deutlichsten zu sehen ist das am Titel der 2021 erschienenen Sammlung „Forschung, die eingreift. Beiträge zu Theorie und Methodik der Beratung", herausgegeben von Ina Paul-Horn und Tina Rabl. Im Vorwort schreibt Ewald E. Krainz:

> „Die ‚Schriftenreihe zur Gruppen- und Organisationsdynamik' verfolgt insgesamt die Ambition, ein anwendungsorientiertes sozialwissenschaftliches Paradigma zu elaborieren, das sich gegenüber dem Mainstream wissenschaftlicher Produktion unterscheidet. [...]
>
> Zuletzt [...] ist die Eigenheit einer sozialwissenschaftlichen Gangart zu verdeutlichen, die sich ihren ‚Objekten' zwar von außen nähert, es aber nicht dabei belässt, sondern diese transformiert. [...] Jeder sozialwissenschaftliche Forschungsvorgang hat daher prinzipiell Interventionscharakter." (ebd., S. V)

Wahrscheinlich ist es der von Nora Binder konstatierten „Geschichtsvergessenheit in der Psychologie"[3] zuzuschreiben, dass sich kein einziges Mal auf Kurt Lewin bezieht, nicht einmal da, wo er eigentlich über Lewins dritten Faktor der Aktionsforschung, das Training schreibt:

> „Im Fokus [der Interventionsforschung] stehen dabei nicht Fragestellungen, die von konkreten Lebenszusammenhängen abstrahiert sind, sondern reale Probleme real existierender Menschen in sozialen Zusammenhängen. [...] Eminent ist vielmehr die Partizipation der betroffenen Personen, die genau dadurch ihren Objektstatus verlieren und in eine Selbstreflexionsschleife hineingezogen werden. Die Tätigkeit der Person aus der Wissenschaft konzentriert sich vorrangig auf die Prozessgestaltung, von der Motivation der Betroffenen über die Erarbeitung von Themen und die Steuerung von Diskussionen bis zur Verwertung der Ergebnisse." (ebd., S. XI)

Man könnte meinen, Lewin in moderner Diktion zu hören. Die Herausgeberinnen beziehen sich auch explizit auf ihn:

> „Die paradigmatische Grundlegung der Interventionsforschung (vgl. v.a. Heintel 2005) steht in Verbindung mit wissenschaftstheoretisch ähnlichen Forschungsansätzen, die alle im Wesentlichen auf Kurt Lewin zurückgehen (vgl. Lewin 1948/1968)." (Paul-Horn und Rabl 2021, S. XV)

um dann Unterscheidungen vorzunehmen:

> „Die verwendeten Bezeichnungen akzentuieren jeweils bestimmte Aspekte dieses praxiszugewandten Paradigmas. ‚Aktions'- bzw. ‚Handlungsforschung' verweist darauf, dass nicht nur geforscht wird, sondern dass im Wege der Forschung an konkre-

---

[3] Mündliche Mitteilung am 08.03.2023.

ten Problemstellungen direktes ,soziales Handeln' (im Sinne Webers [...]) der am Forschungsprozess Beteiligten ermöglicht wird. [...] Die Interventionsforschung wiederum setzt im Wort den Akzent auf das Interventionistische." (ebd., S. XVI)

Die in diesem Band dargestellten Forschungen decken ein weites Themenfeld ab: In einem Vergleich von Stadtentwicklungsprozessen mit und ohne Bürgerbeteiligung wird deutlich, dass es wesentlich auf Vorbereitung, Transparenz und Moderation ankommt. Design und Arbeitsweise einer Weiterbildungsmaßnahme werden diskutiert und ein Hochschulforschungsprojekt mit Verwaltungsführungskräften deckt deren Rollenkonflikte und die Notwendigkeit der Rollenklärung im gesamten Hochschulmanagement auf. Die Bedeutung der Interventionsforschung wird sowohl für die Generationenfolge in Familienunternehmen wie auch in der Führungskräfteentwicklung und ebenso in einer sozialpädagogischen Wohneinrichtung aufgezeigt.

Ein wohlwollender Kritiker unseres Manuskriptes stellte an mehreren Stellen dieses Abschnittes die Fragen: Wer initiiert das Ganze? Wer zahlt? Wer setzt welche Ziele? Wir können nur sagen: Diese Fragen sind berechtigt, aber die Quellen geben uns keine Auskunft darüber. Der Kontext bleibt unklar.

Nun liegt es bei gruppendynamisch ausgebildeten Wissenschaftlern nahe, dass sie „Forschung, die eingreift" machen. Aber auch andere haben in jüngerer Zeit partizipative Forschungsansätze verfolgt, wie die nächsten Abschnitte zeigen.

8.5.2 Person-Umwelt-Analyse – ein Rahmen für ganzheitliche partizipative Forschung

„Die Person-Umwelt-Analyse gilt als Rahmung für eine partizipative und ganzheitliche Forschung. Mithilfe qualitativer Methoden ist es möglich, die wahrgenommene Situation einer Person in ihrer Gesamtheit zu erfassen und dazustellen. Die Person-Umwelt-Analyse baut auf der Feldtheorie nach Kurt Lewin auf und stellt eine Weiterentwicklung [...] dar. [...] Neben dem Nutzen für die Forschung, bietet die Person-Umwelt-Analyse [...] auch die Möglichkeit zur Beratung und Interventionsansätzen." (Kaiser und Schulze 2018, S. 72)

Die Person-Umwelt-Analyse folgt im Grunde Lewins Aktionsforschungs-Paradigma. Zentral ist – wie bei Lewin – die graphische Darstellung der Situation der Person(en) (Abschn. 4.3 und Abb. 8.1). Bei Lewin beinhaltet der Lebensraum die Umwelt einer Person nur in der Weise, wie die Person sie wahrnimmt. In der Person-Umwelt-Analyse werden diese (relevanten) Umwelten („action spaces", z. B. die Peers oder die Eltern usw.) eigens – wenn auch in Interaktion unteeinander und in

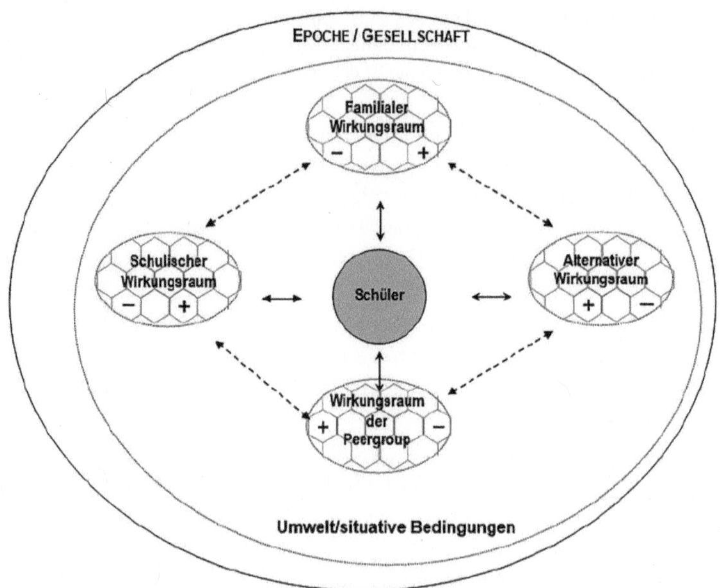

Wechselwirkungen: Bindung vs. Ab-Lösung / Attraktion vs. Aversion

Legende:

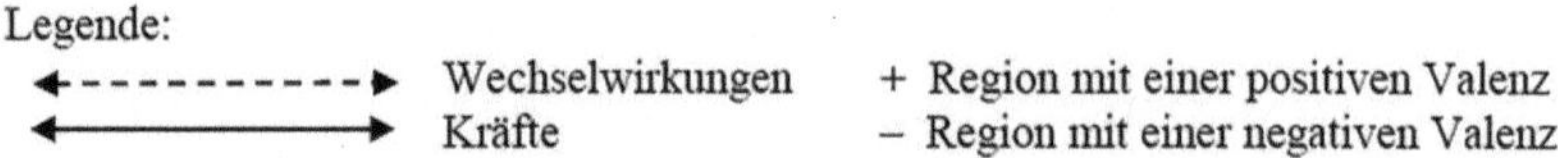

Wechselwirkungen   + Region mit einer positiven Valenz
Kräfte   − Region mit einer negativen Valenz

Abb. 8.1 Person-Umwelt-Analyse, aus Kaiser (2017, S. 18)

ihrer Wirkung auf die Person selbst – untersucht und dargestellt. Dies führt zu einer Multiperspektivität auf das untersuchte Phänomen. Insofern erweitert die Person-Umwelt-Analyse das Lebensraum-Konzept Lewins (Kaiser und Schulze 2018, S. 66).

Die graphische Darstellung, die in der Person-Umwelt-Analyse zentral ist, ist das Ergebnis einer differenzierten Situationsanalyse mithilfe diverser, vor allem qualitativer Forschungsmethoden, insbesondere semistrukturierter Interviews. Diese visuelle Repräsentation der Situation regt Selbstreflexion an und führt dazu, dass die Teilnehmenden sich als handelnde Subjekte erkennen.

> „[This] makes the total situation accessible and understandable for researchers, practitioners, and – in the course of participatory research – participants as well. The visual representation of the situation makes it comprehensible and thus can initiate a change in behavior, as Lewin intended with his field theory." (ebd., S. 59)

Die Person-Umwelt-Analyse wurde sowohl in theoretischen als auch praktischen Kontexten eingesetzt – in Forschung, Beratung wie auch in partizipativer Forschung. Die Anwendungsfelder bislang waren Erziehung und Ausbildung (Schulze und Wittrock 2001; Schulze 2003, 2009) und Gesundheit (Alber 2014; Schulze 2010; Kaiser und Schulze 2018, S. 66). So konnte die Person-Umwelt-Analyse z. B. die Multikausalität von Schulabsenzen aufzeigen und aufdecken, dass dies auch Kinder betrifft, die in ihrer Familie Betreuungsarbeit (für die jüngeren Geschwister oder kranke Eltern) leisten müssen (Kaiser 2017). Es hat sich auch gezeigt, dass durch die graphische Darstellung sogar mit Kindern gearbeitet werden kann (mündliche Mitteilung von Gisela C. Schulze, 01.03.2021).

8.5.3 Partizipative Forschung in verschiedenen Praxisfeldern

Ohne Anspruch auf Vollständigkeit, sind wir in unseren Recherchen noch auf folgende Arbeiten gestoßen, die sich auf das Aktionsforschungskonzept beziehen und eine Gemeinsamkeit haben: Unabhängig davon, wer die Auftraggeber und die Durchführenden sind, sollen die jeweils Betroffenen einbezogen werden.

Der Ansatz der *Partizipativen Qualitätsentwicklung für Public Health* eignet sich für die Entwicklung von „Maßnahmen der lebensweltorientierten Primärprävention und Gesundheitsförderung mit sozial benachteiligten Gruppen" (Unger u. a. 2007; Unger 2014). Mit einem Diskussionspapier wollen Unger, Block und Wright 2007 die aktuelle Methoden-Debatte in Public Health hinsichtlich methodologischer Fragen bereichern, die bereits in der kritischen deutschsprachigen Debatte der Aktionsforschung seit den 1970er-Jahren gestellt wurden.

Im Wintersemester 2020/2021 veranstaltete die Fakultät Architektur und Urbanistik der Bauhausuniversität Weimar ein *Seminar „Campus Eroberung – Hochschulpolitische Interventionen"* explizit

> „aufbauend auf dem System der partizipativen Aktionsforschung. […] Ziel des Seminars ist eine erfolgreiche Durchführung der zur Klimagerechtigkeitsdebatte beitragenden Interventionen im öffentlichen Raum. In einer abschließenden Ausstellung wollen wir diese Ergebnisse noch einmal sammeln, festhalten und aktuelle Klimapolitik für die Öffentlichkeit zugänglich machen." (Ahe et al. 2020)

Zum Start war unsere österreichische Kollegin Andrea Tippe eingeladen, die Methodik der Aktionsforschung zu vermitteln (persönliche Mitteilung 09.04.2021).

Die Flüchtlingswelle erreichte 2015 Deutschland ganz unvorbereitet und stellte die *Minderheitenthematik* in den Mittelpunkt. Die Aufnahmekommunen hatten mit größeren Herausforderungen zu kämpfen. Allerorts wurden die unterschiedlichsten Stellen geschaffen, um die damit anheimfallende Arbeit zu koordinieren. Eva Maria Lauckner hat sich 2015 mit der Frage „Wie dem begegnen?" befasst. Sie plädierte für das methodische Vorgehen der Aktionsforschung. Diese biete „hierfür einen nutzbaren Zugang." Ein wesentliches Argument ist für sie, dass für Lewin „die Beschäftigung mit Problemen von Minderheiten [...] ein Ausgangspunkt" seiner Forschung war und sich deshalb „diese Art der qualitativen Forschung" anbiete.

> „Das subjektreflexive Moment zu betrachten, würde für die Forschenden beinhalten, Bewusstsein zu erlangen über die eigene Positionierung zu dem Migrationsdiskurs. Dazu, dem Thema eigen, eine analytische Auseinandersetzung mit dem Machtgefälle, welches diesem Diskurs innewohnt. [...]
>
> [...] ist davon auszugehen, dass Migrant_Innen in einem Forschungsprozess das antworten, was der Fragende hören will. Seit ihrer Ankunft in Deutschland sind sie es gewohnt befragt zu werden, sozusagen geschult darin zu antworten. Es ist also ein Forschungsszenario notwendig, welches ihre Perspektiven von Anfang an mit einbezieht, sie mitwirken lässt an der Erstellung der Fragebögen oder eben Leitfäden. Das hätte den Vorteil, dass vielfältige Perspektiven schon zu Beginn der Forschung mit aufgegriffen würden und Raum hätten, die ansonsten verloren sind und die Ergebnisse in einem anderen Licht dastehen ließen." (ebd., S. 400 f.)

Lauckner schlägt vor und spielt theoretisch durch, wie die Frage der Situation von Migranten mittels Aktionsforschung untersucht werden könnte, sodass die Forschung nicht nur Erkenntnisse über deren Situation zu Tage fördert, sondern auch deren Situation sich verbessert. Sie argumentiert, dass ein partizipatorischer Aktionsforschungsansatz zwar mehr Zeit und Ressourcen erfordert, dieser Einsatz sich aber aufgrund der Nachhaltigkeit eines solchen Prozesses lohnen würde. Ausgehend von Lewins These, dass Minderheitenprobleme in Wahrheit Probleme der Mehrheitsgesellschaft sind, zielt sie auf die Beteiligung der Bürger und von Migranten ab.

8.5.4 Renaissance der Aktionsforschung

All diese Beispiele, die nur eine Auswahl der Aktionsforschungs-Projekte der letzten Jahre sind, zeigen, wie aktuell Aktionsforschung wieder ist. So gilt auch heute noch, was Bilitza (1980, S. 167) seiner Sammelrezension von Büchern zur Aktionsforschung in unterschiedlichen wissenschaftlichen Feldern voranstellt:

> „Ist es die Hauptfunktion der seit 1970 in der BRD geführten Aktionsforschungsdebatte, gesellschaftlich engagierten Sozialwissenschaftlern zur wissenschaftlichen

> Identität zu verhelfen? Gerade diese Identitätsfindung wird m. E. durch ein besonders
> faszinierendes Moment der Debatte behindert: Lewins Forderung, daß wir Handeln,
> Forschung und Erziehung als ein Dreieck betrachten sollten, ‚das um jeder seiner
> Ecken willen zusammenzuhalten ist' (Lewin, 1975, S. 291) eröffnete ein pluralisti-
> sches und interdisziplinäres Programm […]."

Er stellt weiter fest:

> „Das Aktionsforschungsprogramm erweist sich somit zwar als fruchtbar und anre-
> gend, doch weil eine Meta-Theorie, die alle Fragestellungen und Theorieansätze inte-
> griert, noch aussteht, kann die Identitätsbildung (noch) nicht gelingen." (ebd.)

Dem würden wir im Prinzip zustimmen – doch wird es eine solche Meta-Theorie
je geben können? Der Aktionsforschungsansatz folgt der Einsicht, dass nicht nur in
der Physik, aber noch weitaus mehr in den Human- und Sozialwissenschaften ein
Erkenntnisgewinn immer auch mit einer Veränderung des Erkenntnisgegenstandes
einhergeht. Oft ist diese Wirkung ungewollt. Der Aktionsforschungs-Ansatz hat
nun aus dieser Einsicht eine Tugend gemacht und nutzt die gewollte Veränderung
bzw. die Konsequenzen gewollter und geplanter Interventionen für den Erkenntnisgewinn.

Die Renaissance der Aktionsforschung ist auch daran zu erkennen, dass in den
vergangenen dreißig Jahren drei internationale Zeitschriften neu erschienen, die
sich der Aktionsforschung verschrieben haben. „Action research" erschien erstmals im Juli 2003 als internationale, interdisziplinäre, Zeitschrift, ist peer-reviewed
und ist seither viermal pro Jahr ein Forum für die Entwicklung von Theorie und
Praxis von Aktionsforschung. Mit ihrem Zweck

> „to offer a forum for participative, action oriented inquiry into questions that matter –
> questions relevant to people in the conduct of their lives, that enable them to flourish
> in their organizations and communities, and that evince a deep concern for the wider
> ecology"[4]

und auch dem Ziel, „to offer a viable alternative to dominant ‚disinterested' models
of social science" (ebd.) steht sie ganz im Geiste von Kurt Lewin. Sie will
Akademiker und „Professionals" aus den Feldern und Disziplinen von Gesund-
heitswesen, Bildung und Erziehung, Entwicklung, Management, Sozialer Arbeit,
Kunst und Gender und Rassismus ansprechen.

Aus Kontakten von Werner Fricke, einem deutschen Sozialwissenschaftler mit
Schwerpunkt Aktionsforschung insbesondere mit dem Work Research Institute in

---

[4] https://journals.sagepub.com/aims-scope/ARJ, abgerufen 11.05.2024.

Oslo entstand die internationale Zeitschrift „Concepts and Transformation. International Journal of Action Research and Organizational Renewal", deren editor-in-chief Fricke von 2001–2009 war und die als „International Journal of Action Research" vom Verlag Barbara Budrich seit 2013 mit jährlich drei Ausgaben über laufende Projekte aus der ganzen Welt informiert. Sie befasst sich mit Aktionsforschung in Organisations- und Arbeitskontexten, in territorialer Entwicklung und anderen Formen des gesellschaftlichen Wandels und vertritt einen multidimensionalen Ansatz, der sozio-ökologische, partizipative und gesellschaftliche Perspektiven verbindet. Damit und indem die Zeitschrift ein Forum für eine offene und undogmatische Diskussion sein will und den Schwerpunkt auf den Dialog zwischen Theorie und Praxis legt, steht sie ebenfalls in der Tradition von Kurt Lewin.[5]

Bereits 1993 erschien erstmals die Zeitschrift „Educational Action Research". Sie wurde vom Collaborative Action Research Network (CARN) gegründet, für das die Zeitschrift „has been important in extending and strengthening this international network".

> „Educational Action Research is concerned with exploring the dialogue between research and practice in educational settings. The considerable increase in interest in action research in recent years has been accompanied by the development of a number of different approaches […]. Proponents of all these share the common aim of ending the dislocation of research from practice, an aim which links them with those involved in participatory research and action inquiry."[6]

Auch diese Zeitschrift will ein Forum für die kritische Reflexion und Analyse der verschiedenen Ansätze sein. Einen optischen Eindruck der Zeitschriften vermittelt Abb. 8.2.

Auch wenn in einer der Zeitschriften das Management als Zielgruppe angesprochen wird, gehören die allermeisten der sonst genannten Felder dem sogenannten Non-Profit-Bereich an. Dabei fällt auf, dass Forschung, die Betroffene beteiligt, im Profit-Bereich kaum anzutreffen, uns jedenfalls in unseren Recherchen nicht begegnet ist. Das ist ein für eine Gesellschaftsdiagnose relevantes Symptom.

8.5.5 Die dialektische Einheit von Erkennen und Verändern

Ines Langemeyer (2015, 2023) bezieht sich in ihrem Buch mit dem Titel „Das Wissen der Achtsamkeit" nicht im engeren Sinne auf das Konzept der Aktions-

---

[5] https://www.budrich-journals.de/index.php/ijar, abgerufen 11.05.2024.
[6] https://www.tandfonline.com/action/journalInformation?show=aimsScope&journalCode=reac20, abgerufen am 11.05.2024.

Abb. 8.2 Covers von drei Aktionsforschungszeitschriften: Fotomontage von KA aus den Websites von Action Research Journal, Educational AR und International Journal Action Research, https://journals.sagepub.com/home/arj, https://www.tandfonline.com/journals/reac20, https://budrich-journals.de/index.php/ijar, alle abgerufen am 13.04.2025

forschung, vielmehr auf die dialektische Einheit von Erkennen und Verändern, die Lewins Wissenschaftsverständnis und seiner Feldtheorie zugrunde liegt. Ihr Bezug zu ihm ist so explizit, dass er sogar bei Wikipedia benannt ist.[7] Im Kapitel über „Theoretische Erfahrung und Technologisierung" plädiert sie Vygotskij folgend dafür, dass

> „(psychologische) Phänomene grundsätzlich im Prozess ihrer Veränderung und nicht in einem Zustand zu erforschen [seien], da man sonst nicht weiß, ob es sich um ein Anfangsstadium, ein Übergangsstadium oder um eine späte, ausgereifte Form gehandelt hat; die Experimente von Vygotskij wie auch von Lewin sind dazu aufschlussreich ..." (2015, S. 208)

In ihrer Argumentation bezieht sie sich auf die frühen wissenschaftstheoretischen Arbeiten Lewins, speziell seinen „Übergang von der aristotelischen zur galileischen Denkweise in Biologie und Psychologie" (1930/1931):

> „Der Titel führt allerdings etwas in die Irre, da sich das Thema vor allem um einen epistemischen Bruch in der Physik dreht, den Lewin für die Psychologie in Anschlag bringen möchte. Dazu stellt er ‚Fragen der Dynamik' in den Mittelpunkt [...], die nicht nur die ‚massiven Unterschiede der Denkweise' zwischen Galilei und Aristoteles zutage treten lassen, sondern auch die Unzulänglichkeiten im Fall des Letzteren [...]." (Langemeyer 2015, S. 220 ff.)

Im Rahmen ihrer Beschäftigung mit der Frage, wie Wissen und Erkenntnis entsteht und wie sie für Handlungen verfügbar (gemacht) werden, hat Langemeyer unter anderem Teams in Hochsicherheitsbereichen untersucht, so z. B. Herz-OP-Teams, die Mannschaften in den Atommeilern von Fukushima oder auch die Teams der folgenschweren Explosion der Öl-Explorationsplattform Deepwater Horizon. Diese bestätigen, was sie in „Das Wissen der Achtsamkeit" theoretisch – immer wieder mit Bezug auf Lewin – herleitet: dass Erkenntnis Kommunikation erfordert und dass derartige Kreativität den Raum der freien Bewegung* einer demokratischen Atmosphäre braucht – um Lewins Worte zu gebrauchen. So gab es z. B. in Fukushima zwei unterschiedliche Teams: Die Mitglieder des ersten zogen los und holten Erkundungen ein und trafen sich alle 20 min wieder, um Ihre Informationen zusammenzutragen, während die Mitglieder des zweiten Teams in eine Art Schockstarre verfielen und nur auf den Notfallplan blickten und dabei die digitalen Anzeigen fehlerhaft deuteten. (mündl. Mitteilung 24.02.2021 und 06.05.2024).

---

[7] https://de.wikipedia.org/wiki/Ines_Langemeyer, abgerufen am 22.07.2024.

Erbe drei: Organisationsentwicklung 9

> *„Vieles, was wir für selbstverständlich betrachten, war zuerst von Lewin und seinen Schülern formuliert worden, und vieles unserer Praxis des Erfahrungslernens, wie die Nutzung der Gruppendynamik und die TGruppe entsprangen unmittelbar seinen Modellen. Dieses Buch ist beides: wichtige Geschichte und eine nützliche Darstellung der Theorie und Praxis von Veränderung".*
>
> *(Edgar Schein im Frontispiz von Crosbys „Planned Change" 2021, eigene Übersetzung msh).*

> *„Heute, über 60 Jahre nach seinem Tod sind die Theorien und Werke Kurt Lewins vor allem auch für moderne Organisationen relevanter denn je und verdienen eine besondere Würdigung in diesem Beitrag."*
>
> *(Frey und Hauser 2013, S. 94)*

Zusammenfassung

Diese dritte wichtige Hinterlassenschaft Lewins hat ebenfalls unterschiedliche Phasen durchlebt; dass aber heute noch „Planned Change" im Sinne Lewins aktuell ist, macht unser amerikanischer Kollege Gilmore Crosby mit seiner neuesten Publikation deutlich. Wir stellen Lewins Kanaltheorie und sein Change-Konzept dar und zeigen aktuelle Anwendungen desselben auf.

© Der/die Autor(en), exklusiv lizenziert an Springer Fachmedien Wiesbaden GmbH, ein Teil von Springer Nature 2025
M. Stützle-Hebel, K. Antons, *Zur Aktualität von Kurt Lewin*, Aktuelle und klassische Sozial- und KulturwissenschaftlerInnen,
https://doi.org/10.1007/978-3-658-48827-7_9

Lewin wird allgemein als Vordenker und Pionier jenes Denkens und Arbeitens betrachtet, das später unter dem Begriff „Organisationsentwicklung" bekannt wurde (vgl. Wolf 1998, S. 63 ff.; Burnes und Cooke 2013; ka und msh 2015a, S. 100). Im Englischen heißt es Organization Development oder Organizational Development, kurz OD, so wie im Deutschen für Organisationsentwicklung das Kürzel OE verwendet wird. Dabei geht er weit über „Organisation" hinaus. Er wendete seine Change*-Überlegungen auf Gesellschaften, Gruppen, einzelne Personen*, auf die Frage der Veränderung von Lebensgewohnheiten ebenso wie von Einstellungen ganzer Bevölkerungsgruppen oder Länder an: von den Essgewohnheiten der Amerikaner während des zweiten Weltkrieges (Lewin 1943a) über Rassendiskriminierung (1943c) zur Demokratisierung von Nazi-Deutschland (1943f). Kennzeichnend für Lewin ist außerdem, wie seine Forschung und Theoriebildung zur Feldtheorie*, Gruppendynamik*, Aktionsforschung* und Organisationsentwicklung ineinandergreifen und sich gegenseitig befruchtet haben. Entsprechend stellen Braun und Zeichhardt (2011, S. 145) fest

> „[…] dass Lewins Beitrag für die Wandelforschung nicht auf bestimmte singuläre Elemente reduziert werden kann, sondern dass sich seine Arbeit gerade durch die Verknüpfung mehrerer zentraler Einsichten – u. a. Feldtheorie, Gruppendynamik, die Methode des Action Research und das Drei-Phasen-Modell – auszeichnet […] gleichermaßen konzeptionell fundiert als auch unmittelbar anwendungsbezogen […], eine Doppeleigenschaft, die in der Managementforschung zwar oft versprochen, aber nur selten eingelöst wird."

Das führt dazu, „dass die von der Wissenschaft bearbeiteten Forschungsthemen für die Lösung praktischer Managementprobleme nur geringe Relevanz besitzen." (ebd.).

Krizanits argumentiert in ähnliche Richtung, wenn sie „Organisationsberatung mit dem Action-Research-Ansatz als Paradigma qualitativer Sozialforschung" verortet, und schreibt:

> „Die Gütekriterien moderner qualitativer Sozialforschung passen sehr gut zur gelebten Praxis der Organisationsberatung nach dem Action-Research-Ansatz." (2013, S. 119)

Kennzeichnend für Lewins Organisationsentwicklungs-Ansatz ist, dass er von Anfang an das Aktionsforschungs-Paradigma (siehe Kap. 8) auf Fragen von Organisations- und Arbeitsprozessen angewandt hat. Zugleich haben seine ersten OE-Projekte, dessen erstes in der Fabrik seines Freundes und späteren Biographen, Alfred J. Marrow stattfand, zur Weiterentwicklung und Schärfung dieses Paradigmas beigetragen. Lewin begann 1939 mit einer Beratungs- (und Forschungs-)Tätigkeit in der Harwood-Manufactoring Corporation, die 8 Jahre dauern sollte und in der er viele seiner Erkenntnisse gewonnen und erprobt hat (Marrow 1977, S. 211 ff.; vgl. auch Burnes 2007; Bäumer 2015, S. 21).

Basis jedweder Veränderung ist für Lewin die Konfrontation mit den unerwünschten Wirkungen bisherigen Verhaltens (oder auch Organisierens), was er „Unfreeze*" nennt (Abschn. 7.3; vgl. ka und msh 2015a, S. 92 f.). Das setzt ein Suchen und Experimentieren in Gang – „Move*". Wenn das Neue sich als erfolgreich erwiesen hat, verfestigt es sich auf einem neuen Niveau: „Freeze". Dies ist das als „Phasen der Veränderung" viel zitierte Entwicklungsmodell von Lewin.

9.1   Planned Change

Diese Grundzüge erfahren wir heute besonders eingängig und umfangreich in der Organisationsentwicklung von Gilmore Crosby (2021). Bei ihm begegnet uns Lewin schon auf dem Buchumschlag – und dann gefühlt auf jeder weiteren Seite. Dass Crosby's Ansatz von OE so eng an Lewin angelehnt ist, hat biographische Wurzeln, die in Abschn. 7.1.3 dargestellt wurden:

> „Studierende und Praktizierende von Organisationsentwicklung werden diese Analyse von Lewins Theorien und Modellen sehr hilfreich finden, sowohl um besser zu verstehen, wie dieser brillante Geist arbeitete, als auch um zu erkennen, wie seine Theorien von Wandel sowohl zu späterer Forschung führten, als auch zur Ausbildung mehrerer Generationen von Beratern." (Edgar Schein im Frontispiz zu Crosby 2021, Übersetzung msh)

Gilmore Crosby belegt in einer sehr persönlichen Art überzeugend, wie Lewin sein Ziel einer fundierten und umfassenden sozialwissenschaftlichen Theorie erreicht hat. Er beginnt die Darstellung seines Verständnisses und seiner Praxis von Change-Management mit einer knappen Beschreibung der neun Prinzipien geplanten Wandels, die auf Lewin zurückgehen:

- Wissenschaftliche Methode,
- Dreiklang TrainingAktionForschung,
- Gruppendynamik,
- Demokratische Prinzipien und Führung,
- Gruppenentscheidungen,
- Wandel in drei Schritten,
- Feldtheorie,
- Soziale Konstruktion von Realität,
- Dauerhafter Wandel für entwickelte Humanität/Entwicklung der Menschheit.

Eine große Bedeutung misst Crosby in seinen Change-Projekten den in den Entwicklungsprozessen beteiligten Gruppen und deren Training bei.

Wie schon Lewin in seiner Zeit, bleibt Crosby nicht stehen bei einzelnen Gruppen, Organisationen oder Unternehmen, sondern beleuchtet auch die politischen Implikationen von Lewins Theorie und Empirie und verbindet sie mit aktuellen Fragestellungen wie den sozialen Folgen von Rassismus heute und der sozialen Konstruktion von Vorurteilen. In bewegender Weise wird bei Crosby die Ganzheitlichkeit und Aktualität von Lewins Denken und Haltung lebendig.

9.2 Die Kanaltheorie – eine spezielle Praxeologie

Ich (msh) war gerade mit der Fertigstellung eines Artikels für die Zeitschrift OrganisationsEntwicklung befasst, als ich Lewins Artikel ‚Psychologische Ökologie‘ (1943a3) wieder las. Und ich war elektrisiert: Die einfache und klare Struktur von Lewins Veränderungskonzeption ist bestechend; ich hatte sie so komprimiert noch nirgends gefunden. Und es drängten sich mir beim Lesen der beispielhaften Darstellung seines Projekts zur Veränderung von Ernährungsgewohnheiten ständig Parallelen auf zwischen Lewins Untersuchungsfrage „Wie kommen Nahrungsmittel auf den Tisch?" zu der mich seit langem in Variationen beschäftigenden Frage „Wie kommen Frauen in die Vorstände?" – die Leserinnen mögen mir diese kannibalistisch anmutende Analogie verzeihen! Wie Frauen in den Vorständen „goutiert" werden, mögen interessierte Leser in „Change – Mit Lewin zur Frauenquote" (msh 2015) nachlesen.

In seinem Artikel „Psychologische Ökologie", der als Vorläufer der Organisationsentwicklung angesehen werden kann, entwickelt Lewin (1943a), für die Analyse, d. h. das Kennenlernen des Status quo einer Prozesskette eine spezifische Praxeologie: die Kanaltheorie (s. Abb. 9.1). Der zentrale Gedanke dabei ist, dass soziale Prozesse als Voranschreiten in definierbaren „Kanälen" dargestellt und verstanden werden können. Man kann dadurch erkennen, wie „objektive" Gegebenheiten mit „subjektiven" psychologischen und sozio-kulturellen Faktoren zusammenwirken und wie die verschiedenen Wege mit sozialer Wahrnehmung und Entscheidungen zusammenhängen:

> „[Die Kanaltheorie] zeigt bestimmte, soziologisch definierte Stellen wie die Pforten und sozialen Kanäle auf, wo Haltungen für das soziale Geschehen bedeutsam sind und wo die Entscheidungen von Individuen oder von Gruppen eine besonders starke soziale Auswirkung haben." (Lewin 1943a3, S. 222)

Die Prämissen der Kanaltheorie stellen einen guten Leitfaden für die Erforschung jeglichen organisationalen Feldes im Status quo dar.

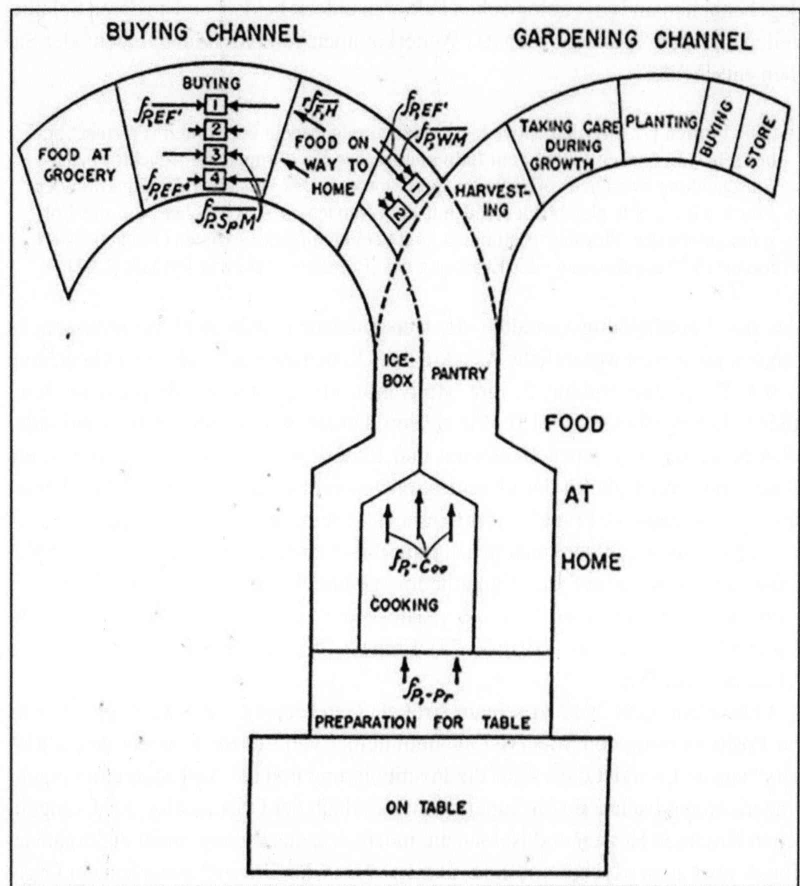

Abb. 9.1   Die Kanaltheorie – Abbildung der Kanäle, durch die Essen auf den Tisch kommt. (Lewin 1943a2, S. 296; dort unter dem Titel: „Channels through which food reaches the table")

9.2.1   Der „Pförtner" als Schlüssel zur Veränderung

Ein zentraler Grundgedanke der Kanaltheorie ist, dass es in einem sozialen Prozess, der als Kanal bzw. aus verschiedenen Kanälen bestehend betrachtet wird, verschiedene Etappen gibt, die sich hinsichtlich der herrschenden faktischen

Gegebenheiten und psychologischen Faktoren unterscheiden, und an deren Schnittstellen, „Pforten" genannt, sich das Weiterkommen von Individuen, Ideen oder Sachen entscheidet.

> „Die Pforten [...] werden entweder durch neutrale Regeln oder durch ‚Pförtner' beherrscht. Im zweiten Fall hat ein Individuum oder eine Gruppe die ‚Macht' über die Entscheidung zwischen ‚offen' oder ‚geschlossen'. Das Verstehen der Funktion der Pforte wird damit gleichbedeutend mit dem Verstehen der Ursachen, die die Entscheidungen der ‚Pförtner' bestimmen, und Veränderung des sozialen Geschehens erfordert die Beeinflussung oder Ersetzung des ‚Pförtners'." (Lewin 1943a3, S. 221)

Um das Entscheidungsverhalten der verschiedenen „Pförtner" beeinflussen zu können, muss man wesentliche Aspekte ihres Lebensraums* kennen und beachten: 1. ihre Erkenntnisstruktur, 2. ihre Motivation und 3. situationsimmanente Konflikte* (Lewin 1943a3, S. 213). Wie sie entscheiden, wird dabei vor allen individuellen besonders von jenen Interessen und Bedürfnissen bestimmt, die mit ihrem Status und ihrer Rolle in der Organisation zusammenhängen. Hinsichtlich Veränderung heißt dann die Frage: Was müsste sich ändern, damit sie anders entscheiden?

Auch wenn wir in der neueren Literatur mit einer Ausnahme (Fellermann 2012) keine Bezugnahme auf die Kanaltheorie gefunden haben, die Konzeption der Pforte und des „Pförtners" hat als „Gatekeeper" (Fellermann 2012) und „Türwächter" (Wippermann 2010, S. 74) Eingang in die Change- und Beratungs-Literatur gefunden.

Fellermann geht 2012 in seinem Artikel „Gatekeeping – ein wichtiger Beitrag zur Positionierung von Supervision" unmittelbar von Lewins Konzept des „Pförtners" aus und wendet dieses auf die Positionierung und die Aufgaben einer eigens eingerichteten Fachstelle für Supervision innerhalb der Organisation der Evangelischen Kirche in Hessen und Nassau an, indem er zunächst allgemein die organisationale aber auch psychologische Situation von an der Grenze* zwischen der Organisation und ihrer Außenwelt angesiedelten Gatekeepern ausführlich beschreibt. Ein kleiner Auszug:

> „Gatekeeper haben immer auch Entscheidungsbefugnisse, sie sind Schlüsselpersonen einer Organisation oder eines Netzwerkes. Weil Organisationen oder Netzwerke über die Gatekeeper eine kontrollierte Beziehung zu einer vielfältigen Umwelt – ohne die sie nicht bestehen können – pflegen, deshalb erhalten Gatekeeper häufig einen vergleichsweise großen Ermessensspielraum [...] Und ein allzu formelles Reglement, eine allzu bürokratische Vorgabe verunmöglichen dem Gatekeeper seine quasi diplomatische Verbindungstätigkeit." (ebd., S. 3)

Ein weiteres Beispiel für die Erkundung des Lebensraums von Pförtnern[1] sind die Tiefeninterviews mit männlichen Spitzenmanagern, die in einer vom Bundesministerium für Familie, Senioren, Frauen und Jugend in Auftrag gegebenen Studie „Frauen in Führungspositionen. Barrieren und Brücken" durchgeführt wurden. Die Konklusion:

> „Die von Männern beschriebenen ‚falschen' Einstellungslogiken und Verhaltensmuster ambitionierter Frauen sind keine objektive Bestandsaufnahme über Frauen, sondern zunächst zu lesen als subjektive Bestandsaufnahme der Denkweise von Männern in jenen Etagen oberhalb der ‚gläsernen Decke'. [...]
>
> [...] Solange es jedoch ein quantitatives Ungleichgewicht von Frauen und Männern in Führungspositionen gibt, haben Männer die Definitionsmacht.
>
> [...] Das Dilemma besteht darin, dass es zwar eine auf maskuline Attribute fokussierte Kultur ist, die als Türwächter dafür sorgt, dass unliebsame Gäste und ‚Störenfriede' keinen Eintritt bekommen. Doch diese Männer bieten zugleich Einblicke in die unausgesprochenen Regeln und Rituale in Führungsetagen." (Wippermann 2010, S. 73 ff.)

Während Wippermanns Untersuchung sich auf einen „Türwächter" oberhalb der „gläsernen Decke", die Vorstände fokussiert, habe ich (msh) in Anlehnung an Lewin die gesamte Karriere-Kette innerhalb einer komplexen Organisation und den konkreten Lebensraum von Frauen in den Blick genommen. Dabei habe ich mich – ähnlich Lewin – bei der Entwicklung meines Verständnisses der psychologischen (Entscheidungs-)Situation der jeweiligen Pförtner auf zahlreiche aktuelle empirische Ergebnisse und meine eigenen Erfahrungen in der Beratung vieler Frauen gestützt und bin zu dem Schluss gekommen, dass sich ohne Geschlechter-Quoten kaum etwas ändern kann, selbst wenn viele Beteiligte es im Prinzip möchten (msh 2015).

9.2.2 Das Change-Konzept

> „Welche ‚Bedingungen' müssen geändert werden, um ein bestimmtes Resultat zu erreichen, und wie kann man diese Bedingungen mit den zur Verfügung stehenden Mitteln ändern?" (Lewin 1943a3, S. 208)

So definiert Lewin die Grundfrage des „Social engineering*". Es geht um die Verfügbarkeit von Ressourcen, die benützten Kanäle, die Relevanz eines Bedürfnisses, das (relative) Gewicht der Bezugssysteme (Werte) und die Gruppenzugehörigkeit* des „Pförtners" (ebd., S. 220 f.).

---

[1] Im Text wird allerdings von „Türwächter" gesprochen – ohne Bezugnahme auf Lewin.

Das bedeutet, dass den Kräften im Lebensraum der „Pförtner" genügend Aufmerksamkeit geschenkt werden muss, insbesondere jenen Kräften, die einer gewünschten Veränderung seines Entscheidungsverhaltens entgegenstehen, um unnötige Widerstände und Konflikte im OE-Prozess zu vermeiden. In der Folge muss nach Möglichkeiten gesucht werden, wie die der Veränderung entgegenstehenden Kräfte verringert werden können. Lewins Ansatz, diese Kräfte in einer von ihm „Phasenraum" genannten Graphik darzustellen, ist dabei hilfreich. (Lewin 1947a3, S. 250; vgl. Soff und Stützle-Hebel 2015, S. 90 ff.; msh und ka 2017, S. 46 ff.)

Machen wir einen Zeitsprung von den Vierzigern zur heutigen OE: Dieser Blick auf Veränderungsprozesse in Organisationen steht dem derzeitigen Trend im Change-Management entgegen. Neben dessen konzeptionellen Schwächen spielt dabei die gegenwärtige, von der Positiven Psychologie und Lösungsfokussierung geförderte Tendenz eine Rolle. Viele Berater wie Klienten beschäftigen sich emotional und kognitiv lieber mit positiven Zielzuständen als mit einer gründlichen Analyse der Ist-Situation und den darin gegebenen Kräften, die der gewünschten Veränderung entgegenstehen (vgl. Oettingen 2023 – bezogen auf individuelle Verhaltensänderung).

Letztlich steht Lewin auch Pate, wenn heute in Organisationsentwicklungsprojekten Gruppen eine bedeutende Rolle spielen. Die Überlegenheit der Gruppendiskussion und der Gruppenentscheidung gegenüber Vortrag oder Einzelintervention, wenn es um Verhaltensänderung geht, wurde in neuerer Zeit z. B. von Ulich (2005, S. 429) unterstrichen.

Warum die Gruppe der optimale Ort der Veränderung ist, erklärt Lewin bereits 1943: Ändert eine Einzelperson ihr Verhalten und weicht sie damit von der ungeschriebenen Norm ihrer relevanten Bezugsgruppe ab, dann hat dies zur Folge, dass ihr innerer Veränderungswiderstand steigt. Das wird sehr deutlich in dem Film „Die zwölf Geschworenen" (1957, Regie Sidney Lumet; s. Kap. 7) in dem Henry Fonda brilliert. Die Norm kann sich auf Verhalten, Entscheidungen oder Werte beziehen. Ändert hingegen die ganze Gruppe eine Norm, entsteht dieser Konflikt zwischen dem Individuum und der Gruppe nicht. (Lewin 1943–1944, S. 200; auch 1947a3, S. 261 f.; Wellhöfer 1993, S. 108; Wirth 2004; Soff und Stützle-Hebel 2015, S. 90 ff.; Abschn. 7.6.2)

Die zentrale Herausforderung von Changeprozessen* ist, der Veränderung entgegenstehende Kräfte (restraining forces) zu schwächen. Für Crosby verbindet sich dies mit dem Dreischritt der Veränderung:

„Lewin's approach to planned change is complex yet practical. The unfreeze, move, freeze model, referred to by many (but notably not by Lewin) as Change as Three Steps (CATS), intentionally simplifies the phenomenon it is describing, as any good theory will. CATS is woven throughout his thinking and writing, not just with those exact words but with field theory concepts such as homeostasis. Lewin's action research is full of references to unfreezing the current homeostasis (by preferably weakening restraining forces), moving the field (again by changing the configuration of forces that make up the field), and freezing in place a new configuration of forces." (Crosby 2021, S. 7)

Dem ist nur noch hinzuzufügen, dass die Überbetonung des Move (oft „Change" genannt) und die Vernachlässigung von Unfreeze und (Re)Freeze oft den Erfolg von Change-Projekten gefährden.

9.3 Weitere aktuelle Anwendungen der OE-Prinzipien Lewins

Für etliche Autoren scheinen Lewins Veränderungskonzept und seine Feldtheorie wichtiger denn je:

„As we pointed out earlier, these newer approaches, such as AI [artificial intelligence], do seem to incorporate key elements of Lewin's planned change, but not field theory. Schein and others have argued that many aspects of Lewin's work have become fundamental to understanding how organizations and the people who populate them behave. The time now seems right to restore field theory to that list." (Burnes und Cooke 2013, S. 421 f.)

Auch der von der Gestalttherapie herkommende Organisationsberater Edwin C. Nevis sieht sein Konzept „insofern im Zusammenhang mit Lewins Modell der Aktionsforschung, als beide Ansätze die Sammlung von Daten eher als Teil eines fortdauernden, zyklischen Prozesses verstehen …" (1988, S. 140) und er greift an verschiedenen Stellen auf die Konzepte Lewins zurück (Aktivierung von Veränderungsenergie, Beteiligung der Betroffenen, Widerstandsenergie).

Klaus Doppler und Christoph Lauterburg (2002) erwähnen Lewin nur ein einziges Mal, mit seinem berühmtesten Ausspruch „Es gibt nichts Praktischeres als eine gute Theorie." Doch bei der Frage, was zur Veränderung in Organisationen notwendig ist, scheint Lewin durch: Fortbildung und Training, um Bewusstheit zu entwickeln; „mehr Gruppe wagen" (ebd., S. 219 ff.); Organisationsdiagnose mittels „Froschperspektive" (ebd., S. 234), d. h. Beteiligung der Betroffenen (ebd., S. 154 f.); Veränderung als Prozess, bei dem die Wirkung von Interventionen zur (Nach- und Fein-)Steuerung genutzt werden und in dem das Kräftefeld berücksichtigt und den Widerständen Aufmerksamkeit geschenkt wird (ebd., S. 157 ff. und 323 ff.); die Bedeutung von Feedback (ebd., S. 287 ff.).

Burnes und Cooke stellen ausführlich dar, wie im Gefolge der Lewin-Renaissance in den 1990er-Jahren viele Ansätze der OD sich auf Lewin beziehen – gerade auch systemische (2013, S. 418 f.). Manche systemischen Ansätze nehmen zwar gern Anleihe bei Lewin – oft allerdings ohne ihn zu nennen oder im Literaturverzeichnis anzuführen. Königswieser und Exner (2001, S. 24 und 150) sowie Glatz und Graf-Götz (2007, S. 341) beschreiben z. B. den Aktionsforschungs-Dreischritt (Beobachten – Hypothesen bilden – Intervenieren – und wieder beobachten …) als originär systemisches Konzept. Anders Joana Krizanits (2013, S. 28–31 und 59), die diesen von ihr „Action-Survey-Schleife" genannten Dreischritt als eine der „Kernmethoden systemischer Organisationsberatung" explizit auf Lewin bezieht.

Das bei nahezu allen Organisationsveränderungen beobachtbare Phänomen, dass dem Impuls zur Veränderung erst einmal ein Beharren auf dem Hergebrachten, dann eine „Turbulenz- und Chaosphase" folgt, aus der dann „ein neues Funktionsmuster emergiert" erklärt Krizanits so:

> „Fortschritt in einem Veränderungsprozess verläuft nach der lewinischen Formel von Unfreeze – Move – Freeze in unterschiedlichen Energiemustern." (Krizanits 2013, S. 103 f.)

Edgar H. Schein hat noch mit Kurt Lewin zusammengearbeitet und in vielen seiner Schriften bezieht er sich auf dessen Konzepte. So z. B. in Kap. 6 seines Buches „Organisationskultur". Hier wendet er Lewins Veränderungsmodell auf Organisationsberatung und Kultur-Transformation an (2006, S. 115–136) und beschreibt, unterfüttert und erweitertden Dreischritt von Unfreeze-Move-Freeze. Er betont – ähnlich Lewin – die Bedeutung der Psychodynamik der Beteiligten bei Transformationsprozessen. Daraus zieht er sodann Konsequenzen für die Gestaltung derselben und für die Klienten-Berater-Beziehung.

Bei Schein ist auch eine Fokusverschiebung nachvollziehbar. Ging es früher mehr um die Veränderung von Kooperations- und Organisationsprozessen, liegt heute oft der Fokus auf der Entwicklung der Organisationskultur. Dies zeigt sich in einem veränderten Sprachgebrauch: Heute wird von Transformationsprozessen gesprochen statt von Organisationsentwicklung.

Die Frage, ob die in vielen Change-Ansätzen verwendete Kraftfeldanalyse (force field analysis) mit ihrer vier-Felder-Kombination von Stärken und Schwächen, Chancen und Gefahren als Variante der Feldtheorie gelten kann, wird von Burnes und Cooke (2013, S. 409) so beantwortet:

„However, force field analysis is not only free of any form of Lewinian topology, but is also free of much of the underlying theoretical support provided by Lewin.

[…]

… most of those who advocate this variant of field theory also ignore the bulk of Lewin's work. This is perhaps why Boje and Rosile (2010) claim that force field analysis trivializes Lewin's field theory." (ebd., S. 416 f.)

Sie plädieren für eine Rückkehr zur Originaltheorie Lewins, speziell seiner topologischen Darstellung des gesamten Lebensraums zu einer gegebenen Zeit, um Veränderungen wirkungsvoll zu gestalten (vgl. Bäumer 2015, S. 20 f.). Gordon Lippitt und Ronald Lippitt – letzterer war ein enger Mitarbeiter von Lewin – greifen bei ihrer Kraftfeldanalyse auf Lewins Konzept der gegeneinander wirkenden fördernden und hindernden Kräfte, die sie „Faktoren" nennen, zurück (2006, S. 37). Ihr ganzes Buch „Beratung als Prozess" ist durchdrungen von Lewins Veränderungs- und Aktionsforschungs-Ansatz – ohne ihn aber im Text jemals zu erwähnen.

Als Fazit lassen wir Burnes und Cooke noch einmal sprechen:

„A substantial body of evidence has emerged in the last decade to show that OD is going through a renaissance in its traditional heartlands and a substantial expansion globally and that Lewin's work lies at the centre of this renaissance […]. However, there is also evidence that the newer, large-scale OD approaches to change have been less successful than anticipated and that a key reason for this is the failure to achieve widespread participation, or to use Weisbord's (1987) phrase, they have not been successful at ‚getting the whole system in the room'." (2013, S. 421 f.)

Teil IV

Bereiche feldtheoretischen Denkens und Handelns

Minoritäten 10

> *„Die Formen, die der jüdische Selbsthaß annehmen kann, sind von fast endloser Fülle. Die meisten von ihnen und die gefährlichsten Formen sind eine Art von indirektem unter der Oberfläche schwelendem Selbsthaß. Sollte ich die Fälle aufzählen, wo ich offene und unverhüllte Verachtung unter Juden antraf, könnte ich nur wenige nennen. Der für mich überraschendste war das Verhalten eines gebildeten jüdischen Flüchtlings aus Österreich, als er eine Anzahl anderer jüdischer Emigranten traf. In einem Ton heftigen Hasses brach er in eine Verteidigung Hitlers aufgrund der unerwünschten Charakteristika des deutschen Juden aus."*
>
> *(Lewin 1941c, S. 259)*

Zusammenfassung

Diesem gesamtgesellschaftlich hoch brisanten Thema hat sich Lewin – auch dank seiner eigenen Minoritätsposition – bereits in den vierziger Jahren des vorigen Jahrhunderts zugewandt. Wir definieren seine Begrifflichkeit und die von ihm wahrgenommene und brillant analysierte Dynamik ausführlich; wir referieren seine zentralen Arbeiten zum Minoritätsthema und zeigen seine Lösungsansätze auf. Sodann belegen wir die Aktualität seiner Gedanken anhand der Minorität von Frauen in Führungspositionen.

© Der/die Autor(en), exklusiv lizenziert an Springer Fachmedien Wiesbaden GmbH, ein Teil von Springer Nature 2025
M. Stützle-Hebel, K. Antons, *Zur Aktualität von Kurt Lewin*, Aktuelle und klassische Sozial- und KulturwissenschaftlerInnen,
https://doi.org/10.1007/978-3-658-48827-7_10

10.1 Lewins Lebensthema

Das Thema Minoritäten, mit dem wir heute konfrontiert sind, findet sich als ein Leitmotiv* beim Kurt Lewin der amerikanischen Jahre. Wie es bereits Helmut Lück in Abschn. 2.8 und 2.11 kurz anschneidet, war Lewin als Jude, vom Lande kommend und nicht ganz in die akademische Kultur passend, selbst dauerhaft in einer Minoritätenrolle. Er war einer der ersten, der die Situation von Minoritäten unter sozialpsychologischem Fokus thematisiert und untersucht hat. Er hat sich bereits vor 90 Jahren mit der Problematik von Migrationsgesellschaften und mit dem Risiko der Spaltung in gesellschaftlichen Prozessen befasst. Sein eigenes Schicksal als in die USA emigrierter Jude hatte dabei sicher eine erkenntnisleitende Rolle. Ähnlich war es auch bei anderen Emigranten aus Nazi-Deutschland wie Theodor W. Adorno, Ruth Cohn, Max Horkheimer, Jacob L. Moreno, Fritz und Lore Perls, und vielen anderen.

Was Lewins einzigartige Außenseiterposition in Berlin gewesen ist, hat Anna Perlina (2015) sehr differenziert herausgearbeitet. Im Zuge ihrer detaillierten Recherchen fand sie heraus, dass das bereits mit seiner Dissertation beginnt, die von den Doktorvätern Stumpf und Riehl überaus kritisch behandelt wurde und an der sie die „selbstgefällige Breite und den öfters zu bemerkenden Mangel an Exaktheit" kritisierten (ebd., S. 53). Lewin meldete sich dann als Freiwilliger in den Krieg, und seine Dissertation kam erst 1916 zum Abschluss. Bei seiner Habilitation landete er wieder zwischen den Stühlen und bekam 1920 erst im zweiten Anlauf von der Fakultät die Zustimmung. Die Autorin zeigt auf, wie Lewin in Dissertation wie Habilitation zwischen Philosophie und apparativer Experimentalpsychologie oszillierte und es der damaligen akademischen Welt nicht recht machen konnte. In der nächsten Phase wollte der Institutschef Wolfgang Köhler ihn so lange wie möglich in Berlin halten, weniger wegen seiner Philosophie, sondern wegen seiner experimentellen Erfolge (ebd., S. 55 ff.). Perlina beschreibt die Widersprüchlichkeiten Lewins: seine Rolle als Jüngster gegenüber dem Gestalt-Trio Koffka, Köhler und Wertheimer, als Jude und als nicht aus dem Bildungsbürgertum stammend. Es gibt Belege für eine latente Rivalität zwischen ihm und Wertheimer, aber auch dafür, dass er unter dem großen „Gestalt*-Schirm" Unterstützung fand. Lewins zentrale philosophische Arbeit war zwar von seinem sehr verehrten Lehrer Cassirer inspiriert und gebahnt worden, aber es gab keine Gegenseitigkeit zwischen Lehrer und Schüler. Lewins eigene geistige Entwicklung vom aristotelischen zum galileischen* Denken wird von Perlina sehr kompetent analysiert, interessiert in unserem Kontext allerdings weniger (ebd., S. 69).

Ergiebiger für das Verständnis von Lewins eigener Außenseiterposition ist die folgende Berechnung Perlinas (ebd., S. 106): Elf von 16 Doktoranden Lewins waren Frauen. Von diesen elf waren acht Ausländerinnen, davon sechs aus Osteuropa. Sprung und Linke (2007) postulieren, dass die demokratische Arbeitsorganisation und Lewins liberaler Führungsstil* für Frauen besonders attraktiv gewesen seien. Bluma Zeigarnik* meint dazu, dass es Lewins Interesse am dynamischen* Ursprung menschlichen Verhaltens war, mit Lebensrealitäten verknüpft, was Frauen angezogen hätte. Seine demokratische Haltung schloss eine hohe Akzeptanz marginalisierter Gruppen ein – zu denen viele seiner Doktorandinnen gehörten. Jan Böttcher hat darauf hingewiesen (mündliche Mitteilung am 06.12.2022), dass diese Doktorandinnen aus osteuropäischen Ländern stammten und in den ohnehin wenigen ihnen offenstehenden Fächern aufgrund ihrer mangelhaften Sprachkenntnisse Schwierigkeiten im Studium hatten; in Lewin fanden sie einen geduldigen Lehrer. Dieser hatte selbst wenig Chancen auf eine Professur – am ehesten noch in der Nische der Psychologie und Sozialwissenschaften. Perlina nennt das die „Symbiose der Außenseiter".

Auch in den USA hatte Lewin als deutscher Jude eine Außenseiterposition – auch wenn dies aufgrund seines vielfältigen Wirkens und seiner zahlreichen Kontakte und Vernetzungen nicht zu vermuten wäre. Das amerikanische akademische System hatte es dem vor den Nazis fliehenden Lewin denkbar schwer gemacht, universitär Fuß zu fassen.[1]

10.2   Definition der relevanten Begriffe

Bevor wir im nächsten Abschnitt die zentralen Arbeiten Lewins referieren, gilt es die von ihm geprägten und benutzten Begriffe genauer zu definieren. Diese Definitionen sind aus msh & ka 2018 entnommen.

Bei einer **Minderheit**, auch Minorität oder Minderzahl, handelt es sich um einen numerisch kleineren Teil einer Gesamtheit (z. B. innerhalb eines Territoriums), der sich durch personale oder kulturelle Merkmale von der Mehrheit unterscheidet, von dieser dominiert wird und sich nicht assimiliert. Eine Minderheit unterscheidet sich meist durch Sprache, Ethnie oder Religion. Auch Moral-Vorstellungen oder sexuelle Identität können den Status einer Minderheit ausma-

---

[1] Er konnte auf der Flucht vor den Nazis in die USA nur einreisen, indem er umgerechnet 50.000 $ mitbrachte und indem er eine Arbeitseinladung von einer Universität hatte. Yale und Harvard versagten ihm diese, so dass er nach Iowa gehen musste. (König 2025)

Abb. 10.1 Statt einem schwarzen Schaf eine weiße Ziege. Eigenes Foto KA, ungarische Puszta 20.04.2011

chen. Häufig wird die soziale Minderheit von der sozial dominierenden Gruppe als minderwertig angesehen und auch so behandelt.

Unter dem Einfluss der amerikanischen Soziologie wird der Begriff Minorität heute praktisch auf alle Gruppen angewandt, die zahlenmäßig weniger als die Hälfte einer gegebenen Bevölkerung ausmachen, deren Erscheinen und Auftreten von den vorherrschenden Sitten und Verhaltensweisen abweicht, und die weniger Einfluss haben als die restliche Bevölkerung (s. Abb. 10.1).

Lewin verwendet den Begriff der **Gruppe** noch nicht so differenziert, wie wir es heute tun. Damals war der Gruppenbegriff insgesamt noch nicht spezifiziert. So wie er von der „Familiengruppe" spricht, so verwendet er den Begriff im soziologischen Sinne, wenn er von der Gruppe der Juden oder Amerikaner, Deutschen usw. spricht, die durch eine gemeinsame Geschichte oder andere Merkmale verbunden sind. Er spricht hier auch von „Schicksalsgemeinschaft".

Lewin verwendet den Begriff Gruppe schließlich auch für das, was wir heute als soziale Gruppe verstehen, welche durch eine begrenzte Mitgliederzahl, den „face to face"-Kontakt, gemeinsame Ziele und Werte, Dauer und Kohäsion* definiert ist – oder, wie Lewin es gerne in einer relationalen, dynamisch-galileischen Weise selbst definiert: Eine Gruppe besteht dann, wenn zu einem gegebenen Zeitpunkt

die Abhängigkeiten der Mitglieder untereinander grösser sind als die Abhängigkeiten der Mitglieder nach außen (Lewin 1941b1, S. 341 f. – bezogen auf Gruppe
als „natürliches Ganzes").

Menschen handeln immer aus der **Zugehörigkeit*** zu einer bestimmten Gruppe,
die dann Bezugsgruppe heißt. Diese bildet ihren „Boden". Jeder Mensch gehört
normalerweise zu mehreren Gruppen, und weiß üblicherweise stets, wohin er gehört. Es gibt aber Situationen, in denen die Zugehörigkeit unklar ist, z. B. wenn
man nicht weiß, ob man in der Gruppe akzeptiert ist.

Eine Verwirrung über die eigene Zugehörigkeit kann es auch bei Mehrfach-
zugehörigkeiten geben. Das hat Lewin sehr eindrücklich in Bezug auf
„Ehekonflikte*" beschrieben (ausführlich dargestellt von Hans Jellouschek und
Klaus Antons 2015, S. 174 ff).

Unsicherheit besteht bei Angehörigen von Minderheitsgruppen, wenn sie versuchen, in der Majoritätsgruppe Eingang zu finden. Die Zugehörigkeit auch zur alten
Gruppe wird dann verunsichert. Das ist z. B. bei Neureichen zu beobachten, die aus
einem ärmeren Milieu kommen, zu dem sie mit ihrem Reichtum nicht mehr gehören, die aber auch im Milieu der „wirklich Reichen" nicht als dazugehörig betrachtet werden.

Für Zugehörigkeit wesentlich ist, dass die Gruppe eine positive Valenz* für ihre
Mitglieder hat. Kräfte, die zur Gruppenmitgliedschaft hinführen sind:

Interesse am Ziel der Gruppe,
Hingezogen sein zu anderen Mitgliedern,
Verbundenheit mit ihrer Ideologie, ihren Werten und Traditionen,
nicht allein sein wollen.

Von einer Gruppe wegführende Kräfte sind:

unangenehme Züge der Gruppe
größere Attraktivität einer außerhalb stehenden Gruppe oder eines außerhalb der
    Gruppe liegenden Ziels.

In den kulturell zentralen Schichten[2] einer Gruppe liegen Werte, Gewohnheiten,
Ideen und Traditionen. Menschen, die diesem Zentrum treu anhängen, schätzen
diese Schichten höher – sie haben sogar die Tendenz, sie zu überschätzen. Es ist ein

---

[2] In mehreren Veröffentlichungen verwendet Lewin sowohl für Personen als auch Gruppen so
etwas wie ein Zwiebelmodell und unterscheidet zwischen äußeren und inneren Schichten.
(vgl. Lewin 1936b).

Glaube an die Überlegenheit der eigenen Gruppe, die bis zu einem aggressiven Nationalismus führen kann. Das nennt Lewin **„positiven Chauvinismus"**, in Anlehnung an eine historische und literarische Figur: Nicolas Chauvin.[3]

Gerade diese tendenziell übermäßige Wertschätzung der zentralen Schichten einer Gruppe ist ein wesentlicher Faktor für ihren Zusammenhalt, ihre **Kohäsion**. Normalerweise bleibt jemand Mitglied, solange die hinziehenden Kräfte überwiegen.

Jeder Mensch hat Ziele und Erwartungen an die Zukunft. Wir können mit Lewin davon ausgehen, dass (fast) jede Person* das Bestreben hat, ihren sozialen Rang und ihren Status zu steigern. Sobald sich dieses Bedürfnis auf den Status in der Gesamtgesellschaft, d. h. in der Mehrheit bezieht, erfordert das eine **Wegbewegung von der eigenen Gruppe** – wenn diese unterprivilegiert ist. Ist eine Gruppe benachteiligt, dann gibt es in ihr also immer auch Menschen, die in die Mehrheitsgruppe streben. Eine solche Tendenz mag besonders charakteristisch gewesen sein für einen Gesellschaftstyp, in dem Aufstieg eine hohe Bedeutung hatte, d. h. den entstehenden Konsumgesellschaften des Westens.

Menschen mit negativem Chauvinismus haben dann eine Tendenz zur Assimilation und versuchen, über die Trennlinie zwischen ihrer und der Mehrheitsgruppe hinwegzukommen. Das Mitglied der Minderheitengruppe gerät durch dieses nach außen gerichtete Bedürfnis in einen Appetenz-Appetenz-Konflikt*, der die psychische Spannung* verstärkt.

Diese Trennlinie ist die Grenze* der eigenen Gruppe und wird damit zur Barriere*, die den freien Zugang zum Ziel be- oder gar verhindert. Eine Reihe innerer wie äußerer Faktoren kann bewirken, dass eine – an sich sinnvolle – Gruppengrenze zur Barriere wird. Das Mitglied ist dann in der eigenen Gruppe eingeschlossen; umso mehr, je weniger durchlässig diese Gruppengrenze ist.

Diese Be- oder gar Verhinderung ihrer Bewegung auf das begehrte Ziel in der Mehrheitsgruppe hin führen Personen aus einer benachteiligten Gruppe einseitig auf die Charakteristika der eigenen Herkunftsgruppe zurück. Sie halten vor allem den kulturellen Kern der Herkunftsgruppe für die Ursache ihrer Behinderung. Deshalb schätzen sie deren Werte und Traditionen nicht. Diese Geringschätzung der Werte der eigenen Gruppe nennt Lewin **„negativen Chauvinismus"**. Durch ihn entsteht eine Aversion* der eigenen Herkunftsgruppe gegenüber. Genau das wird im Motto dieses Kapitels (aus Lewin und Lewin 1941) deutlich. Das Pikante an der

---

[3] Chauvin war Soldat in Napoleons Armee, der sich durch einen übersteigerten Idealismus auszeichnete. Er wurde karikiert in einer Komödie der Brüder Cogniard, die 1831 in Paris unter dem Titel „La cocarde tricolore" uraufgeführt wurde (Wikipedia „Chauvinismus", zuletzt abgerufen 04.05.2023).

von Lewin selbst geschilderten Szene ist, dass hier eine Binnendiskriminierung hinsichtlich der sozialen Schicht innerhalb der Juden aufscheint.

Personen mit negativem Chauvinismus versuchen, sich so weit wie möglich vom Kern der Gruppe zu entfernen. Von innen und/oder außen aufgezwungene Kräfte hindern sie daran (vgl. msh und ka 2018, S. 11 f.) und sie bleiben auf der Grenze stecken. Die Folge dieser Dynamik ist eine Ablehnung der eigenen Gruppe oder gar Hass auf sie. Bezogen auf Juden beschreibt Lewin: Dieser Jude wird alles Jüdische ablehnen, weil das Jüdische ihn von der Mehrheit ausschließt. Da er aber Jude bleibt, lehnt er sich hinsichtlich eines wesentlichen Teils seiner Identität auch selbst ab. Indem die Aggressivität gegen die Herkunftsgruppe blockiert ist, wendet sie sich gegen die eigene Person und führt bis zum Selbsthass (1941c).

Nach Lewin ist die **Ghetto-Situation** dadurch gekennzeichnet, dass die Grenze nahezu undurchdringlich ist. Für die einzelne Person bedeutet das, dass für sie Ziele außerhalb des Ghettos unerreichbar erscheinen. Ein Ziel, das nicht erreichbar erscheint, verliert aber seine Anziehungskraft. Auch wenn das Ziel (z. B. ein gesellschaftlicher Status in der Mehrheitsgruppe) attraktiv bleibt, tendiert seine Valenz gegen Null. Die strengen Grenzen des Ghettos schränken den Raum der freien Bewegung* seiner Mitglieder, d. h. den Teil des Lebensraumes*, der nicht durch Barrieren* blockiert ist, ein. Je begrenzter dieser Raum ist, so Lewins Analyse, desto höher wird die psychische Spannung, die dann die Entwicklung der Mitglieder verhindert, so dass sie konservativ werden und geistig zurückbleiben. Solche Entwicklungen kann man auch bei der „Selbstghettoisierung" von nationalen Gruppen in Amerika und heute bei uns beobachten, wenn die zu uns gekommenen Menschen gleicher Herkunft untereinander bleiben und keinen Kontakt mit der Mehrheitsgesellschaft aktiv suchen.

In der **Diaspora-Situation** dagegen sind die Mitglieder der Minderheitengruppe in kleinen Untergruppen innerhalb der Mehrheitsgesellschaft versprengt. In dieser Situation gibt es zu viele zwangsläufige Berührungspunkte, als dass eine starre Grenze zwischen Mehrheit und Minderheit aufrechterhalten werden könnte. Die Diaspora bringt also eine Durchmischung und verändert den Charakter der Grenze. Obwohl sie weiterhin da ist, verliert sie an Fassbarkeit und Schärfe und wird überschreitbar. Indem mehr Kontakt zwischen Minorität und Majorität entsteht, findet sich bei Minoritäten in Diaspora-Situationen **weniger Konservatismus,** mehr Fortschrittlichkeit und weniger Druck; Unterschiede zwischen den Gruppen verschwinden.

Obwohl die Spannung der gesamten Minderheitsgruppe in der Diaspora geringer ist, ist bei der einzelnen Person eine höhere Spannung wahrzunehmen: Indem die Grenze für den Einzelnen überschreitbarer erscheint, erscheint auch das Ziel eines Status in der Mehrheitsgesellschaft erreichbar. Dadurch hat dieses Ziel in der

Diaspora-Situation eine viel höhere Valenz. Doch genau dadurch geraten Mitglieder von Minderheiten in der Diaspora viel stärker in Konflikt bezüglich ihrer Zugehörigkeiten: Wohin gehören sie nun? Zu ihrer Herkunftsgruppe oder zur Mehrheitsgruppe?[4]

10.3   Lewins einzelne Arbeiten zum Minoritätenthema

In „Psychosoziologische Probleme einer Minderheitengruppe" (1935b1) analysiert Lewin anhand der Konzepte von Mehrfachzugehörigkeit und Überschneidung (vgl. Jellouschek und ka 2015, S. 174 ff.; msh und ka 2017, S. 50 ff.; msh und ka 2018; msh 2019, S. 170 ff.) den Wandel, den die jüdische Bevölkerung in Europa durchgemacht hat: In der Ghetto-Zeit mit ihren klaren, strengen und von beiden Seiten eingehaltenen Grenzen sei der „Raum der freien Bewegung" und die „soziale Lokomotion" der Juden höchst eingeschränkt gewesen, habe einen gefängnisartigen Charakter mit entsprechendem Maß an Konservativismus besessen. Mit der „Emanzipation" vom Ghetto im beginnenden 20. Jahrhundert speziell im Vorkriegsdeutschland hätten die Juden keine zusammenhängende Region* mehr gebildet, sondern seien ein loses verstreutes Gebilde mit weniger greifbaren Grenzen und einer höheren Bereitschaft zur Assimilation geworden. Der Einzelne sei ein „losgelöstes Ganzes" geworden, der soziale Druck auf die Gruppe der Juden sei gesunken, aber der Druck auf den Einzelnen gestiegen: „Als Folge davon trat eine beträchtliche kulturelle Entwicklung [...] in Erscheinung. Man stellte ausgesprochene Tendenzen zu Fortschrittlichkeit und Radikalismus mit ihren vorteilhaften und nachteiligen Begleiterscheinungen fest" (Lewin 1935b1, S. 214).

Er analysiert weiter, wie das zu innerer Konflikthaftigkeit und innerer Ruhelosigkeit führt: „Der am meisten produktive Typ der Ruhelosigkeit ist ein Übermaß an Betätigung. Viele der besten Leistungen des jüdischen Volkes gehen zum Teil auf diese Überaktivität zurück" (ebd., S. 219). – Damit beschreibt Lewin sowohl sich selbst (Kap. 2; vgl. msh und ka 2017, S. 110 ff.) wie auch die Tatsache, dass er, wie Freud und mit ihnen eine Mehrzahl von Wegbereitern der Sozial- und Humanwissenschaften, Juden waren. – Obwohl 1933 gleich selbst geflüchtet, ahnte Lewin wie fast alle zum Zeitpunkt des Verfassens seiner Analyse noch nicht, dass in Europa den Juden eine noch schrecklichere Ghettoisierung und die Shoa bevorstand.

Der Frage, wie sehr Juden sich als Mitglieder der jüdischen Gruppe verstehen, geht Lewin 1939 in dem Artikel „Angesichts von Gefahr" nach. Die „Erziehung

---

[4] Eine eindrückliche Inszenierung dieser Thematik bietet der Film „Almanya – Willkommen in Deutschland" (2011, Regie Yasemin und Nesrin Şamdereli).

des jüdischen Kindes" folgt 1940. Das nächste Werk dieses Zyklus ist „Selbsthass unter Juden" (1941), in dem er mit feinsinnigen Beobachtungen und anhand literarischer Beispiele beschreibt, was unser für dieses Kapitel gewähltes Motto besagt: „die gefährlichsten Formen sind eine Art von indirektem unter der Oberfläche schwelendem Selbsthass" (ebd., S. 259).

Der jüdische Selbsthass sei, so Lewin, weniger der „Thanatos" Freuds, sondern etwas, das man bei vielen benachteiligten Gruppen, z. B. „amerikanischen Negern"[5] und Einwanderern aus südosteuropäischen Staaten beobachten könne. Dabei werde die „Schicksalsgemeinschaft" ein entscheidender Faktor für das Individuum: wenn nämlich die von einer Gruppe wegstrebenden Kräfte nicht persönlichen Bedürfnissen entspringen, sondern von einer äußeren Macht aufgezwungen werden (ebd., S. 264 f.). Dann seien bei sozial benachteiligten Gruppen die Mitglieder durch ihre Zugehörigkeit stärker behindert und ihre freie Beweglichkeit eingeschränkt. Diejenigen Mitglieder, die eigentlich lieber raus wollen, den Chauvinismus der Mehrheit nicht teilen, keine Treue zur Gruppe haben, sondern sich ihrer Zugehörigkeit eher schämen, vergiften die Atmosphäre und spalten die Gruppe. Die dadurch im Feld* erhöhte Spannung und Aggressivität richte sich angesichts der bedrohlichen Mehrheit dann gegen sich selbst. Damit leitet Lewin sozialpsychologisch her, was Anna Freud psychopathologisch die Abwehrform „Wendung gegen die eigene Person" nennt.

Kurz vor seinem Tode hat Lewin den letzten Beitrag in dieser Serie geschrieben: „Tatforschung und Minderheitenprobleme" (1946c4). Hier fokussiert er, dass zur Verbesserung der Beziehungen zwischen Minoritäten und Majoritäten die Intergruppen-Probleme zu erforschen sind. Er schreibt, dass „die sogenannten Minderheitsprobleme in Wirklichkeit Probleme der Mehrheit sind" (ebd., S. 295). Andere Forscher und Autoren haben diese Thematik weitergeführt, z. B. Peter R. Hofstätter (1957), Raoul Schindler (1957, 2016) und Ivan Boszormeny-Nagy (1973, 1981).

10.4 Lösungsansätze von Lewin

Was empfiehlt Lewin in den oben genannten Arbeiten als Abhilfe? Es sei nicht vergessen, dass diese Texte in den vierziger Jahren entstanden, als Lewin und seine Mitarbeiter mit großer Energie sowohl für den amerikanischen Staat und seine Wohlfahrtsorganisationen als auch für jüdische Organisationen arbeiteten und es

---

[5] Lewin durfte die Afroamerikaner damals noch so nennen.

meist darum ging, soziale Spannungssituationen zu verringern und mit Rassendiskriminierung umzugehen. Ihm und seinen Mitarbeitern war aus Feldtheoretischen Überlegungen bewusst, dass gruppale und intergruppale Probleme nicht von Einzelpersonen zu lösen sind, sondern nur durch die beteiligten Gruppen. Aus seinen verstreuten Artikeln haben wir folgende Lösungsmöglichkeiten herausdestilliert (vgl. msh und ka 2018).

Bei ihrer Arbeit im staatlichen Wohnungsbau wurde sorgfältig darauf geachtet, dass Weißen und Schwarzen in den gleichen Häusern Wohnungen zugewiesen wurden, womit **zahlreiche Kontakt-Gelegenheiten zwischen den Gruppen** entstanden. Marrow (1977, S. 226 ff.) beschreibt, dass in diesen Häusern wesentlich weniger Vorurteile gegenüber den farbigen Mitbürgern entstanden. In Schule und Arbeitswelt ist darauf zu achten, dass die Mitglieder der Minderheit nicht isoliert der Mehrheit gegenüberstehen, sondern auch Kontakt zu ihrer Bezugsgruppe haben können.

Als wichtigen Schritt in Richtung auf eine Lösung von Minderheitsproblemen schlägt Lewin vor, Verbindendes zu sehen, den **Fokus auf Gemeinsamkeiten** zu legen statt auf die Unterschiede. Systemisches Denken akzentuiert im Unterschied dazu die Bedeutung, die Unterschiede machen.

Jedes Mitglied einer Minderheit ist mit seiner Unterprivilegierung konfrontiert, sobald es in Kontakt mit der Mehrheit geht:

> „In der Tat hängt das Leben, die Freiheit und das Glücksstreben jeder jüdischen Gemeinde in Amerika und jedes einzelnen amerikanischen Juden in einer besonderen Weise von dem sozialen Rang ab, den die Juden als Gruppe in der geschlosseneren Gemeinschaft der Vereinigten Staaten haben." (Lewin 1941c1, S. 263)

Dies zu ändern, gelingt keiner einzelnen Person. Es geht um Aktivierung der Minderheiten. Zur **Aufhebung der Unterprivilegierung** braucht es aber auch die Bereitschaft der Mehrheit.

Aus dem oben gezeigten Entstehen von **negativem Chauvinismus** ergeben sich eine Reihe von Forderungen an die Minderheitengruppe. Es müssen die wirklichen Gründe für die Barrierewirkung der Gruppengrenze aufgedeckt werden und in den Dialog kommen. Mitglieder, die nach außen streben, müssen lernen Ambiguität auszuhalten. Diese Mitglieder müssen unterstützt werden in ihren Schritten, damit sie ihre Herkunftsgruppe nicht abspalten müssen. Die Angst vor Zerfall der Minderheitengruppe muss durch stärkende Maßnahmen reduziert und ihre Pluralität gefördert werden: „Ein starkes Gefühl, Teil der Gruppe zu sein und eine positive Haltung ihr gegenüber ist [...] die hinlängliche Voraussetzung, auf Selbsthass zurückgehende Verhaltensweisen zu vermeiden" (Lewin 1941c1, S. 275).

Die Mitglieder der Minderheitengruppe müssen **Gruppensinn entwickeln,** ihre **Identität stärken,** indem sie erkennen, wie sehr ihr Schicksal vom Schicksal der gesamten Gruppe abhängt, und Verantwortung für das Wohl der ganzen Gruppe übernehmen: „Diese realistische Erkenntnis der soziologischen Tatsachen ist für die Gewinnung eines festen sozialen Bodens sehr wichtig, besonders für diejenigen, die nicht in einer jüdischen Umgebung aufgewachsen sind." (Lewin 1939d1, S. 231)

Die **Minderheitengruppe muss sich erheben** und um ihre Anerkennung und ihren sozialen Status in der Mehrheitsgesellschaft als Gruppe kämpfen. Ein solcher Kampf stärkt sie im Inneren und verschafft ihr Ansehen nach außen. Selbstbewusstsein wird nicht geschenkt, sondern muss erarbeitet werden.

Die Veränderung des sozialen Status einer Minderheitengruppe geht nicht ohne Konflikte. Die Kunst besteht darin, diese unvermeidlichen Konflikte so frühzeitig ins Bewusstsein aller Beteiligten zu heben, wie sie noch gut bearbeitbar sind. Für beide Seiten, Minderheit wie Mehrheit, gilt es zu lernen, **Konflikte auszuhalten und auszuhandeln.**

10.5   Was ist denn daran aktuell?

In diesem Kapitel weisen wir erst relativ spät auf die Aktualität der lewinischen Forschung hin. Aber es schien uns im Kontext dieses Buches erforderlich, Leserinnen und Lesern zuzumuten, sich auf Lewins Gedankengänge einzulassen. Vielleicht haben Sie selbst schon beim Lesen gemerkt: Das, was Lewin am Judentum abhandelt, hat eine hoch aktuelle Brisanz in unserer Migrationsgesellschaft.

Bevor wir dahin wechseln, sei noch ein Zufallsfund mitgeteilt, den wir bei der Lektüre des ältesten deutschsprachigen Buches über Gruppendynamik* entdeckten. Peter R. Hofstätter hat in seinem „Gruppendynamik – Kritik der Massenpsychologie" bereits 1957 darauf hingewiesen bzw. sogar vorhergesagt, welche Herausforderung Integration bedeutet. Auf S. 119 ff. spricht er bereits damals von den Herausforderungen, die auf den Westen wie auf den Osten zukommen, wenn es einmal zu einer Wiedervereinigung Deutschlands käme. „Nahezu alles wird am Tag der Wiedervereinigung davon abhängen, ob eine echte Reintegration der beiden Bevölkerungsgruppen gelingt" (ebd., S. 120). Dass das bislang als nicht so gelungen gelten kann, lässt sich nahezu täglich in den Medien verfolgen, z.B. in einem Gespräch von Markus Lanz mit Bundespräsident a. D. Joachim Gauck am 23. Juli 2024.[6] Es gibt auch 35 Jahre nach der Wiedervereinigung noch eine große Zahl von Ostdeutschen, die in einer Ambivalenz* zwischen der Zugehörigkeit zu „den Ostdeutschen" und dem Streben nach der (gefühlt unerreichten) Anerkennung

---

[6] https://www.zdf.de/gesellschaft/markus-lanz/markus-lanz-vom-23-juli-2024-100.html. Abrufbar bis 23.07.2026.

„im Westen" hängen geblieben sind und darauf mit Chauvinismus (der Überbewertung der eigenen Gruppe und Abwertung der anderen) reagierten. Sie sind nicht die Mehrheit in diesen Bundesländern, aber eine erstarkende Minderheit. Den dynamischen* Hintergrund dafür konstituieren unterschiedlichste Faktoren. Da gibt es die Benachteiligung durch die Geschichte aufgrund der Nachkriegs-Besatzung durch die UDSSR und den Rückstand an Wohlstand und politischer Freiheit, welche als Selbstwertdefizit erlebt wurden. Später wurde dieses defizitäre Selbstwertgefühl von etlichen mittels Projektion als Abwertung seitens „der Westler" gedeutet, was die Gruppengrenze* von innen her verstärkte. Erfahrungen, von Subventionsgewinnlern (aus ganz Europa) über den Tisch gezogen worden zu sein, schienen diese Deutungen zu bestätigen. Daneben gibt es dann die vielen, die in den verschiedenen Bereichen des Staatsapparats gearbeitet und dort eine gewisse Macht hatten, die sie durch den Zusammenbruch dieses Apparates verloren. Von einem Teil dieser Menschen wird dieser Machtverlust, der manch einen hilflos machte, in Verkennung der historischen Tatsachen, dem Westen zugeschrieben – ähnlich dem „die D-Mark aufgezwungen bekommen zu haben".

Wir als Autorenteam haben uns an verschiedenen Stellen mit der Minoritätenthematik befasst; sowohl der bisherige wie der nachfolgende Text schöpft aus diesen Quellen, ohne dass wir sie immer im Einzelnen zitieren: msh und ka 2018, msh und ka 2017, S. 44 ff.; msh 2015.

Im Folgenden wollen wir die lewinischen Gedankengänge auf aktuelle Situationen beziehen:

10.5.1 Asyie

Eine Gruppe junger, im Asylantenwesen ehrenamtlich aktiver Menschen diskutiert engagiert über die Kriminalitätsquoten von Asylanten und sie streiten sich über die Kriminalitätsstatistiken. Die Mehrheit äußert Zweifel an diesen Statistiken und tendiert zur Beschönigung der Probleme, die mit den Asylanten auftauchen. Asiye, selbst Migrantin, sagt eine lange Zeit nichts. Auf einmal sagt sie: „Ich finde, dass die Leute Recht haben, die sich über die Asylanten aufregen. Ich habe selbst schon erlebt, wie ein Flüchtling mit dem Gaskocher auf dem Teppich hantiert hat. Der hätte beinahe die Unterkunft abgefackelt. Stellt Euch einmal vor, was dann los wäre!" Ein anderer wirft ein: „Dass Du als Migrantin das so sagst, wundert mich jetzt schon!"

Sicher hat Asyie recht, wenn sie auf die Gefahr eines solchen unbedachten Verhaltens hinweist. Die Schärfe, mit der sie das tut, lässt aber die Frage auftauchen, ob sie als Migrantin sich da nicht mit einer vermeintlichen Mehrheitsmeinung überidentifiziert und andere Migranten abwertet. Wenngleich in deutlich abgemilderter Form, ist es die gleiche Grundgestalt/szenische Figur wie bei dem Juden, der Hitler zustimmt (s. Motto).

Die anderen Gruppenmitglieder könnten diese „Wendung gegen die eigene Gruppe" dadurch auffangen, dass sie sich um ein Verstehen des Mannes mit dem Gaskocher bemühen: Dass er noch nicht gelernt hat, wie gefährlich solches Verhalten in einer Unterkunft ist, dass er die Regeln des Gastlandes noch nicht kennt, was ihn dazu bringt, nicht in der Gemeinschaftsküche zu kochen, usw. Und sie könnten überlegen, wie sie als Asyl-Helfer mit den Menschen in der Unterkunft in Kontakt gehen könnten, um den Schwierigkeiten Abhilfe zu schaffen.

10.5.2 Selbstghettoisierung in der Asylunterkunft

Für Asylsuchende ist das Land, in das sie eingereist sind, zunächst fremd. Deshalb, aber auch weil das Gastland erst ihre Aufenthaltsberechtigung prüfen will, können sie sich dieser Gesellschaft noch nicht zugehörig erleben. Wenn in dieser Unterkunft viele aus dem gleichen Herkunftsland leben, dürften sie sich dieser Gruppe mehr zugehörig fühlen. Auch wenn ihr Ziel die Zugehörigkeit zur und soziale Anerkennung durch die Mehrheitsgesellschaft im Gastland ist, besteht aufgrund der Sprachbarriere, kultureller Fremdheit und durch die geringen Kontaktmöglichkeiten, solange ihnen Arbeiten nicht erlaubt ist, die Gefahr einer Selbstghettoisierung. Die Mitglieder dieser Gruppe verbindet ein gleiches oder ähnliches Schicksal („Schicksalsgemeinschaft") und ihre Heimat.

Wie schnell diese Selbstghettoisierung stattfindet, dürfte u. a. davon abhängen, wie stark die Kohäsion unter jenen, die schon eine Weile da sind, ist und wie offen diese Gruppe neue Landsleute aufnimmt. Wie ausgeprägt die Selbstghettoisierung wird, dürfte außerdem davon abhängen, wie lange die jeweiligen Personen auf die Klärung ihres Status warten müssen und vor allem, wie lange sie in der Unterkunft wohnen bleiben. Letzteres ist sogar oft noch dann der Fall, wenn die Person schon arbeiten darf.

Geschieht dies, dann geraten die Asylsuchenden in einen Appetenz-Appetenz-Konflikt zwischen Zugehörigkeit und Loyalität gegenüber dieser „Heimatgruppe" einerseits und dem Ziel der Zugehörigkeit zu und Anerkennung durch die Mehrheitsgesellschaft (s. Abb. 10.2). Die weitere Entwicklung hängt dann von der Reaktion sowohl der Mehrheitsgesellschaft als auch der Gruppe im Ghetto ab – ob sich diese Personen chauvinistisch in die eigene Gruppe zurückziehen oder auf

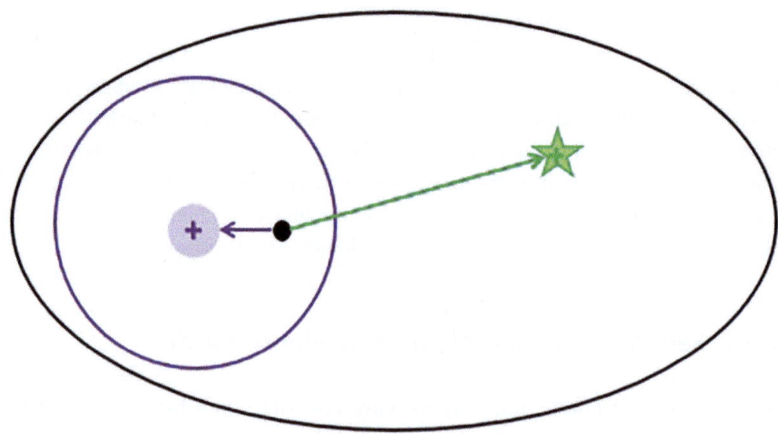

Abb. 10.2 Der Appetenz-Appetenz-Konflikt. Eigene ppt-Folie msh vom Vortrag bei der DVG-Tagung 2018

das Verhalten der anderen mit negativem Chauvinismus reagieren oder sich ablösen und relativ frei nach Anerkennung im Gastland streben können.

Auch wenn einzelne Individuen mit dieser Konfliktsituation zumindest zunächst gut zurechtkommen, liegt die Lösung in einer Veränderung des Umgangs der Mehrheitsgesellschaft mit jenen, die ein neues Zuhause suchen.

Um Selbstghettoisierung mit ihren negativen Folgen sowohl für die Einzelnen als auch für die Gesamtgesellschaft zu vermeiden, wäre es – folgt man Lewin – notwendig, dass der Staat/die Gesellschaft für eine schnelle Klärung des Status sorgt und dass Kontaktmöglichkeiten sowie Möglichkeiten des Arbeitens geschaffen werden.

10.5.3 Das Aggressionspotenzial nicht anerkannter Migranten

In einer kritischen Situation sind jene Migranten, die nicht als Asylsuchende anerkannt werden und damit kein Bleiberecht erhalten, aber dennoch hier leben.

Barrieren führen zu Umwegverhalten oder aus dem Felde gehen und wenn beides nicht geht, zu Aggression

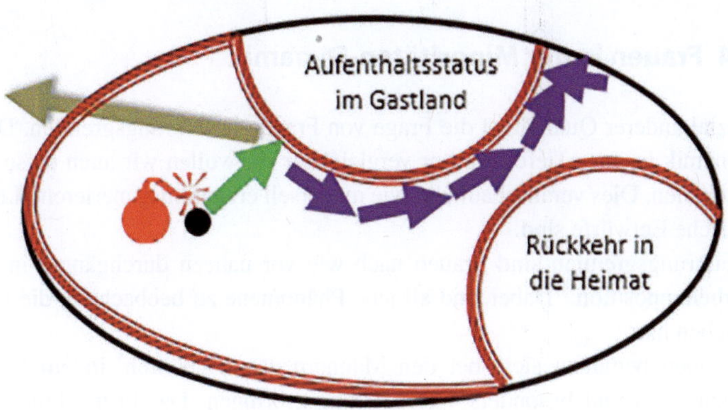

Abb. 10.3 Barrieren-Wirkung. Eigene ppt-Folie msh 28.10.2024

Der Weg zum ursprünglichen Ziel ist durch diese Entscheidung versperrt. Viele Menschen versuchen, Barriere*n (s. Abb. 10.3) zu umgehen und haben so lange Hoffnung, bis sie keinen Umweg mehr sehen. Der Antrieb dazu ist bei Migranten vermutlich hoch, denn die Alternative, der Weg zurück in die Heimat, ist nicht nur nicht erstrebenswert, sondern ist meist sehr aversiv geprägt: man kehrt als Gescheiterter zurück, entweder als jemand, der den Auftrag der Familie nicht erfüllt hat, für sie den Weg in das Gastland zu bahnen, oder als derjenige, der sich von der Familie abgesetzt hat. Beschämung und/oder Ablehnung sind zu befürchten. Dass diese Umweg-Versuche oft am Rande oder jenseits der Legalität stattfinden, liegt auf der Hand. Die Person ist somit in einem Aversions-Aversions-Konflikt gefangen.

Die erste Folge dieser Zwangssituation ist ein hoher psychischer Spannungszustand. Dieser beeinträchtigt die Fähigkeit zur Gestaltung sozialer Beziehungen und der Anpassung an die Situation. Mit dem Andauern dieser Situation steigt dieser Spannungszustand weiter. Ein hoher psychischer Spannungszustand ist stets mit einer gesteigerten Aggressivität verbunden und ein Funke, ein kleines Frustrationserlebnis* kann ausreichen, dass die Aggression sich nach außen, in Form aggressiven Verhaltens, oder nach innen, in Form von psychischer oder psychosomatischer Erkrankung Bahn bricht. Beispiele dazu finden sich fast täglich in den Nachrichten.

Chauvinismus im Zusammenhang mit dem Rückzug in eine Gruppe „Schicksals-gleicher" stellt in dieser Situation den Versuch der psychischen Stabilisierung und der Abwehr des erleben Selbstwertverlustes dar, begünstigt aber zugleich die soziale Abspaltung von der Mehrheitsgesellschaft und die Tendenz zur Illegalität.

10.5.4 Frauen in der Minoritäten-Dynamik

Von sozial anderer Qualität ist die Frage von Frauen in Führungsgremien. Da die Felddynamik in ihrer Tiefenstruktur vergleichbar ist, wollen wir auch diese Analyse darstellen. Dies veranschaulicht, wie universell erkenntnisgenerierend Lewins theoretische Entwürfe sind.

In Führungsgremien sind Frauen nach wie vor nahezu durchgängig in einer Minderheitenposition.[7] Dabei sind all jene Phänomene zu beobachten, die Lewin beschrieben hat:

Die einen bemühen sich, bei den Männern dazuzugehören, indem sie sich (über-)anpassen und besonders viel Leistung erbringen. Das bringt ihnen zwar manches Mal Anerkennung, manches Mal aber auch Spott von Männern und Frauen ein.

Andere Frauen ziehen sich in Frauen-Cliquen und Frauen-Berufe zurück und positiver Chauvinismus ist zu beobachten.

Ein weiteres Minderheiten-Phänomen in diesem Kontext ist der negative Chauvinismus, zu dem gerade ambitionierte Frauen neigen und den andere Frauen immer wieder beklagen. Dieser, so scheint mir, ist allerdings in den vergangenen Jahren weniger geworden.

Das dürfte daran liegen, dass mittlerweile doch viele Frauen ein Bewusstsein für diese Minoritäten-Problematik haben. Sie erkennen, dass die Barrieren, die sie oder andere erleben, gesellschaftliche Ursachen haben, die mit ihrer Zugehörigkeit zum weiblichen Geschlecht und nicht mit ihnen als Person zu tun haben.

Angebote speziell für Frauen in Führung oder auf dem Weg dahin, entsprechen Lewins Empfehlungen, wenn sie Frauen dabei unterstützen, ihre Situation als soziodynamische Folge der Minderheiten-Situation zu verstehen, die damit verbundenen Ambivalenzen* auszuhalten, und sich als Gruppe zu erleben, zu schätzen und füreinander einzutreten. Sie gehen an Lewins Sicht vorbei, wenn sie – was

---

[7] Das zeigt sich z. B. an den Berichten vieler Medien am 28.08.2024: Der Aufruf Ursula von der Leyens, der alten und neuen Präsidentin der Europäischen Kommission an die EU-Länder, jeweils eine Frau und einen Mann für die EU-Kommission vorzuschlagen, wurde von den meisten Ländern boykottiert.

immer noch viele tun – in ihren Angeboten die Problematik individualisieren, z. B. durch spezielle Führungs-Schulungen oder durch spezielles Verhaltenstraining – bis hin zu dem in sich widersprüchlichen Training von „Authentizität".

Nimmt man Lewins Diktum ernst, dass Minderheitenprobleme im Grunde Probleme der Mehrheit sind, dann gehen allerdings all diese Förderungs-Bemühungen (die manches Mal auch schlicht Geschäftsmodelle sind) am Kern des Problems vorbei. Dieser Kern ist allerdings nicht greifbar, solange die Männer in diesen Organisationen sich dem nicht stellen.

Letztendlich gibt die Entwicklung der Bemühungen um eine Gleichstellung von Männern und Frauen in den vergangenen Jahrzehnten Lewin nur zu Recht: Intergruppenprobleme – und um ein solches handelt es sich bei der Minderheitensituation von Frauen in Führung ebenfalls – sind nur auf Gruppenebene, zwischen den Gruppen und nicht individuell durch die jeweilige Frau zu lösen. Da es sich um ein gesamtgesellschaftliches Phänomen handelt, heißt das: es braucht eine klare politische Lösung. Lewins Empfehlung ist eindeutig: Der Staat muss die Unterprivilegierung aufheben, indem er entsprechende Regeln setzt, was eine politische Entscheidung für eine Quote (für eine begrenzte Zahl von Jahren) bedeutet.[8]

---

[8] Danach allerdings wird erst einmal in den Führungsgremien eine durch eine Quote beeinflusste Soziodynamik so manches Mal externe Unterstützung erforderlich machen. (vgl. msh 2015).

Demokratie lernen

11

> *„Autokratie wird dem Individuum auferlegt. Demokratie hat es zu lernen."*
>
> *(Lewin 1939b1, S. 125)*
>
> *Gordon W. Allport betont als Gemeinsamkeit zwischen Dewey und Lewin: „Both agree that democracy must be learned anew in each generation, and that it is a far more difficult form of social structure to attain and to maintain than is autocracy. Both see the intimate dependence of democracy upon social science. Without knowledge of, and obedience to, the laws of human nature in group settings, democracy cannot succeed. And without freedom for research and theory as provided only in a democratic environment social science will surely fail."*
>
> *(Allport 1948, S. xi)*

Zusammenfassung

In diesem Kapitel greifen wir zurück auf den Kontext, in dem einst die Gruppendynamik entstanden ist: in Lewins rastlosem Engagement für demokratisches Verhalten in den USA wie auch für den Wiederaufbau Deutschlands. Wir diskutieren seine Autokratie-Demokratie-Experimente, interviewen einen Kollegen, der sich bereits in den Siebziger Jahren mit der Beziehung von Gruppendynamik und politischer Bildung auseinandergesetzt hat und erläutern

den Begriff des homo democraticus. Wir zeigen auf, inwieweit gruppendynamische Settings geeignet sind, basale demokratische Kompetenzen zu
schulen und stellen das seit 1980 erfolgreich praktizierte Modell vor – ein-
schließlich seiner Auswirkungen. Schließlich spüren wir dem Demokratie-
lernen in Leitungsfunktionen, in der Schule und in der derzeitigen Politik nach.

Am 6. Dezember 2018 beging die DGGO[1], der offizielle Verband, der in Deutschland professionelle Gruppendynamik* und Organisationsdynamik vertritt, ihr halbes Jahrhundert. Statt einer historischen Selbstbespiegelung entschied sich der Verein, den originären Aspekt der Gruppendynamik – Demokratie lernen – in den
Fokus zu nehmen und sich auf etwas andere Weise zu bespiegeln (s. Abb. 11.1).
Die begleitende Veröffentlichung trägt den bezeichnenden Titel „Demokratie machen" (Stähler und Stützle-Hebel 2018). Sie versammelt eine Reihe von Beiträgen,
aus denen deutlich wird, wie ein (wenn auch nicht immer explizites) lewinisches
Denken dazu verhilft, demokratiepädagogisch zu wirken.

Abb. 11.1   50 Jahre DGGO, Frankfurt 06.12.2018. Eigenes Foto KA, gleiches Datum

---

[1] Deutsche Gesellschaft für Gruppendynamik und Organisationsdynamik e. V., gegründet am
17.02.2008, zunächst als Parallelstruktur zur 1968 gegründeten Sektion Gruppendynamik im
Deutschen Arbeitskreis für Gruppenpsychotherapie und Gruppendynamik e. V., der sich am
31.12.2011 auflöste.

„Menschen kommen in Gruppen zusammen, müssen Entscheidungen treffen. Dazu müssen sie miteinander kommunizieren, gemeinsame Regeln entwickeln, sich auseinandersetzen, sich streiten, sich zusammentun und sich wieder differenzieren. Diese Vorgänge sind wichtig, denn sie sind zutiefst demokratisch.

Die Arbeit der Gruppendynamischen Trainerinnen und Trainer, Leiterinnen und Leiter der DGGO trägt dazu bei, dass diese Auseinandersetzungen in Gruppen besser gelingen, indem sie zu Selbstreflexion und Prozessreflexion anregen." (Rosa Budziat im Vorwort zu „Demokratie machen" von Stähler und Stützle-Hebel 2018, S. 11)

Die Motivation zu diesem Buch war die Sorge um die Demokratien, die nicht nur resultierte

„[…] aus dem Erstarken populistischer Strömungen in ganz Europa, sondern auch aus den Beobachtungen, die wir in unseren haupt- wie ehrenamtlichen Arbeitsfeldern machen mussten: dass die Diskussions- und Gruppenkultur – selbst in politisch engagierten Gruppierungen – oft wenig Sinn für ein demokratisches Miteinander spiegelt. Hier begegnen wir Dominanzgebaren und Majorisierungstendenzen, die am Anderen nicht interessiert sind, ebenso wie einer naiven Unbeholfenheit in der Steuerung von Meinungsbildungs- und Entscheidungsprozessen, mit fatalen Folgen für die Wertschätzung von Demokratie als Herrschaftsform, von Minimalkonsens und Pluralismus, und von den antagonistischen Grundwerten der Freiheit und Gleichheit der Individuen." (ebd., S. 13)

Lewin hat immer wieder betont, dass eine Demokratie nur überlebensfähig ist, wenn alle Lebensbereiche, insbesondere auch die Arbeitswelt, von demokratischem Verhalten durchdrungen sind und demokratisches Verhalten möglichst überall praktiziert und so immer wieder geübt wird (Lewin v. a. 1943e, f, 1945b).

„Die Grundlage der Demokratie besteht nicht im allgemeinen Stimmrecht, Mehrheitsentscheidungen und anderen organisatorischen Verfahrensweisen. Dies ist der technisch notwendige Überbau auf der Grundlage einer demokratischen Atmosphäre, ihre Konsequenz und Ausdrucksweise. Die Atmosphäre wird durch sehr subtiles Bekunden erzeugt, daß Menschen grundsätzlich gleich sind und Anrecht auf gleiche Achtung und Rücksicht haben." (Lewin und Lewin 1941, S. 286)

Betrachtet man die Gegenwart in den aktuellen Demokratien, dann wird überdeutlich, wie brennend aktuell dieses Diktum Lewins heute noch ist.

11.1 Von der demokratischen Atmosphäre zur Demokratisierung

Schauen wir kurz zurück auf Lewins Berliner Jahre. Am Berliner Psychologischen Institut herrschte in den 20er-Jahren ein Klima von gemeinschaftlicher Arbeit, enger Betreuung, gegenseitiger Unterstützung und ein Gefühl von Wissenschaft als

Entdeckungsprozess. Was Köhler und Lewin verband, war das Konzept von Lernen im Dialog – damit unterschieden sie sich radikal vom Klima an allen anderen deutschen Universitäten. Dieses Mikroklima ermöglichte demokratische Strukturen. „[…] nearly all of the studies from Lewin's group illustrated the importance of interpersonal interaction in their experimental work, and so did the group's own dynamics." (Perlina 2015, S. 105)

In seinen letzten Lebensjahren hat sich Lewin sehr für die Demokratisierung Deutschlands (Re-Education) eingesetzt. Durch das wilhelminische Kaiserreich autoritär geprägt und durch die kurze Phase der Weimarer Republik der Demokratie gegenüber eher misstrauisch eingestellt, hatte sich Deutschland bereitwillig dem nächsten autoritären Regime Hitlers in die Arme geworfen.[2] Diese Bevölkerung nach dem Desaster des Zweiten Weltkriegs wieder zu Demokraten zu machen, war ein ausgesprochen hohes Ziel, das sich die amerikanische Regierung vorgenommen hatte. Und dabei hat Kurt Lewin sehr aktiv mitgewirkt. Durch dieses Engagement entwickelte sich Lewin in den USA vom Pädagogen zum Andragogen, schälte er sich schrittweise als Erwachsenenbildner heraus, und das auf einem sehr globalen Niveau. Seine zentralen Aufsätze dazu sind „Kultureller Wiederaufbau" und „Der Sonderfall Deutschland", beide 1943 erschienen.

Bereits zuvor hatten sich Lewin und seine Mitarbeiter in den als „Autokratie-Demokratie-Experimente" berühmt gewordenen Arbeiten intensiv beschäftigt mit der Frage von „autokratischen" und „demokratischen" Gruppenatmosphären*, deren Bedeutung für das Verhalten der Gruppenmitglieder und deren Erzeugung durch spezifisches Leiterverhalten (s. Abschn. 2.10, Kap. 2 und 4; Lewin und Lippitt 1938; Lewin et al. 1939b1).

Im Gefolge des US-amerikanischen Marshall-Plans kam Lewins Impuls und „die Gruppendynamik" durch amerikanische Trainer über Österreich (1954) und das berühmte „Schliersee-Seminar" 1963 nach Deutschland (vgl. Rechtien 1999

---

[2]Bedenkt man die Wahlen in Deutschland 2024, dann stellt sich die Frage, ob bei der deutschen Wiedervereinigung nach 1989 nicht übersehen wurde, wie wichtig Demokratisierung im Sinne einer Re-Education gewesen wäre. Denn dem Osten Deutschlands wurde nach der oben beschriebenen Folge von autoritären/diktatorischen Regimen durch Stalin bzw. die Sowjets über weitere 45 Jahre die nächste Diktatur auferlegt. Und es wurde zu wenig bedacht, dass es eine Minderheit der DDR-Gesellschaft war, die bei den Montags-Demos und politisch motiviert war. Der Wunsch zur Wiedervereinigung der meisten DDR-Bürgerinnen und -Bürger war vielmehr ökonomisch motiviert. Steffen Mau beschreibt 2019 die Auswirkungen der DDR-Zeit sehr eindrücklich in seinem Buch „Lütten Klein. Leben in der ostdeutschen Transformationsgesellschaft." Niemand hat seinerzeit von der Notwendigkeit der Demokratisierung gesprochen. Eines der Dilemmata der Wiedervereinigung war, dass von Demokratisierung zu sprechen, als eine (weitere) Überheblichkeit des Westens schlecht angekommen wäre.

sowie die ausführliche Bearbeitung des „Sonderfalls Deutschland" von Oliver König (2025). Sie verstand sich, seit den ersten Anfängen, durchaus als Erwachsenenbildungsmaßnahme und als Organ einer Demokratiepädagogik – wobei dieser Begriff erst später geprägt wurde. Das, was in gruppendynamischen Trainings und Laboratorien zu lernen war, waren genuin demokratische Verhaltensweisen: Zuhören können, Feedback und Kritik annehmen und geben können, Gruppenentscheidungen fällen können, in denen die Minorität nicht unterdrückt wird, Konflikte* in der Gesamtgruppe austragen können – und noch einiges mehr.

Es war damals klar und ist es immer noch,

> „dass Demokratie als Staats- und Gesellschaftsform nicht nur demokratische politische Strukturen braucht, sondern auch eine entsprechende Sozialisation und eine Demokratisierung möglichst vieler Lebensbereiche der Menschen erfordert. Die angewandte Gruppendynamik verstand sich als ‚Erwachsenen-Sozialisation'." (Steinkamp und Stützle-Hebel 2018, S. 34 f.)

11.2 Gruppendynamik und Demokratisierung

Im Gefolge dieser Demokratisierungs-Bewegung in Deutschland hat fast eine Generation nach Lewins Beschäftigung mit der Frage, wie Deutschland demokratisiert werden könnte, 1973 ein Gruppendynamiker, Hermann Steinkamp, seine Dissertation unter den Titel „Gruppendynamik und Demokratisierung. Ideologiekritische Studien zur empirischen und angewandten Kleingruppenforschung" gestellt.

> „Die Beschäftigung mit dem Phänomen der kleinen Gruppe entspringt von ihren Anfängen an nicht nur der wissenschaftlichen Neugierde, sondern auch der Sorge, mit fortschreitender Zivilisation könnte diese Übereinstimmung in Gefahr geraten und Demokratie zu einer manipulierbaren Leerformel erstarren, weil sie von ihrer ursprünglichen Idee abgeschnitten wurde." (Steinkamp 1973, S. 14 f.)

Heute klingt diese Aussage prophetisch. Die angesprochene „Übereinstimmung" besteht in einem „Minimalkonsens über einige gemeinsame Ideale". Dieser stellt ein Wesensmerkmal der Kleingruppe dar und wird verschiedentlich „auch auf der Ebene der Gesamtgesellschaft als ein unverzichtbares Element von Demokratie" betrachtet (ebd., S. 14). Diese Übereinstimmung droht derzeit zu zerbrechen – in allen gesellschaftlichen Bereichen bis hin zur Politik, denn

> „Demokratie geht aber weit darüber hinaus. Dazu gehören unter anderem auch die Gewaltenteilung, das Rechtsstaatsprinzip, der Schutz von Minderheiten, die Chancengleichheit von Männern und Frauen, die Meinungs- und Versammlungsfreiheit sowie die Verantwortung füreinander und für das gesellschaftliche Ganze." (Nahles 2015, S. 23)

Nahles benennt hier die Äquivalente des Minimalkonsenses der Kleingruppe für die gesellschaftlich-politische Ebene und bekräftigt damit Lewin – siehe die Motti dieses Kapitels.

11.2.1 Gruppendynamik und Demokratisierung reloaded – oder: Ist die Demokratie noch zu retten?

Hermann Steinkamp hat in seinem Buch (1973) ausführlich die konstitutiven Faktoren für Demokratie herausgearbeitet. Im Sommer 2018 habe ich (msh) ein Interview mit ihm (s. Abb. 11.2) geführt, in dem er seine große Sorge über die demokratische Verfasstheit der sogenannten Demokratien dieser Welt äußerte. Er hatte Zweifel, „ob wir noch einen gesellschaftlichen Konsens über zentrale Fragen der Demokratie haben […] Was meine ich, wenn ich ‚Demokratie' sage? Und was meinen diese anderen, wenn sie ‚Demokratie' sagen? Meinen wir noch das Gleiche?" (Steinkamp und Stützle-Hebel 2018, S. 29).

Abb. 11.2 Hermann Steinkamp. Fotoarchiv Steinkamp

Hermann zählt als konstitutive Faktoren der Demokratie auf:

> „Egalitätspostulat, Postulat der Ausschließung von Machtmonopol durch Machtver-
> teilung, Partizipation, Pluralität und ‚Spirit of inquiry‘ [...]
>   Ja, Macht in ihren verschiedenen Facetten, an Personen und Rollen gebunden,
> zeitlich begrenzt, und Partizipation vor allem auch an Entscheidungen, an der Auslese
> und Kontrolle von Führungs-Funktionen.
>   Der Verzicht auf absolute Wahrheitsansprüche (der ‚spirit of inquiry‘) ist wechsel-
> seitig mit Pluralität verknüpft. Das hat zur Konsequenz, dass die unterschiedlichen
> Wahrheitsansprüche der Beteiligten im Diskurs verhandelt werden, was eine große
> Herausforderung ist, zumal wenn es um den Wert der Demokratie geht. Das ist gerade
> heute ja der Fall, wo in Teilen der Gesellschaft die Demokratie selbst zur Disposition
> gestellt wird." (ebd., S. 30)

Er pflichtet Kurt Lewin bei, dass Gruppen, die sich selbst überlassen sind, keiner demokratischen Linie folgen würden, relativiert aber Lewins Diktum, dass solche Gruppen eine Führung brauchen, die für eine demokratische Gruppenatmosphäre sorgt. Er verweist auf die Erfahrungen mit den von Lewin noch ins Leben gerufenen aber von ihm kaum mehr erlebten gruppendynamischen Trainings:

> „Allerdings kann man in Gruppen, die sich im gruppendynamischen Lernen selbst
> reflektieren, beobachten, dass ihr Beziehungsgefüge mit der Zeit viele Parallelen zu
> dem beschriebenen Demokratie-Konzept aufweist. Statusunterschiede und das
> Machtgefälle entstehen und relativieren sich wieder, es entwickelt sich Führung
> durch die Gruppe, das heißt sie wird situationsabhängig von verschiedenen Mit-
> gliedern übernommen, die Unterschiede werden wahrgenommen und akzeptiert, die
> Pluralität als kreatives Potenzial wertgeschätzt, Normen entstehen und werden
> weiterentwickelt, wenn sie dysfunktional geworden und als solches erkannt worden
> sind." (ebd., S. 31)

Zu betonen ist hier, dass dies nur möglich ist unter der Voraussetzung, dass die Gruppen wirklich reflexive Kompetenz entwickeln und regelmäßig praktizieren.

In den Anfängen der Gruppendynamik, gerade auch in Deutschland, gab es am Beginn eines Trainings stets ärgerlich und aggressiv geführte Auseinandersetzungen mit den Trainern und ihrem Verhalten. Das bringt Steinkamp in Verbindung mit der autoritären Sozialisation der damaligen Teilnehmenden – die Trainer würden wir davon nicht ausnehmen. Sie haben zudem mit ihrem AktionsforschungsAnsatz („Wir sind gleichzeitig Subjekte und Objekte des Lernens") die AutoritätsErwartungen frustriert. Doch genau darüber fand die „Neufundierung der Autorität" statt, indem „die Teilnehmenden ihre eigene Autorität entdecken und Führung in der Gruppe übernehmen aber auch einander geben konnten." (daselbst)

Ausgehend von der Idee, dass sich im Prozess einer Gruppe alle relevanten Themen und Probleme einer Gesellschaft (wie z. B. Normen, Status oder Autoritätsbeziehungen) spiegeln – soweit die Teilnehmenden repräsentativ für die Gesellschaft sind – bietet für Steinkamp die gruppendynamische Trainingsgruppe die besondere Chance, „einen veränderten Umgang mit diesen Phänomenen auszuprobieren und sozusagen ‚Change*‘ zu üben". Darin sieht er die gesellschaftlich verändernde Wirksamkeit der Gruppendynamik (ebd., S. 32).

Für essentiell demokratie-förderlich hält er auch den Umstand, dass durch das Sich-näher-kommen von zunächst fremden Menschen in einem Training erlebt werden kann, welche Entwicklungschancen für die Einzelnen wie für die Gruppe durch Fremdheit und Pluralität entstehen können.

> „Ja, jenseits des Politischen entwickelt sich hier die soziale Seite der demokratischen Lebensform: die Egalität in der Buntheit wird schlicht erfahrbar und das kann zu einem Lebensgefühl von Demokraten werden." (ebd., S. 33)

Das Lernen über die Entwicklung und Funktion von Normen und Werthaltungen hat für Gruppen wie auch für größere soziale Gebilde eminente Bedeutung. Höchst demokratierelevant ist dabei das Erfahren der Reziprozität sozialer Beziehungen. Denn Reziprozität ist wesentlich für die Stabilität sozialer Beziehungen, weil die Wechselseitigkeit sozialer Beziehungen ein soziales Grundbedürfnis ist, das sich in einer universal gültigen Norm niederschlägt. Insofern bilden die Erfahrungen in gruppendynamischen Trainings „– im Zeitraffer – den elementarsten kollektiven Lernprozess der Kulturgeschichte ab." (Steinkamp 1973, S. 101 f.)

Überdies könnte die Interdependenz* zwischen Trainern und Teilnehmenden, wie sie in gruppendynamischen Trainings erfahren wird, ein Modell sein auch für den Umgang zwischen Führungspersonen und ihren Mitarbeitenden im Alltag (Steinkamp und Stützle-Hebel 2018, S. 33), wodurch der Arbeitsalltag, wie Lewin es fordert, demokratierelevant würde.

Trotz dieser unbestreitbaren Lernchancen für demokratieförderliche Haltungen und Verhaltensweisen, die sich in gruppendynamischen Trainings – aber auch anderen gruppendynamischen Formaten – eröffnen, warnt Steinkamp davor, die Gruppenrealität mit der makrosozialen Realität gleichzusetzen. Denn die strukturellen Voraussetzungen einer Demokratie lassen sich in einer Gruppe nicht eins zu eins abbilden, sind aber für Demokratie als Staats- und Gesellschaftsform überlebenswichtig.

Zugleich hat Steinkamp mit Blick auf die zunehmende Selbsterfahrungs-Orientierung manch gruppendynamischer Trainingsangebote

> „meine Zweifel, ob eine auf intensives emotionales Beziehungserleben ausgerichtete Trainingsarbeit dafür geeignet ist, das zu lernen, was für demokratisches Verhalten notwendig ist. Demokratisierung ist für mich vor allem ein Prozess der Bewusstmachung der sozialen Prozesse insbesondere unter dem Macht- und Zugehörigkeitsaspekt und der Verhaltens- und Motivationsänderung bei Führenden wie Geführten." (ebd., S. 35)

Eine andere Gefahr für eine demokratieförderliche Gruppendynamik ist die Effizienzorientierung der Auftraggeber für gruppendynamische Trainings – und in mehrfacher Hinsicht der Zeitfaktor. Wenn es bei Entscheidungen immer schnell gehen muss, muss wie bei der Feuerwehr im Einsatz einer das Sagen haben. Und je mehr Situationen und Bereiche zu solchen Zonen erklärt werden, desto weniger Raum bleibt für das Erfahren demokratisch-partizipativer Entscheidungsprozesse. Ähnliches gilt für das gruppendynamische Lern-Setting: die fortschreitende Verkürzung von Trainings reduziert die entscheidenden Lernerfahrungen überproportional – denn diese Prozesse kann man nicht beliebig beschleunigen (vgl. Faßnacht und Stützle-Hebel 2010).

Und was kann die Gruppendynamik der aktuellen Bedrohung der Demokratie entgegenstellen?

> „Möglicherweise ist ein Teil dieser Bedrohung auch der Demokratie selbst zuzuschreiben, insofern die demokratischen Normen für viele Bürger eine Überforderung darstellen. Demokratie braucht zum Beispiel Pluralität. Je bunter eine Gesellschaft aber wird, desto mehr Fremdheitserleben gibt es für ihre Bürger. […] Die kritische Frage ist, ob man damit umgehen lernt oder ob sie abgewehrt wird, entweder durch Ausgrenzung des Fremden oder durch dessen „Umarmung“ in einer unreflektierten Willkommensgeste. […] Es gibt auch viel Fremdheit unter uns. Man braucht nur in einem gruppendynamischen Training der Frage der Sympathie oder nach der Omega-Rolle nachgehen und wird sie entdecken.“ (Steinkamp und Stützle-Hebel 2018, S. 30)

Gruppendynamikerinnen und Gruppendynamiker könnten so einiges tun, indem sie in ihren Trainings dazu anregen, die Fragen von Fremdheit und Pluralität, Partizipation und Reziprozität im Gruppenprozess zu reflektieren. Sie könnten auch, wenn sie denn wollten, „konkrete aktuelle politische Probleme in ihre Laboratorien hineinnehmen bzw. diese in ihnen heben, denn da sind sie ja wahrscheinlich schon“ (ebd., S. 37).

Das erfordert allerdings auch ein gesteigertes und vertieftes Interesse der Gruppendynamiker an politischen und soziologischen Fragestellungen wie auch der ökonomischen Seite der gesellschaftlichen Verhältnisse und der strukturellen Bedingungen einer demokratischen Staats- und Gesellschaftsform. Und vermutlich werden sie dafür nicht bezahlt, vor allem nicht, wenn sie in und mit Wirtschaftsorganisationen arbeiten.

Die Hoffnung, dass die gruppendynamische Lernmethode, der T-Gruppen-Ansatz, doch noch Eingang in die Politische Bildung findet, hat sich bis dato leider nicht erfüllt – ebenso wenig wie Abraham Maslows Wunsch, „dass der Platz für

T-Gruppen in Grundschulen ist [… und] Erwachsene […] diese notwendigen Fähigkeiten[3] bereits gelernt haben" (Wolf 1998, S. 71).

11.2.2 Demokratie lernen: der Homo democraticus

Worauf Hermann Steinkamp hinweist, sind die strukturellen Bedingungen für demokratische Gesellschaften. Was bei ihm anklingt, Andrea Nahles aber noch unerwähnt lässt, ist der „Homo democraticus", den Demokratien brauchen und der nach Lewin erst sozialisiert werden muss. Bewusst haben wir die entsprechende Aussage von Lewin als Motto diesem Kapitel vorangestellt. Denn die „Demokratisierung gesellschaftlicher Strukturen und Prozesse und Emanzipation gesellschaftlicher Subjekte [bedingen] sich […] wechselseitig" (Friebel nach Pauls und Walter 1979, S. 635). Einen idealtypischen „Homo democraticus" habe ich (msh) zusammen mit meinem Kollegen Frank Stähler (2018, S. 17 ff.) beschrieben. Dieses idealtypische Modell gibt eine Orientierung darüber, welche personalen Kompetenzen für das Funktionieren und Überleben einer demokratischen Gesellschaft erforderlich sind.

Über deren aktuelle Bedeutung muss man wohl nicht diskutieren: Das, was Lewin mit seinen Entdeckungen angestoßen hat, ist heute mehr denn je notwendig. Es geht ein in die „Kernkompetenzen" für Führungskräfte, es ist Grundvoraussetzung für „agile frameworks", und es ist eine „lebendige Brandmauer" gegen den weltweiten Trend zur Rechtsradikalität.

Diese Postulate sind in sinngemäßer Übereinstimmung mit dem, was Gilmore Crosby (2021) schreibt. Auch für ihn dient die T-Gruppe der Entwicklung einer demokratischen Grundhaltung.

Gisela Clausen (2024) ist zweifellos zuzustimmen, dass die Entwicklung demokratieförderlicher Haltungen und Verhaltensweisen allein nicht genügt, sondern dass die Menschen auch Vorstellungen und Erfahrungen bezüglich demokratischer und demokratieschädlicher Gruppenprozesse und -strukturen brauchen. Auch dafür bietet die gruppendynamisch geprägte Erwachsenenbildung Lernräume an – besonders der emanzipatorische Ansatz der Aktionsforschung* und eine daran orientierte Organisationsentwicklung*. Dies entspräche dann der Forderung Lewins, dass eine Demokratisierung aller Lebensbereiche notwendig ist, damit Demokratie gegenüber der steten Neigung zum Rückfall in die Autokratie bestehen und überleben kann.

---

[3] Womit er jene Fähigkeiten meint, die Menschen für das langfristige Funktionieren von Demokratien brauchen. (vgl. Stähler und Stützle-Hebel 2018, S. 16 ff.; Abschn. 11.2.2)

11.3 Demokratie lernen in gruppendynamischen Settings

Wie sich für Demokratie förderliche Elemente bzw. Faktoren im Beziehungsgefüge von selbstreflexiven Gruppen mit der Zeit konstituieren und erfahrbar werden, wollen wir durch einige Beispiele aus der Praxis von Gruppendynamikerinnen und Gruppendynamikern aufzeigen (alle aus Stähler und Stützle-Hebel 2018[4]).

11.3.1 Demokratierelevantes Lernen in gruppendynamischen Lernsettings

Gesellschaftliche Phänomene spiegeln sich in jedem Gruppenprozess. Die Reflexion eines solchen Trainingsgruppen-Prozesses kann deshalb für die Diagnose von und die Sensibilisierung für Veränderungsbedarfe im eigenen Handlungsfeld „back home" nutzbar gemacht werden. (Gephart und Noll, ebd., S. 41–46)

Wenn die eigenen Bedürfnisse und Interessen nicht wahrgenommen und kundgetan werde, können sie nicht demokratisch ausgehandelt werden. Für die an demokratischen Entscheidungsprozessen Beteiligten stellt sich also als erstes die Frage „Was soll ich denn wollen?" – so wie sie sich den Teilnehmenden am Anfang eines gruppendynamischen Sensitivity-Trainings stellt (Brosius, ebd., S. 49–55). Zugleich kann die Minimalstrukturierung der Anfangssequenz eines Trainings aber auch eines Workshops dazu genutzt werden, etwas über Machtprozesse zu lernen (Husi-Giessmann, ebd., S. 121–128). Das faire Aushandeln von Interessen „auf Augenhöhe" üben kann man vor allem in gruppendynamischen Organisations- oder Selbststeuerungstrainings (Brinkmann, ebd., S. 57–64). Und selbst in eintägigen Workshops ist es möglich, den Wert von Selbstreflexivität und Feedback als zentraler Elemente der Selbststeuerung zu erkennen (Lyding, ebd., S. 147–152).

Um sich im internen Kräftespiel von Teams und Abteilungen großer Unternehmen unabhängiger und angstfreier bewegen zu können, ist zudem der Erwerb von Gruppenkompetenz – eines Wissens über und Gespürs für die in Gruppen ablaufenden Prozesse und Phänomene – unabdinglich (Clausen, ebd., S. 77–84). Von besonderer Bedeutung sind hierbei Macht-Dynamiken und dabei die Bedeutung von Autorität, als gerade in Deutschland von Anbeginn zentrales Thema deren Neufundierung (Erpenbeck ebd., S. 85–94).

Selbst Outdoor-Übungen, deren Erkenntnisgewinn über den Spaß hinaus durchaus oft fragwürdig ist, können unter der Leitung eines Gruppendynamikers wie

---

[4] Die folgenden Seiten- und Autorenverweise beziehen sich auf dieses Buch.

Frank Stähler zu einem Lernort für demokratierelevante Themen werden (ebd., S. 65–75).

Ganz im Sinne Lewins bringen Gruppendynamiker*innen demokratische Strukturen und demokratisches Verhalten und Leiten in unterschiedliche gesellschaftliche Felder und ermöglichen so, dass erlebt werden kann, wie demokratische Prozesse möglich sind. Wie z. B.

- Selbstverwaltung in einem Wohnprojekt (Vogl, ebd., S. 109–114)
- Interkulturelle Großgruppe bei einem Jugendaustauschprogramm (Balıkçi-Schmidt, ebd., S. 118)
- Fusion zweier Organisationen mit autokratisch-hierarchischer bzw. demokratisch-partizipativer Führungskultur (Aeppli, ebd., S. 129–136)
- Workshop mit HR-Verantwortlichen im Rahmen einer Organisationsumstrukturierung (Hermann, ebd., S. 137–146)
- Bildungsakademie (Weigand, ebd., S. 181–190).

11.3.2 Rahmencurriculum Weiterbildung zum gruppendynamischen Leiter/zur gruppendynamischen Leiterin von Gruppen

Warum sehen wir diese Weiterbildung für Führungs-, Beratungs- und Leitungspersonen als „Eine Schule für demokratisches Verhalten", so der Titel unseres Beitrags (ka und msh, ebd., S. 95) im Gefolge der Ideen von Kurt Lewin an? Weil in der Praxis Gruppendynamischer Trainer*innen und Gruppendynamischer Leiter_innen als ErwachsenenbildnerInnen, Berater:innen, Moderator/innen und parallel zu den zu gestaltenden Lern- und Entwicklungsprozessen (in Teams und Organisationen) implizit immer auch Soziales Lernen stattfindet[5], wie Kurt Lewin es als für alle gesellschaftlichen Felder, insbesondere in der Arbeitswelt gefordert hat. Ein zentrales Lernziel jedweder gruppendynamischen Weiterbildung ist die Fähigkeit, kritische, noch latente Aspekte des sozialen Miteinanders zur Sprache zu bringen und einvernehmliche Konfliktklärungs- und Entscheidungsprozesse zu gestalten. Beides ist essentiell für demokratische Gemeinschaften und Gesellschaften!

---

[5] Welche Verrücktheit*_:/innen durch die neue Sprachpolizei entstehen, kann an diesem/r Beispiel_in gesehen werden (Danke Peter für das lustige Sprachspiel, zu dem Du uns angeregt hast!). Deshalb haben wir uns für die in Deutschland offiziell gültige Rechtschreibung entschieden, auch wenn manche sie für eine Rechts-Schreibung halten.

Welche Wirkungen diese eineinhalbjährigen Weiterbildungen haben, ist sowohl aus spontanen Berichten ehemaliger Kursteilnehmenden als auch aus den Ergebnissen mehrerer Evaluationsstudien abzulesen (vgl. ka und msh 2018, S. 99 f.). Sie bestätigen die unter Abschn. 11.3.5 geschilderten Trainingserfahrungen.

11.3.3 Kollision von Gruppendynamik und Macht

Weigand beschreibt, wie man aus einer nicht gelösten „Kollision von gruppendynamischen und patriarchal-hierarchischen Paradigmen in Organisationen" viel über demokratierelevante Prozesse lernen kann – vor allem darüber, wie abwehrend und destruktiv Hierarchien auf Gruppendynamik reagieren (Weigand, ebd., S. 181–190). Auch hier ist Kurt Lewin aktuell – er hat ähnliches schon 1946 in einer Reflexion über die künftige Bedeutung der Sozialwissenschaften und deren Forschung im Bereich von Gruppen und Organisationen prognostiziert:

> „Eine [...] Bedrohung der Sozialwissenschaft kommt von ‚Gruppen, die an der Macht sind'. Diese Menschen lassen sich auf allen Stufen der Führung finden, unter Arbeiterführern, unter Politikern, [...] In irgendeiner Weise scheinen sie alle von der Furcht besessen zu sein, sie könnten nicht tun, was sie wollten, wenn sie und andere wirklich die Tatsachen[6] kennen würden." (Lewin 1946c4, S. 293)

Ob Lewin heute entspannter sein könnte, weil unsere Gesellschaft, auch mit Hilfe der Gruppendynamik und anderer Verfahren, in ihren Gruppen, Organisationen und Institutionen mehr Teilhabe und Transparenz entwickelt? Gerade aktuell zeigt sich, dass diese Frage noch nicht entschieden ist.

11.3.4 Gruppendynamik in der Politik

Gruppendynamiker haben sich verschiedentlich in der Politik eingemischt und dabei war ihnen ihr gruppendynamisches Handwerkszeug nützlich. Das prominenteste Beispiel ist Ingrid Stahmer, über viele Jahre SPD-Politikerin, unter anderem als Senatorin und Bürgermeisterin, also Stellvertreterin des Regierenden Bürgermeisters von Berlin. In einem Interview beschreibt sie sehr anschaulich, wie ihr die Gruppendynamik dabei geholfen hat, politisches Profil und Einfluss zu gewinnen, sie aber auch nicht vor Intrigen und Niederlagen in politischer Konkurrenz hat schützen können (Stähler und Stützle-Hebel 2018, S. 169–180).

---

[6]Lewin meint damit die Tatsachen, die von den Sozialwissenschaften aufgezeigt werden.

Gruppendynamik hat aber auch in den vorpolitischen Raum Einzug gefunden, in dem „sich letztendlich [entscheidet], durch welche Strukturen die Demokratie konstituiert wird, und ob die stattfindenden Meinungsbildungs- und Entscheidungsprozesse die Demokratie fördern und stabilisieren oder unterminieren." (ebd., S. 23) Beispiele hierfür sind Enrico Troebst mit einem Workshop zur Wirksamkeit im ehrenamtlichen politischen Engagement (ebd., S. 155–160). Werner Winkelmann (ebd., S. 161–167) wiederum begegnet der „verwahrloste[n] Diskussionskultur" einer politischen Gruppierung mit einer gruppendynamischen Intervention. Dabei problematisiert er bereits im Titel seines Beitrags, „Demokratie beginnt in Gruppen, aber wenn wir es dabei belassen, können wir genauso gut Fußball spielen gehen", dass der Erwerb gruppendynamischer Kompetenzen für demokratisches Handeln nicht reicht, sondern die Reflexion des Arbeitsprozesses der Gruppe mit der Frage nach demokratischer Haltung und Handlung aber auch die Macht-Strukturen in der Lebenswelt der Teilnehmenden verknüpft sein muss. Damit steht er ganz in der Tradition von Kurt Lewin und anderer Vertreter der Gestalt- und Sozialpsychologien und der Kritischen Psychologie, die überzeugt waren bzw. sind, dass ohne die Veränderung der Machtverhältnisse in allen gesellschaftlichen Bereichen, gerade auch im Schul- und Arbeitsalltag der Menschen, Demokratie nicht wird bestehen können.

11.3.5 Demokratierelevante gruppendynamische Erfahrungen

Zusammenfassend kann man sagen, dass in gruppendynamischen Lernsettings vieles gelernt werden kann über das, was Bürgerinnen und Bürger in einer Demokratie brauchen. Letztlich ist dies Persönlichkeitsentwicklung durch eigenes Wahrnehmen, Erkennen und Tun, also durch Erleben und Erfahrung, welches alle oben beschriebenen Fähigkeiten herausfordert und fördert (Stähler und Stützle-Hebel 2018, S. 19 f.). Die markantesten Punkte dieses „Lernzielkataloges" sind:

- Es braucht Aushandlungsprozesse und Konflikte, damit die Beteiligten sich in ihrer Unterschiedlichkeit zeigen können.
- Sie müssen sich in der Gruppe organisieren, um sich um eigene und fremde Bedürfnisse zu kümmern.
- Es muss Lust machen, sich zu äußern, sich zu zeigen, andere zu sehen und darüber in einen Dialog zu treten.
- Man muss sich selbst, aber auch alle anderen wichtig nehmen, und man kann von anderen, ob sie ähnlich ticken oder völlig anders, auch für sich profitieren.

- Es geht bei allen Sachfragen immer auch um sozio- und psychodynamische Fragen, um Interessen und Bedürfnisse der beteiligten Personen und Gruppen.
- Die Wirkung des eigenen Verhaltens bei anderen gilt es zu erkennen und anzuerkennen und daraus Schlüsse für das eigenen Verhalten zu ziehen.
- Feedbackprozesse ermöglichen die Abstimmung aufeinander und machen die Personen in ihrem Verhalten freier; über Wechselwirkungen persönlicher Verhaltensweisen zu sprechen ermöglicht, Interaktionen nicht als gegenseitige Angriffe zu deuten.
- Führung erfolgt in einem gruppendynamischen Setting nicht durch eine vorgegebene Hierarchie. Vielmehr wird sie miteinander verhandelt und durch die Gruppe zugestanden.
- Führung heißt nicht, Antworten zu geben, sondern Interesse an den anderen und Fragen an sich und die anderen zu haben, sich (be-)greifbar zu machen.
- Unterschiedlichkeit und Einigkeit, Autonomie und Abhängigkeit* in einer Gruppe gehören zusammen; eine Gruppe entsteht und lebt aus den Beziehungen ihrer Mitglieder untereinander.

11.4 Demokratisches Leiterverhalten

„Es ist eine Täuschung, anzunehmen, daß Menschen, überläßt man sie sich selbst, in ihrem Gruppenleben einer demokratischen Linie folgen. Eine solche Annahme träfe nicht einmal für Menschen zu, die in einer demokratischen Gemeinschaft leben." (Lewin 1943e1, S. 69)

„[…] es ist vielmehr wahrscheinlicher, daß Chaos oder eine primitive Organisationsstruktur durch autokratische Dominanz resultiert. Wenn man in einer Gruppe Demokratie entwickeln will, dann bedeutet dies aktive Erziehung" (Lewin 1944c1, S. 434)

Für Lewin war eine demokratische Atmosphäre – wie auch eine autokratische oder laissez-faire – von einem Leiterverhalten abhängig, das er ziemlich genau beschrieben hat. Lewin leitete vom Konzept der Demokratie die sehr konkret beschriebenen Handlungsanweisungen für die Versuchsleiter ab (z. B. Lewin 1939b1, S. 117 ff.; auch Crosby 2021, S. 75 ff.). Im Weiteren haben diese Experimente ihrerseits die Kriterien für demokratische Führung geschärft.

Kritisch ist allerdings, dass mit der größer gewordenen Kompetenz von Führungskräften, gute zwischenmenschliche Beziehungen mit ihren Mitarbeitenden herzustellen, und dem Wissen bezüglich Gruppenverhalten auch die Fähigkeit zur Manipulation (Steinkamp und Stützle-Hebel 2018, S. 36) gestiegen ist und sie in die Lage versetzt, „pseudo-demokratische Gruppenentscheide im Sinne der Leitung herbeizuführen" (ebd.) und so die tatsächlichen Herrschafts- und Interessen-Verhältnisse zu verschleiern.

„Die vielen „Effizienz"-Studien zur Partizipation scheinen auch zu Pseudo-Partizipationsmodellen zu führen, die an den eigentlichen Bedürfnissen der Mitarbeitenden vorbeigehen." (ebd.)

11.5   Demokratiepädagogik in der Schule

Aus Lewins Überzeugung, dass Demokratie in jeder Generation neu erlernt werden müsse (s. Motto), leitet Marianne Soff (2023) ab, „[dass] aber gerade in der Institution Schule selbst ein Desiderat besteht, demokratische Strukturen zu etablieren" (ebd., S. 166). Marianne Soff war über Jahrzehnte in der Ausbildung junger Lehrerinnen und Lehrer tätig und veröffentlichte 2017 ihre Habilitation: „Gestalttheorie für die Schule". In ihrem Beitrag „Lewins Erbe für die Demokratieförderung in der Schule" setzt sie sich kritisch mit dem 2019 erschienenen „Leitfaden ‚Demokratiebildung' in Baden-Württemberg" auseinander und empfiehlt, sich auf „*Kurt Lewins Erbe* zu besinnen", „um zumindest einzelne Aspekte [aus dem Leitfaden] fruchtbar zu machen" (ebd., S. 169). Unter anderem betont Soff, wie essentiell Führung für eine demokratische Atmosphäre ist, und wie wichtig es folglich ist, Lehr- und Leitungspersonen ausdrücklich für die „*Führung zur Demokratie*" und hier insbesondere für eine „Beziehungsgestaltung im Sinne einer *demokratieförderlichen Aufgabe*" zu qualifizieren (ebd., S. 175). Aus Lewins Überlegungen zur Demokratisierung leitet Soff zudem ab, dass – anders als es der „Leitfaden" nahelegt, an den Anfang von Demokratiebildung in der Schule eine gründliche Betrachtung der gegebenen Schulkultur und -atmosphäre gestellt werden muss:

„Wie ist die bisherige Kultur des Umgangs miteinander? Welche Kräfte sind wirksam bei der Gestaltung der Situation für Lernende, Lehrkräfte und Schulleitung? Wie stark (und wie vermeintlich ‚alternativlos') sind autoritäre Tendenzen in den Bestrebungen, das Verhalten von Kindern und Jugendlichen zu regulieren? Wie ist der Wissensstand bezüglich der Unterschiede zwischen demokratischen [sic] und laissez-faire Umgang bei Lehrenden und Leitenden?" (ebd., S. 177 f.)

In Ihrem Buch „Gestalttheorie für die Schule" wendet Marianne Soff (2017) die Feldtheoretischen Konzepte auf Fragestellungen von Schule und Unterricht an. Aus den „Experimente[n] zur Auswirkung von Führungsstilen*" leitet sie Anforderungen an die Gestaltung von Unterricht ab (ebd., S. 65 ff. sowie S. 135 ff.).

„Die Befunde machen nochmals deutlich, wie wichtig es ist, sich auch für die Klassenführungsarbeit mit atmosphärischen Aspekten in der Lerngruppe intensiv auseinander zu setzen. Die *Mobbing-Prävention* […] sollte im Sinn der Gestalt- und Feldtheorie hier beginnen. Und die Frage, inwiefern das eigene Auftreten der Lehrkraft und ihr *persönlicher Leitungsstil* in der Klasse insgesamt zum *Spannungsniveau* der Gesamtatmosphäre* beiträgt und kooperative Beziehungen zwischen Schülerinnen und Schülern unterstützt oder eher behindert, kann die Hinweise aus der aktuellen Literatur sinnvoll und grundlegend ergänzen." (ebd., S. 135 f.)

In „Klassenführung als schöpferischer Prozess – Gestalttheoretische Anregungen für eine Kultur der Beziehung und Balance in der Schule" betrachtet Soff „Klassenführung als zentrales Praxisfeld pädagogischer Beziehungsgestaltung", die „den Raum für das, ‚worum es in Schule eigentlich geht'" sichert und „zugleich Burnout-Prävention" ist, der sie ein eigenes Kapitel widmet.

Im Kapitel VI „Denken lernen! Oder: Worum es in der Schule eigentlich geht …" greift Soff unter dem Titel „Selbständiges Denken als Kernstück demokratischer Bildung" (ebd., S. 176 ff.) ein wesentliches Anliegen Lewins (Abschn. 11.6.3) auf: durch „‚planmäßige Heranbildung selbständig denkender Köpfe' (Metzger 1980, S. 35) weiterhin für eine genügende Anzahl *innengesteuerter Menschen* zu sorgen, die zum Bestand eines demokratischen Gemeinwesens produktiv beitragen können." (ebd., S. 177) Sie betrachtet dies als Voraussetzung für demokratische Teilhabe und macht deutlich, „dass es nicht gleichgültig ist, in welcher Weise Unterricht und Erziehung in der Schule erfolgen." (ebd., S. 183)

Der Frage, welche Auswirkungen die räumliche Anordnung und Sitzplatzverteilung auf die Klassenatmosphäre hat, geht Neslihan Sriram-Uzundal 2023 nach. Sie untersucht die Sitzposition in typischen deutschen Klassenzimmern und verbindet dabei die differenzierte Feldtheoretische Analyse der Lebensräume unterschiedlicher Schülerinnen mit der Konzeption der Atmosphären nach Böhme und zentralen Aussagen der Resonanztheorie des Soziologen Hartmut Rosa. Sie kommt zu einem engagierten Plädoyer für eine heterarchische Klassenraumgestaltung, weil diese für eine gleichberechtigte und demokratieförderliche Atmosphäre in der Schule sorge.

11.6 Die traurige Aktualität von Kurt Lewin

Kurt Lewins Forschungen und seine daraus abgeleiteten Aussagen zum Themenkreis „Demokratie" sowie die daraus entstehenden Folgerungen für Schulpädagogik und Gruppendynamik sind in den vorigen Abschnitten komprimiert dargestellt. Die politischen Entwicklungen in Deutschland, Europa und der ganzen Welt verleihen Lewins Arbeiten auf noch eine andere Art Aktualität.

11.6.1 Autokratie ist weitverbreitete Realität

Wer in einer Zeit des politischen Aufbruchs aufgewachsen ist und sich schon in Jugendzeiten politisch engagiert hat, dem machen vermutlich autoritäre Systeme Angst. Situationen, in denen Durchbrüche in Richtung Demokratie möglich wurden (Ende der Apartheid in Südafrika, Demokratiebewegungen in den nordafrikanischen Staaten, die durch Gorbatschow ausgelöste Entwicklungen der osteuropäischen Staaten, die Ereignisse rund um den Maidan in der Ukraine) haben Hoffnung erweckt, so wie die Entwicklung von Staaten wie Russland, China, Iran und anderer von autoritären Regimen in Richtung brutaler Diktaturen massive Angst erweckt.

Eine intensive Beschäftigung mit Lewin macht zwei Eckpunkte deutlich: 1. „Autokratie wird den Menschen auferlegt, Demokratie müssen sie mühsam lernen". Und wer gar keine andere Regierungsform kennengelernt hat, dem bleibt wohl nur der Weg, sich mit dem „auferlegten" autokratischen Regime zu arrangieren. 2. Lewin hat verschiedentlich betont, und die USA haben dies nach dem Zusammenbruch der Nazi-Diktatur befolgt, dass jedes Volk seinen eigenen Weg zur Demokratie suchen und finden muss. Wie weit die USA von diesen Ideen heute entfernt sind, erleben wir derzeit mit der Regierung Trump und seinen Adlaten Vance und Musk zu Beginn des Jahres 2025 überdeutlich.

Das heißt im Umkehrschluss: Wir demokratischen Länder sollten unser Handeln nicht von der Hoffnung leiten lassen, dass diese Länder (demnächst oder bald) eine demokratische Entwicklung nehmen, sondern davon ausgehen, dass sie autoritär sind und vermutlich bestimmte Teile dieser Gesellschaften (Oligarchen, Eliten, Militär, …) noch lange bleiben wollen, und noch viel mehr als bisher darauf unser politisches Handeln sowie unsere kulturellen und wirtschaftlichen Kontakte ausrichten.

11.6.2 Populismus als Oberflächenphänomen

Das Erstarken der populistischen und zunehmend autokratisch-nationalistischen Parteien in vielen Ländern der Welt geben Anlass zur Sorge. Besonders beunruhigend sind die Stimmengewinne der AfD und des BSW bei den jüngsten Wahlen zum Europaparlament, drei Landesparlamenten in Ostdeutschland und zum Bundestag.

Bei der Suche nach den Gründen und den Möglichkeiten, dieser Entwicklung zu begegnen ist Lewin wiederum sehr hilfreich:

Man hüte sich davor, alle Zugewinne an Stimmen und/oder Zuspruch in den verschiedenen Regionen* gleichzusetzen, sondern bedenke, dass dem phänomenal

Gleichen aufgrund „kultureller Tiefenstrukturen" und früher gültigen Werten (Lewin 1943e2, S. 183, vgl. auch Soff 2023, S. 176 f.) ganz verschiedene Kräfte und Dynamiken zugrunde liegen können. Der Zuspruch zu AfD und BSW geht aus verschiedenen Motivationen hervor und beruht im Westen der Bundesrepublik auf anderen Entwicklungen als in den östlichen Bundesländern (die sich vermutlich auch ihrerseits unterscheiden).

Wolfgang Thierse, der selbst aus Ostdeutschland stammende langjährige Bundestagspräsident und -vizepräsident hat in einem Beitrag „Woher kommt diese unfassbare Wut?" (2024) sehr anschaulich und nachvollziehbar aufgezeigt: Der Osten Deutschlands hatte mit der Öffnung der Grenze zwischen den beiden Staaten das Glück, dass er vom westlichen Teil der nun vereinten Bundesrepublik massive Unterstützung bekommen hat, finanziell, aber auch personell. Dadurch hatte die ehemalige DDR anders als die anderen Länder des ehemaligen Warschauer Paktes nicht die Notwendigkeit, aber auch nicht die Chance, ihren eigenen Weg in eine – wie auch immer geartete Regierungs-, Verwaltungs- und Wirtschaftsform zu finden. Man konnte sich nur „anschließen" – auch, weil viele, vor allem die Fitten, den Weg in den Westen gesucht haben. Dies zusammengenommen wurde als Kränkung durch den Westen empfunden und weckte und weckt immer noch Widerstand vor allem bei den Zurückgebliebenen und vermengt sich mit einer schon in der DDR ausgeprägten Abwehrhaltung gegenüber „denen da oben". Die Mehrheit in der DDR hatte sich mit dem autoritären Regime arrangiert, Angst und Widerstand resultierte aus dem wirtschaftlichen Niedergang. Der Wunsch nach Wiedervereinigung dürfte mehr von einer (unrealistischen) Hoffnung, ja Erwartung von Prosperität getrieben gewesen sein, die enttäuscht wurde – ja werden musste. Nur eine Minderheit hatte sich Demokratie ersehnt. Letzteres wurde vermutlich auch verkannt, denn von Demokratisierung der ostdeutschen Bevölkerung war nicht die Rede und hätte vermutlich weitere Ressentiments geweckt.

Auch hier kann Lewin für Gelassenheit sorgen: Wir im Westen sollten die östlichen Bundesländer ihren eigenen Weg gehen lassen – auch wenn er über den Populismus führt.

11.6.3 Die Entthronung der Göttin Vernunft

Gelassenheit ist schwer angesichts der Wissenschaftsfeindlichkeit und der Abkehr von rationalem Denken, das vor allem seit der Corona-Pandemie überall – deutschland-, europa- und weltweit – an die Oberfläche gekommen ist. Schon 1939 hat Lewin sich in einem nicht leicht verständlichen Satz besorgt gezeigt:

> „Für Menschen, die in einer durchaus demokratischen Tradition [...] leben, scheint es ‚natürlich' zu sein, zu glauben, dass das wissenschaftlich Vernünftige schließlich

überall anerkannt werde. Jedoch zeigt die Geschichte, und Experimente wie das von mir beschriebene werden, so glaube ich, es von neuem erhärten, dass der Glaube an die Vernunft als einen sozialen Wert keinesfalls allgemein ist, sondern selber das Ergebnis einer bestimmten sozialen Atmosphäre. Der Glaube an die Vernunft bedeutet Glauben an die Demokratie, denn sie gewährt den vernünftig denkenden Partnern Gleichheit. Es ist daher kein Zufall, dass erst beim Entstehen der Demokratie zur Zeit der amerikanischen und französischen Revolutionen die Göttin der ‚Vernunft' in der modernen Gesellschaft inthronisiert wurde." (1939b1, S. 126)

Michel Friedman beschreibt, wie das Fehlen von Argumenten zur Emotionalisierung und zu Hass führt:[7]

„Sie können jede Meinung haben, die Sie haben wollen. Das finde ich befremdlich, spannend oder was auch immer. Der Streit geht aber über Argumente. Wenn wir nicht mehr in der Lage sind zu argumentieren, wird die Banalität einer Meinung ohne Argumente zu einem immer größeren Luftballon. Den muss man mit mehr Meinung und Emotionen, auch mit Hass, aufblasen – schließlich fehlen ja die Argumente."

Lewin ist sich sicher, dass die so entstehende Atmosphäre es Antidemokraten möglich macht, an die Macht und in die Regierungen zu kommen. Das betont auch Friedmann in Bezug auf die aktuellen Entwicklungen:

„In dem Moment, wenn Antidemokraten exekutive Macht bekommen, ist für Liberalität, Freiheit und für den Rechtsstaat kaum noch Platz. Wir haben gesehen, wie in Ungarn, aber auch in den USA unter Trump die Institutionen der Macht verändert wurden. Aktuell erleben wir das in Polen: Die gewählte Regierung Tusk kommt nicht voran, weil an entscheidenden Stellen – bis hinauf zum Präsidenten – PiS-Leute dies verhindern."

Genau so hat Lewin die Entwicklung beschrieben:

„Und wiederum ist es kein Zufall, daß die erste Handlung des modernen Faschismus in jedem Lande darin bestand, offiziell und mit Nachdruck diese Göttin [die Vernunft] zu entthronen und statt dessen auf dem Gebiet der Erziehung und des Lebens vom Kindergarten bis zum Tode Gefühle und Gehorsam zu alles bestimmenden Prinzipien zu machen." (1939b1, S. 126 f.)

Wolfgang Thierse bestätigt dies 85 Jahre später mit Blick auf den Siegeszug der NSDAP:

---

[7] Am 3. Februar 2024 in einem Interview mit Michael Schleicher im Freisinger Tagblatt.

„In Thüringen wurde 1930 die NSDAP zum ersten Mal Teil einer Regierung. Der Nazi-Innenminister Wilhelm Frick betrieb sofort eine energische Personal- und Bildungspolitik, wie sie 1933 für ganz Deutschland fortgesetzt wurde." (2024, S. 16)

Entsprechendes ist derzeit in der Trump-Regierung zu beobachten. Man kann nur hoffen, dass die demokratischen Parteien in Deutschland darauf ein Auge haben und die Personal- und Bildungspolitik nicht aus der Hand der staatlichen Institutionen geben. Dies unterstreicht nochmals, wie wichtig eine Bildungspolitik ist, die „Denken lernen" und dem Herstellen demokratischer Atmosphären (Soff 2017) in den Schulen die absolute Priorität einräumt.

11.6.4 Das Versagen der internationalen Ordnung

Der russische Krieg gegen die Ukraine und der Zwei-Fronten-Krieg im Nahen Osten wie all die „kleineren" Kriege führen uns gerade eindrucksvoll vor Augen, wie weit wir von einer internationalen Ordnung entfernt sind, die menschenfreundliche Konfliktregulierungen ermöglicht. Was Lewin 1939b1 anmahnte, hat immer noch traurige Gültigkeit:

„International leben wir immer noch wesentlich in einem Zustand der Anarchie, der dem der Herrschaft des Schwertes im Mittelalter ähnelt. Solange keine internationale Behörde vorhanden ist, die Fähigkeit und Wille zur Geltendmachung internationaler Gesetze hat, werden nationale Gruppen stets zu wählen haben, ob sie sich dem internationalen Verbrechertum beugen oder sich verteidigen sollen." (1939b1, S. 126)

Während wir dieses Buch schreiben, ist die Ukraine genau vor diese Frage gestellt: Bleibt ihr nichts anderes übrig, als sich zu unterwerfen (was die Ukrainer auch nach drei Jahren Krieg nicht wollen) oder soll sie im Wesentlichen alleine unter großen Opfern kämpfen? Denn die Unterstützung durch überwiegend westliche Staaten ist immer noch so dosiert, dass Putin weiterhin davon ausgehen kann, zu siegen, wenn er nur einen langen Atem behält. Und während wir dieses Buch zum Abschluss bringen, gibt Trumps Volatilität Putins Kalkül weitere Nahrung. Dabei wird eine feldtheoretische Binsenweisheit ignoriert: Solange ein Ziel (die vollständige Einnahme der Ukraine) erreichbar erscheint, bleibt die darauf ausgerichtete Feldkraft* bestehen. Es müsste schon ein anderes, noch attraktiveres Ziel im Lebensraum* Putins (oder Russlands) auftauchen, dass er vom ersteren ablässt. Ein solches hat die Diplomatie aber offenbar bisher nicht gefunden. Feldtheoretisch ist vielmehr davon auszugehen, dass die internationalen Profiteure dieses Krieges (um nur die offensichtlichsten zu nennen: China und der Iran) ihrerseits dazu beitragen, dass der Krieg noch lange dauert, indem Putin noch auf lange Zeit einen Sieg für erreichbar hält. Das Zusammenspiel so vieler unterschiedlicher und zu einem überwiegenden Teil nicht transparenter Interessen, führt zu einer Situation, in der eine hohe Ambiguität gegeben ist, mit der jeder einzelne Bürger konfrontiert ist. Noch komplexer und damit herausfordernder für den Einzelnen ist die Gemengelage im Nahost-Krieg.

11.6.5 Ambiguität als Katalysator für Gewalt

So erzeugen die internationalen Krisen, zu denen auch die Klima-Entwicklung gehört, kombiniert mit den nationalen Problemen immer mehr Unsicherheit und eine hohe psychische Spannung. Gesteigert wird dies noch, wenn zugleich die gewählten Volksvertreter ebenfalls handlungsunfähig oder ohnmächtig erscheinen und eigene Handlungsmöglichkeiten ausgeschlossen scheinen. Hohe psychische Spannung, so Lewin, führt zu Aggression (und wo sie verwehrt ist, zu Depression). Die sozialen Netzwerke und die Beschleunigung vieler Prozesse verstärken dies, was die Zunahme von Unduldsamkeit und auch verbaler und physischer Gewalt zumindest zum Teil erklärt und was in einem Circulus Vitiosus zu immer mehr Spannung führt.

Werden wir als Gesellschaft Vertrauen in die politisch verantwortlichen Personen und die Demokratie (wieder)gewinnen? Und finden wir darüber hinaus Wege, mit der großen Ambiguität zu leben, sie auszuhalten und die damit verbundene psychische Spannung verträglich zu verringern? Ein nicht unbedeutender Weg ist dabei, dass die Arbeits- und Lebensverhältnisse zunehmend so demokratisch bzw. partizipativ und transparent gestaltet werden, dass die Menschen in ihrem unmittelbaren Umfeld Selbstwirksamkeit erfahren können. Dazu ist Mut von den heute in Wirtschaft und Politik Mächtigen gefragt. Sie haben oft die Furcht, „sie könnten nicht tun, was sie wollten" (Lewin), wenn die Menschen die dynamischen* Zusammenhänge der sozialen Verhältnisse mehr erkennen und stärker demokratisch partizipieren (s. oben Abschn. 11.3.3). Können die Mächtigen mit dieser Furcht umgehen lernen? Die von Lewin angestoßene Methode des gruppendynamischen Lernens kann dazu einen guten Beitrag leisten.

Agilität und andere Praxisfragen: Blick über den Gartenzaun   12

„Lewin sah in seiner psychologischen Feldtheorie keine spezifische Theorie für sich, sondern eine ‚allgemeine Annäherungsmethode'[…]
Lewin zufolge gründet diese neue Annäherungsmethode in ‚einer ziemlich grundlegenden Umorientierung der allgemeinen Vorstellungen über die Ursachenfrage bei psychologischen und sozialen Vorgängen'. "

(Stemberger 2023, S. 184)

Zusammenfassung

Wie aktuell lewinisches Denken heute ist, zeigt sich auch in Lebensbereichen, die nicht unbedingt direkt mit Psychologie, Soziologie und Pädagogik verknüpft sind. Lassen Sie sich von dem, was wir bei unseren Recherchen zu diesem Buch in der Literatur aufgegabelt haben, den Blick weiten. Speziell soll es um neue Formen von Organisation und Führung gehen.

M. Stützle-Hebel, K. Antons, *Zur Aktualität von Kurt Lewin*, Aktuelle und klassische Sozial- und KulturwissenschaftlerInnen,
https://doi.org/10.1007/978-3-658-48827-7_12

12.1 Agile Teams

„Auch wenn die ersten Wellen mittlerweile abgeklungen sind, so spielt das Thema ‚Agilität' in Unternehmen und der Beratungsbranche weiterhin eine bedeutsame Rolle. Wie zu erwarten, wird zunehmend aber die Euphoriephase von einer Phase der realistischen Betrachtung und Bewertung abgelöst. Im Rahmen von ‚New Work' gedeiht gleichzeitig das ‚agile Mindset' weiter und prägt das berufliche Selbstverständnis der neuen Mittelklasse in der ‚Gesellschaft der Singularitäten' in einem nicht unerheblichen Maße."

Das konstatiert Rainer Bäcker (2023, S. 2) eingangs einer Studie mit qualitativen Tiefeninterviews zur Psycho-Logie des ‚agilen Mindsets' und agiler Führung. In der IT-Entwicklung geht es schon lange nicht mehr ohne Teamarbeit. Damit diese zielgerichtet und effektiv und zugleich kreativ ablaufen kann, wurden verschiedene Prozess-Strukturen und Vorgehensweisen formuliert. Mike Cohn, einer der Begründer der „Scrum Alliance", nannte als Zielsetzung: „Erfolgreiche agile Teams produzieren Software höherer Qualität, die die Bedürfnisse der Anwender besser erfüllt, in kürzerer Zeit und zu geringeren Kosten als herkömmliche Teams" (zit. n. Potsch-Ringeisen und Vogl 2019, S. 3). Mit dem strukturierten Vorgehen und den klaren Rollen und Regeln der agilen Prozessarchitekturen ist die Hoffnung verbunden, die in Teams wie in allen Gruppen stets gegebenen gruppendynamischen Prozesse zu bändigen und ihre störenden Momente auszuschalten.

Diese Ansätze wurden mittlerweile auch auf Teams aller Art übertragen. Ob sie nun Scrum, Holacracy, Reinventing Organisations, Augenhöhe-Teams, Kaban, Gewaltfreie Kommunikation oder Clear-the-air-Meetings heißen und wie auch immer die empfohlenen Abläufe sind – allen gemeinsam ist, dass Phasen der Reflexion des Arbeitsprozesses und des darüber Sprechens vorgesehen sind. In Abb. 12.1 geben wir eine der ersten Darstellungen eines schrittweisen Prozesses mit Reflexionsschleifen wieder. Mit dieser Metakommunikation*, der Idee, dass alle sich daran – hierarchieunabhängig – beteiligen und daraus für die weitere Arbeit lernen entsprechen diese verschiedenen agilen Prozessarchitekturen dem Grundprinzip der Aktionsforschung und dem Feldtheoretischen Verständnis von Lernen – auch wenn keiner dieser Ansätze sich dabei auf Lewin bezieht.

Die Praxis entspricht allerdings eher selten der Theorie. „Wie leistungsfähig agile Frameworks tatsächlich sind, ist wenig erforscht", konstatieren Potsch-Ringeisen und Vogl (2019, S. 3) in ihrer Übersicht über den aktuellen Forschungsstand zu agilen Designs. Berichte in meinen (msh) Supervisions- und Coachingsitzungen zeichnen ein eher ernüchterndes Bild, das Brinkmann und Schattenhofer (2022) in ihrer eigenen Untersuchung von selbstorganisierten Teams bestätigen, nämlich

Frontiers in Group Dynamics

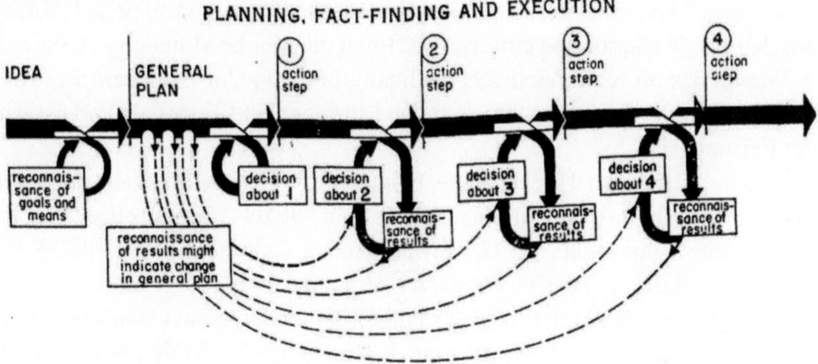

Abb. 12.1 Erste Darstellung einer Reflexionsschleife. Aus Lewin, K.: Frontiers in Group Dynamics II, 1947b, S. 149

„[…] dass in selbstgesteuerten Teams bei Retrospektiven Fragen der Zusammenarbeit und die damit verbundenen zwischenmenschlichen und emotionalen Phänomene nicht oder nur ganz begrenzt angesprochen werden." (S. 218 f.)

Es sind insbesondere die Strukturelemente, die auf die Reflexion des Team-Arbeits-Prozesses und vor allem auf die Interaktion zwischen den Teammitgliedern gerichtet sind, die oft verkümmern und dann irgendwann ganz übersprungen werden. Dies ist eigentlich nicht verwunderlich, denn Lewin hat schon postuliert, dass für Metakommunikation im Rahmen von Aktionsforschung und Veränderungsprozessen die beteiligten Personen in (Selbst-)Wahrnehmung und -Reflexion geschult werden müssen (1981d, s. auch Kap. 5). Denn nur eine differenzierte Selbst- und Fremdwahrnehmung ist eine gute Basis für differenziertes Feedback, und dieses wiederum ist die Basis für Erkenntnis und Lernen generierende Prozessreflexion. Solches Training scheint eher selten stattzufinden. Deshalb schlussfolgern auch Brinkmann und Schattenhofer

„Wenn Teams die Aufgaben übernehmen, die früher Führungskräfte innehatten, brauchen die Teams auch die Unterstützung, das Coaching und die Qualifizierung, die Führungskräften in der Regel zustehen." (2022, S. 218 f.)

Werro benennt zudem, welcher Art die Qualifizierung sein sollte:

„Um Agilität […] wirklich zielgerichtet und gewinnbringend einsetzen zu können, führt kein Weg an der Gruppendynamik und ihren Modellen und Erkenntnissen vorbei." (Werro nach Stähler und Stützle-Hebel 2018, S. 20)

Dem entspricht auch Gilmore Crosby, wenn er in seinen Organisationsentwicklungen* konsequent die gruppendynamische Trainingsgruppe zur Vorbereitung auf Feedbackprozesse einsetzt (2021 und mündliche Mitteilung 26.06.2024).

Warum das oft fehlt? Vielleicht auch aufgrund von Unwissen darüber, was die Bedingungen für die Arbeitsfähigkeit von Einzelnen und Teams als Voraussetzung von Leistung sind.

Welche hilfreichen Hinweise die Feldtheorie* hier auch aktuell noch geben könnte, habe ich (msh) ausführlich 2020 in dem Artikel „,Sei ganz da!' Eine Feldtheoretische Konzeption von Gegenwärtigkeit als Grundprinzip agiler Arbeitsformen" beschrieben. Hier sei ein kurzer Abriss davon wiedergegeben:

Agile Prozess-Strukturen sorgen ziemlich sicher dafür, dass man schnell in ein sachorientiertes Arbeiten kommen kann. Wann immer das gelingt, werden das Vertrauen in den Prozess und gegenseitig und damit die Kohäsion* im Team gestärkt. In Lewins Sprache: die Zugehörigkeit* zur Gruppe wird stabilisiert und ist dann nicht mehr nur eine formale, sondern auch eine emotionale, die bindet. Die Folge davon kann übergroße Konformität sein.

Auf längere Sicht ist diese Zugehörigkeit immer wieder in Gefahr,

- wenn die Teammitglieder sich nicht (mehr) sicher sind, am gleichen Ziel zu arbeiten;
- wenn das Teamziel, so wie sie es verstehen, keine Valenz*, keine Anziehungskraft hat, weil es entweder nicht attraktiv erscheint oder als mit den vorhandenen Ressourcen und Barrieren* als nicht erreichbar eingeschätzt wird;
- wenn die Teammitglieder in Überschneidungssituationen geraten und innerlich „zerrissen" sind;
- wenn sie kein klares Bild davon haben, wie die anderen in ihrer Arbeit von ihnen und ihrem Beitrag abhängig sind;
- wenn sie den Eindruck gewinnen, dass sie in ihrem Arbeitsfortschritt einseitig von anderen abhängig sind (und diesen z. B. „nachlaufen müssen" oder Bittsteller werden);
- wenn sie den Eindruck haben, dass andere Teammitglieder vorrangig andere Interessen verfolgen;
- wenn sie nicht gehört werden, ihre Einwände und Ideen nicht ernsthaft erwogen und ihre Bedürfnisse missachtet werden;
- wenn sie keinen (für sie ausreichenden) Einfluss auf die Teamentscheidungen haben;
- wenn die durch die Teamsituation aktualisierten sozialen Bedürfnisse (wie Autonomie, Kontrolle, Selbstwertgefühl etc.) keinen Raum in den Teambegegnungen finden;
- wenn psychosoziale Vorerfahrungen mit einzelnen Teammitgliedern die emotionalen Reaktionen auf andere prägen.

Wobei diese Aspekte nicht nur die Zugehörigkeit tangieren, sondern auch die Möglichkeiten, sich auf ein gemeinsam geteiltes Ziel auszurichten, und die Motivation*, sich dafür einzusetzen. Genau genommen geht es darum, durch intensiven und fokussierten Austausch über die Selbst- und Fremdwahrnehmungen im Arbeitsprozess die individuellen Lebensräume so anzugleichen, dass jeder eine klare Vorstellung davon hat, was das gemeinsame Ziel ist, womit sich die anderen beschäftigen und wie ihre Tätigkeiten zusammenhängen. Dann kann jeder die eigenen individuellen (Teil-)Ziele und Arbeitsprozesse schneller und präziser darauf und auf auftretende Veränderungen ausrichten. Oder wie es die Eishockeylegende Wayne Gretzky formulierte: „I skate to where the puck is going to be, not where it has been". Abstrakt formuliert: In einem idealen Team weiß jeder zu jedem Zeitpunkt, was die anderen im nächsten Moment tun werden. Ohne eine Übereinstimmung der Lebensräume werden sich die anderen immer wieder anders verhalten als erwartet (Lewin 1947a3, S. 232). Das führt zu Irritationen, Verunsicherung, psychischen Spannungen* und erhöhtem Orientierungsbedarf.

Führt man sich diese Bedingungen vor Augen, dann stellt sich allerdings die berechtigte Frage, ob nicht alle Teams – nicht nur die agilen „New Work"-Teams – für erfolgreiche Teamarbeit diese Bedingungen brauchen. Und wenn sie diese Bedingungen erfüllen – sind sie dann „agil"?

12.2   Andere Praxisfelder

In den verschiedensten Praxisfeldern finden sich Bezüge zu Kurt Lewin und seiner Feldtheorie, selbst in der Agrarwissenschaft, wie die Dissertation „Berücksichtigung von mehreren Zielen bei der Planung landwirtschaftlicher Unternehmen" von Ludwig Nellinger zeigt: Er entwickelte „auf Konstrukten der psychologischen Feldtheorie sowie auf Erkenntnissen der empirischen Zielforschung und der deskriptiven Entscheidungstheorie aufbauend" ein Verfahren zur Beratung von Landwirten. Dieses Verfahren verband betriebswirtschaftlich-ökonomische mit individuell-psychologischen Zielen zu zielgerichteten Alternativen (1990, S. 280 f.), wobei auch familiäre Bindungen und das soziale Umfeld berücksichtigt wurden. Dieser Ansatz wurde mehrfach erfolgreich eingesetzt. (briefl. Mitteilung an msh 06.12.2018 und 15.11.2019) Nellinger meint, dass dieses Verfahren auch in anderen Unternehmensfeldern die finanziell-technische Gestaltung von Produktionsprozessen mehr mit der Motivation der Mitarbeitenden in Einklang bringen könnte. Ob dies gelingt, hänge vor allem „von der Bereitschaft der betriebswirtschaftlichen Berater ab, auch nicht-monetäre Bestrebungen des Wirtschaftssubjekts zum Gegenstand von Informationslieferungen zu machen sowie von der Bereitschaft der Landwirte, die individuell verfolgten Ziele der Beratung mitzuteilen." (1990, S. 281).

Julia Schüler und Mirko Wagner (2015) zeigen anhand von zwei Studien – einer korrelativen Querschnittstudie und einer experimentellen Manipulation – dass es zu positivem Befinden und zur *Sport-Motivation* beiträgt, wenn die sportbezogenen Ziele von Sporttreibenden zu ihren impliziten Motiven (Leistungs- und Anschluss-motiv) passen. Das Verfolgen motivinkongruenter Ziele erhöht die generelle psychische Spannung und wirkt beeinträchtigend. Dieser Befund ist unabhängig davon, ob die Ziele selbst gesetzt oder von außen vorgegeben werden. Zwar wird Lewins Feldtheorie mit keinem Wort erwähnt, aber der Zusammenhang Bedürfnis-Ziel-Motivation ist zutiefst Feldtheoretisch![1]

Heinz Wübbena (2018) entwickelt auf Grundlage der Feldtheorie ein Be-obachtungsmodell, mit dem gruppendynamische Prozesse in *Sportspielmann-schaften* sichtbar gemacht werden können. Er arbeitet ein differenziertes Instru-ment aus, mit dem drei verschiedene Perspektiven auf das Gruppengeschehen ein-genommen werden, um gruppendynamische Prozesse in Sportspielmannschaften beobachten und Interventionen ableiten zu können.

Die „Affective-Reflective Theory" (ART) zur Erklärung von körperlicher Inak-tivität und Sporttreiben erlaubt *Verhaltensvorhersagen* in Situationen, in denen Personen entweder im Zustand körperlicher Inaktivität verbleiben oder körperlich aktiv werden. Ein diesem Ansatz zugrundeliegender theoretischer Hintergrund ist die Feldtheorie, wie Ralf Brand & Panteleimon Ekkekakis erläutern (2018).

Doris Beneder (2019) schlägt Kurt Lewins Feldtheorie als alternatives (relatio-nales und situationales) *Klassifikationsmodell psychischer Phänomene* vor, das diese in ihrer funktionalen Bedeutung erklärt. Sie problematisiert die Definition von Gesundheit als Zustand des Wohlbefindens, weil diese der Pathologisierung durchschnittlicher menschlicher Verhaltensweisen aktiv Vorschub leiste, und dass die wirtschaftliche und sozialpolitische Wirkmacht der herrschenden Klassi-fikationssysteme den Prozess der Pathologisierung von normalpsychologischen Vorgängen unterstützen. Sie skizziert dies am Beispiel des Phänomens der Trauer.

Die gestalttherapeutisch arbeitende Psychotherapeutin Daniela Venturini griff bei ihrer vergleichenden Untersuchung des Erlebens und des psychischen Ver-arbeitens von Kaiserschnitt und vaginaler *Geburt* auch auf lewinische Konzepte zurück: Feldtheorie und unerledigte Aufgaben (2019).

Jana Alber (2014): legt ihren Untersuchungen zu Förderfaktoren und Barrieren im *Rehabilitationsprozess* nach Schlaganfall die von der lewinischen Feldtheorie abgeleitete Person-Umwelt-Analyse (Abschn. 8.5.2) zugrunde.

---

[1] Was mich wiederum an meine eigene Dissertation erinnert (msh 1993).

In einem anderen Feld, der Untersuchung zu Vorbedingungen der *Bewältigung von Katastrophen* wie dem Reaktorunfall von Fukushima stützt sich Ines Langemeyer mit ihrem Mindfulness-Konzept auf Lewin und seine Feldtheorie (2015).

Auch bei Fragen der *Kooperation* ist die Feldtheorie von Kurt Lewin ein hilfreiches Konzept zum Verständnis der Interaktionsdynamik der Kooperierenden. So hat Erika Spieß zwischen persönlichen und strukturellen *Voraussetzungen gelingender Kooperation* unterschieden (2015b). Diese sind auf der persönlichen Ebene soziale Werte, kooperative Einstellungen, Empathie, Vertrauen und Ziele, während die strukturellen Voraussetzungen in der Rolle und besonderen Verantwortung der Führungskräfte, einer offenen Unternehmenskultur und einer angemessenen Arbeitsgestaltung bestehen.

Eine differenzierte Anwendung der Feldtheorie auf die Frage von *Kooperation* habe ich (msh 2019) vorgenommen: „Muss für Kooperation die *eigene Identität* aufgegeben werden? Feldtheoretische und organisationsdynamische Überlegungen zu Einheit und Verschiedenheit." Die Lebensraum*-Darstellungen waren sehr hilfreich dabei, den Prozess der gegenseitigen Annäherung im Rahmen von Kooperation und der damit einhergehenden Veränderung der Identitäten einem (theologisch-akademischen) Publikum nahe zu bringen, das sich mit diesen Fragen wohl noch nie beschäftigt hatte.[2]

Einen ähnlichen Ansatz hatte auch Marianne Soff, als sie bei einer Tagung zu den Möglichkeiten des Umgangs mit dem *Klimawandel* Kurt Lewins Motivationspsychologie auf diese Frage anwandte (2011b).

In „Kurt Lewin reloaded 1. Innovative feldtheoretische Perspektiven für die Schulpädagogik" (Bogner 2020) ist in 12 Beiträgen gesammelt, was Lewin Nachwuchswissenschaftlern und angehenden Lehrkräften zu sagen hat. Es sind erfrischend neue Perspektiven auf das Potential der Feldtheorie für die Schulpädagogik, angefangen bei der Phänomenologie Husserls über Ableitungen für architektonische Raumkonzepte bis hin zu der Frage, ob Hartmut Rosa (Stichwort: Resonanztheorie) und Kurt Lewin „Brüder im Geiste" sind.

Diese Auflistung zeigt, wie Lewins Anspruch, dass die Feldtheorie auf möglichst alle Praxisfelder anwendbar sei, auch heute noch eingelöst werden kann.

---

[2] Beim 2. Internationalen Symposium zu Grundlegungen ökumenischer Verständigung am 5./6. Oktober 2018 in Regensburg.

12.3   Über den Gartenzaun

12.3.1 Psychotherapie

Der Gestaltpsychologe Lewin hatte noch in seiner Berliner Zeit erwartet, dass die von ihm so genannte „experimentelle Willenspsychologie" praktische Bedeutung für die Psychotherapie gewinnen würde (Walter 2020, S. 23). Eine auf dem Theoriegebäude der Gestaltpsychologie systematisch aufbauende Theorie der Psychotherapie stand aber aus, bis 1977 Hans-Jürgen P. Walter die Gestalttheoretische Psychotherapie begründete.

> „Der Feldtheoretische Ansatz Lewins wurde in der Psychotherapie vor allem in zweierlei Hinsicht aufgegriffen: Zum einen ging er in einige persönlichkeits- und verhaltenstheoretische Konzepte und solche zur Psychopathologie ein (das Feld bzw. der Lebensraum des Klienten und darin auftretende Kräfte und Störungen), zum anderen wurde er Gegenstand von Überlegungen zur Therapiesituation und zum therapeutischen Prozess – mit dem Kernthema des therapeutischen Feldes. Beides steht naturgemäß in engem Zusammenhang." (Stemberger 2023, S. 187)

Wie dies „in verschiedenen psychotherapeutischen Ansätzen auch tatsächlich verstanden wird" zeigt Gerhard Stemberger in seinem Beitrag „Lewins Feldkonzept in der Psychotherapie heute" in dem Sammelband „Kurt Lewin reloaded" auf. So dienen in neuerer Zeit Feldmodelle als Antwort auf Probleme sowohl des psychoanalytischen als auch des behavioristischen Ansatzes. Sie ergänzen die Fokussierung auf die „Vorgänge zwischen den ‚inneren Instanzen' des Individuums" durch ein Verständnis der Bedeutung der „Außenwelt" bzw. auf das Black-Box-Modell der Verhaltenstherapie durch eine Vorstellung von der inneren Dynamik. Stemberger untersucht diese Versuche – Wolfgang Hochheimers Analyse des therapeutischen Feldes, Madelaine und Willy Barangers Sicht der analytischen Situation, Perls, Goodmans und anderer Organismus-Umwelt-Feld-Konzepte – wobei er Unterschiede zum lewinischen Feldkonzept herausarbeitet und kritisch anmerkt:

> „Die naiv-realistischen Feldmodelle fördern unangemessene Vorstellungen von Vorgängen wie Projektion, Verschiebung, Übertragung/Gegenübertragung […]. Vor allem fördern solche Vorstellungen, dass man sich als Therapeutin oder Therapeut selbst aus den Wirkungszusammenhängen ausblendet und den therapeutischen Prozess einseitig oder ausschließlich als Vorgang auf der Klientenseite sieht und sich entsprechend verhält." (ebd., S. 198 f.)

Für Frank-M. Staemmler, einen der führenden Theoretiker der Gestalt-Therapie in Deutschland stellt die „psychologische Feldtheorie von Kurt Lewin [...] einen wichtigen historischen Hintergrund der Gestalttherapie" dar. Sie ist für ihn „eine weitere wichtige Quelle für die Kultivierung der therapeutischen Unsicherheit": Aufgrund der „Vielseitigkeit, Komplexität und – vor allem – auch der Veränderlichkeit des Feldes" könne „jede Unsicherheit, die in mir hinsichtlich der Allgemeingültigkeit meines Eindrucks [vom Patienten] aufkommt, nur als angemessener Reflex [...] verstanden werden" (1995/2003, S. 151). Er bezieht sich dabei vor allem auf das Feld der Therapeut-Patient-Beziehung, das nur zu verstehen sei, „wenn man auch den Einfluss bzw. die Wirkung der TherapeutInnen berücksichtigt." (ebd.).

Diese Sichtweise hat für Staemmler – wie insgesamt für die Gestalt-Therapie – die Konsequenz, mit Diagnosen sehr kritisch umzugehen.

In der Psychoanalyse gewinnt dieser Ansatz Lewins, soziales Geschehen als die Resultante aus den Feldkräften der beteiligten Individuen zu verstehen, neues Interesse. Peter Potthoff (2022) greift in seinem Buch „Psychoanalytische Feldtheorien" Lewin auf, um zu einem schulenübergreifenden Paradigma für Psychotherapie zu gelangen. Er führt verschiedene Ansätze in der Psychoanalyse zusammen, die eines gemeinsam zu haben scheinen: die Idee, dass das Verhalten von interagierenden Individuen nicht aus deren innerem Zustand allein erklär- und verstehbar ist, sondern aus dem „Feld", das zwischen ihnen entsteht. Diese intersubjektive Theoriebildung des Feldes fügt

> „gewissermaßen eine dritte Dimension dadurch hinzu, dass das sich bildende Feld eine weitere Größe darstellt, die mehr als die Beiträge von Analytiker und Analysand umfasst – also neue, aus der Situation entstehende, emergente Eigenschaften aufweist … So üben nicht nur Analytiker und Analysand einen Einfluss aus, sondern das Feld mit seinen neuen Eigenschaften ist als weitere Größe beteiligt mit Eigenschaften, die über die mitgebrachten Qualitäten von Analytiker und Analysand hinausgehen." (ebd., S. 15).

Mit Rückbezug auf Kritiken an Lewins Feldtheorie sowie auf Wolfgang Metzger (1971) und den Kritischen Realismus der Gestaltpsychologie[3] entwickelt

---

[3] Walter bezieht sich in einer kurzen Beschreibung der zentralen These des kritischen Realismus als der gestalttheoretischen Erkenntnistheorie auf Wolfgang Metzger: Dieser unterscheidet eine „Wirklichkeit im ersten Sinne" von einer „Wirklichkeit im zweiten Sinne". Zu ersterer, nämlich der „physikalische[n] Welt in ihrer absoluten und objektiven Beschaffenheit [...] hat der Mensch nur indirekt Zugang durch *seine* seelische Wirklichkeit. Beiden ‚Arten' von Wirklichkeit kommt gleichermaßen reale Existenz zu;" (2016, S. 13 f.) Walter

Stemberger das „kritisch-realistische Modell des individuellen und sozialen Feldes" und dessen psychotherapeutische Relevanz für eine Gestalttheoretische Psychotherapie.

> „Das soziale Feld, das mehrere Menschen zu einer erlebten Gruppe zusammenschließt und diese damit zu einer psychologischen Tatsache macht, bildet sich nicht im physikalischen Raum zwischen den beteiligten physikalischen Organismen aus (dort kommt es nur zu Aus- und Einwirkungen, die über kybernetische Regelungsprozesse vermittelt werden), sondern in je individueller Version in den psychologischen Feldern im Kopf jedes der beteiligten Menschen." (Stemberger 2023, S. 197)

Dies führe dann „zum entsprechenden Verhalten den erlebten Gruppenmitgliedern gegenüber", was wiederum auf deren psychologische Felder einwirkt. Dieses gestalttheoretische Feldmodell stellt eine aktuelle Präzisierung und Erweiterung von Lewins Versuch, die Wechselwirkung zweier Lebensräume in einem Ehekonflikt zu erfassen (vgl. Lewin 1940b sowie Jellouschek und Antons 2015) dar. Für Stemberger festigt die „kritisch-realistisch interpretierte Feldauffassung nach Lewin […] bestimmte Grundhaltungen, die für eine therapeutisch hilfreiche Beziehung essentiell sind", fördert das Verständnis vom „Dialog- und Wechselwirkungs-Charakter des therapeutischen Geschehens" und eine entsprechende therapeutische Haltung wie auch ein ganzheitliches Verstehen der Gesamtsituation des Gegenübers und schützt damit vor „einer blinden Anwendung zusammenhangloser und unverstandener Techniken" (Stemberger 2023, S. 198).

Nicht unerwähnt soll Oliver Königs Diskussion der Metaphern des Raumes in der Familien-Aufstellungsarbeit bleiben (2004). Er bezieht sich dabei auf Cassirer (ebd., S. 210, 213) und Lewins Richtungsbegriff in dem Sinne, dass hier der Raum zum strukturierten Feld wird (ebd., S. 214), das sich nicht mathematisch-räumlich, sondern durch die Struktur der Beziehungen definiert. Der hodologische Raum Lewins wandele sich dann bei Jean Paul Sartre zu einem speziellen Beziehungs- und Handlungsraum, in dem man mit der Geburt seinen Platz einnehme (ebd., S. 225).

Von einer anderen Argumentationsseite geht Hans-Jürgen Walter an die Bedeutung Lewins für die Psychotherapie heran. In „Angewandte Gestalttheorie in Psychotherapie und Psychohygiene" geht er von der Grundprämisse aus, dass Le-

---

bezieht sich auf Lewin (1969, S. 46), wenn er schreibt: „Die phänomenale Welt ist nicht weniger ‚objektiv' als die physikalische" (ebd., S. 14). Für ihn hat „die unkritische Verwechslung der einen mit der anderen Art von Wirklichkeit […] in der wissenschaftlichen Forschung zu schwerwiegenden Fehlschlüssen geführt." (ebd., S. 14; vgl. auch Walter 2020, u. a., S. 112–118 und zur Auseinandersetzung mit dem radikalen Konstruktivismus, S. 123–133).

wins feldtheoretische Sicht sich nicht grundsätzlich von der gestalttheoretischen unterscheidet, aber einen anderen Aspekt betone: „das Zustandekommen des Verhaltens eines Individuums in seiner Umwelt, während es in der klassischen Gestalttheorie mehr um die Abbildung der Umwelt in der Wahrnehmung geht". (2020, S. 42)

Mit der 2016 erschienenen verbesserten 4. Fassung von „Gestalttheorie und Psychotherapie" will Walter einen „Beitrag zur theoretischen Begründung der integrativen Anwendung von Gestalt-Therapie, Psychodrama, Gesprächstherapie, Tiefenpsychologie, Verhaltenstherapie und Gruppendynamik" leisten – so der Untertitel. Auf unzähligen Seiten begegnet man beim Lesen Kurt Lewin. Der Feldtheorie ist ein eigenes Kapitel gewidmet. Die differenzierte Darstellung von Lewins Konzept des Lebensraumes eröffnet einen anderen Blick auf die Person und „Persönlichkeit" und damit des Therapeuten auf die Klienten. Für eine Modellvorstellung vom Prozess des therapeutischen Geschehens greift Walter in Kap. 5 „Das therapeutische Geschehen als gegliedertes Ganzes: Auftauen – Ändern – Neustabilisieren" auf Lewins Dreischritt (Abschn. 9.2.2) zurück. Walter stellt ausführlich dar, wie in der Gestalt-Therapie Lewins feldtheoretische Konzepte, insbesondere der Lebensraum, seine Zeitdimension und die Wirkung unabgeschlossener Situationsgestalten weiterhin aktuell sind. Für ihn

> „läßt sich auch das Ziel der Gestalt-Therapie ohne Schwierigkeiten in feldtheoretischen Begriffen ausdrücken: Sie unterstützt den Klienten dabei, zu einer angemessenen Vergegenwärtigung seines Lebensraums zu gelangen, damit er sich von dessen Forderungen leiten lassen kann." (2020, S. 42 f.)

Auch die feldtheoretische Konzeption des „Hier-und-Jetzt-Prinzips" findet sich nach wie vor – heute sogar differenzierter als bei Fritz Perls – wieder, wie es Frank Staemmler mit Rückgriff auf ein Lewin-Zitat beschreibt:

> „Vergangenheit und Zukunft werden in diesem Zeitverständnis somit keineswegs ignoriert, sondern in der Form ernst genommen, wie sie für die betreffende Person in der jeweils gegebenen Situation relevant sind; das ist die jeweilige „Zeitperspektive", aus der man psychisch genau so wenig aus- wie in eine Zeitmaschine einsteigen kann." (2015, S. 27)

Dabei greift die Gestalt-Therapie auch beim Verständnis der zeitlichen Erstreckung des Hier-und-Jetzt auf Lewins Konzeption zurück. Sie ist nur durch die „erste Person" definierbar als die jeweilige Zeitspanne, „die eine bestimmte Situation beansprucht", um ein sinnhaftes Ganzes zu ergeben. Dieses ist hinsichtlich der Bedeutung für die Person „ziemlich klar von der vorhergehenden bzw. der folgenden" abgegrenzt (ebd., S. 26).

Stemberger ist überzeugt, dass „die gegenwärtig in einigen Bereichen der internationalen Psychotherapie-Entwicklung bereits feststellbare Renaissance Feldtheoretischer Konzepte dauerhaft sein wird" und die kritisch-realistisch interpretierte Feldtheorie Lewins „für die Psychotherapie nach wie vor viel zu bieten" hat (2023, S. 199).

12.3.2 Soziologie

Einer von Lewins Träumen war es, dass die Psychologie sich der Soziologie annähert und sie sich zu einer umfassenden Sozialwissenschaft verbinden. Ein wenig scheint er dies zu Lebzeiten noch erlebt zu haben, leitet er doch 1939 „Field Theory and Experiment in Social Psychology" mit folgenden Worten ein:

> „The sociologists, I suppose, have reason to be satisfied with the recent trends in psychology. Traditionally, most psychologists seem to have felt more or less obliged to emphasize the biological character of the individual, to believe in the reality of physical and physiological processes, but to be rather suspicious of social categories and to regard as mystic those who claimed that social facts were as real as physical ones.
>
> Recently, however, a growing number of psychologists seem to have abandoned this view. They seem to be persuaded that social facts are equally or even more important for psychology than the so-called „physiological facts." (ebd., S. 130)"

Dass diese Beziehung zwischen Lewin, der Gruppendynamik* und der Soziologie zu seinen Lebzeiten nicht enger geworden war, dazu hat beigetragen, dass es bei Lewin nur allersparsamste Anklänge einer wie auch immer gearteten Gesellschaftstheorie gibt. Zwar hatte er das Wohl der Menschheit im Sinne, gerade in seinen letzten Aktivitäten, aber eine dazu passende Theoriebildung gibt es nicht. Ihm geht es zwar darum, Psychologie und Soziologie zusammenzuführen, aber seine Feldtheorie ist keine soziologische, sondern will eine fachübergreifende Theorie sein.

Eine Rolle spielte bei dieser Entwicklung auch, dass es Lewin nicht gelungen ist, eine akademische Karriere zu machen. Er war in den USA gewissermaßen zur Auftragsforschung und damit zur Praxis (der Aktionsforschung letztlich) gezwungen, um sein Geld zu verdienen. So konnte er an die soziologische wissenschaftliche Community nicht anknüpfen, wohl aber über Margret Mead und Ruth Benedict an die kulturanthropologische und über die Topology Group an Kybernetiker etc.

Lewins Hinbewegung zur Soziologie sieht Clemens Knobloch 2021 in seiner Betrachtung von „Lewin und Heider in der Vorgeschichte der US-Kommunikationswissenschaft". Sein Fazit der sozialpsychologischen Entwicklung Lewins ist:

> „Seine Begriffs- und Denkbewegung führt ihn vom monologischen Lebens- und
> Handlungsraum des einzelnen Akteurs allmählich zu einer „systemischen" Perspek-
> tive, die sich gegen den einzelnen Akteur gewissermaßen auf die Hinterbeine stellt
> und ihm ihre eigenen Bedingungen vorschreibt.Während Heider eigentlich Sozial-
> psychologe bleibt [...], bewegt der späte Lewin sich in Richtung einer genuin sozio-
> logischen Disjunktion von „Person" und „Sozialsystemen" (wie bei Parsons, Garfin-
> kel, Luhmann)." (ebd., S. 38)

Jahrzehnte später ist es ein zentrales Anliegen von Andreas Amann, die Sozialpsychologie und die Lewininsche Feldtheorie und Gruppendynamik für die Soziologie
„zurückzugewinnen". Er will – und das betrifft speziell diese unsere Veröffentlichung in einer soziologischen Reihe – mit seiner Studie das folgende Ziel verfolgen:

> „Gruppen und damit auch deren Dynamik waren und sind eines der zentralen Themen
> der Soziologie. Doch hat die Soziologie deren Erforschung immer mehr an die Sozi-
> alpsychologie abgetreten. Diese Studie versucht, die Gruppendynamik für die Sozio-
> logie wiederzugewinnen. Aber genauso gut ist dieses Buch der Versuch, der Gruppen-
> dynamik, die angetreten war, Sozialforschung im Feld zu sein, ein Stück sozio-
> logischer Theorie nachzureichen." (2023, S. XII)

Um diesen Vorsatz einzulösen, wirft er einen soziologischen Blick auf das gruppendynamische Training bzw. Laboratorium. Mit Bezug auf die Tönnies'sche Unterscheidung von Vergesellschaftung und Vergemeinschaftung (ebd., S. 157 ff.) be-
greift er gruppendynamisches Handeln als „reflexive Vergemeinschaftung". Dabei
weist er auf die Paradoxien einer solchen temporären reflexiven Vergemeinschaftung hin (ebd., S. 163, 191 f.).

Weiterhin verfolgt er dieses Ziel, indem er die Dynamik von Gruppen an den
„diffusen Sozialbeziehungen" von Talcott Parsons verankert (ebd., S. 153 ff.)
ebenso wie mit Rückgriffen auf Francis Taylor und Max Weber (ebd., S. 40). Dies
beginnt damit, dass er in seinen Ausführungen zur Logik des experimentellen Handelns „das Experiment" soziologisch herleitet: „Laboratorisches Handeln ist im
Kern risikohaftes Handeln" (ebd., S. 8). Das Gruppendynamische Laboratorium ist
dabei einer von vier von ihm als zentral wahrgenommenen Begriffen, die er jeweils
einer soliden Strukturanalyse unterzieht.

Amann betrachtet Gruppendynamik als Forschungssetting, das nicht auf ein
Verstehen der je individuellen Übertragungsgeschichte[4] der einzelnen Teilnehmenden einer T-Gruppe zielt, sondern letztlich auf das gleichzeitige Erleben

---

[4]Amann verwendet hier das psychoanalytische Konzept der Übertragung, welches besagt,
dass aktuelles Geschehen biographisch erworbene Wahrnehmungs- und Verhaltensmuster
aktivieren kann.

und Verstehen universeller Gruppenprozesse, die Gruppen das Leben schwer machen. Damit grenzt er sie deutlich von der verbreiteten Tendenz ab, die T-Gruppe primär als Ort für individuelle Persönlichkeitsentwicklung oder gar Skill-Training zu verstehen und zu nutzen. Ähnlich soziologisch argumentiert er, wenn er hinsichtlich der Familie als Primärgruppe aufzeigt, „mit welchen Strukturkonflikten [das Subjekt] sich in seiner Sozialisation auseinandergesetzt haben muss, um Autonomie zu erlangen" (ebd., S. 130).

Beim großen Soziologen der gegenwärtigen Zeit, Pierre Bourdieu (z. B. 1980), lässt sich zwar aus einer Fußnote entnehmen, dass er Lewins „soziale Feldtheorie" in seine eigene Theorie der „sozialen Praxis" eingebunden und weiterentwickelt hat. Da Bourdieu wenig Literatur zitiert, ist diese Fußnote von Bedeutung; ein Beleg, dass er Lewin ernst genommen hat – aber das Soziale als Raum zu perzipieren und mittels der Raummetapher zu verstehen, ist doch etwas anderes als bei Lewin. Boike Rehbein und Gernot Saalmann verfolgen im Bourdieu-Handbuch (2009, S. 99–103) das wechselnde und sich entwickelnde Verständnis des Feldbegriffes durch Pierre Bourdieu. Aus ihrer Recherche wird deutlich, dass Bourdieu sich zwar mit Lewin und seinem Feldbegriff beschäftigt hat, aber „den Ursprung seines eigenen Gebrauchs des Begriffes setzt er mit der Lektüre von Webers Aufsätzen zur Religionssoziologie an" (ebd., S. 99). Der Begriff des Feldes taucht seit 1966 wiederholt bei Bourdieu in einer Lewin vergleichbaren Bedeutung auf; zu einem zentralen Grundbegriff, der mit dem lewinischen Feldverständnis nicht mehr viel Ähnlichkeit hat, wird er erst viel später. Bourdieu, so die Autoren, hat das Feldkonzept benutzt, um die Bedingungen zu analysieren, die als Produkt seines Habitus-Begriffes und der Regelhaftigkeit der Praxis erscheinen. Der Feldbegriff, wie er in Bourdieus Denken eine grundlegende Rolle spielt, ist allerdings eher eine Konzeptmetapher als ein klar definierter Begriff und in seiner Bedeutung „zumindest ambivalent". Das Feld als eine stetig sich wandelnde Größe mit einer ständigen Dynamik zu verstehen – darin stimmen Lewin und Bourdieu überein (ebd., S. 100).

Eine weitere Verbindung von Bourdieu zu Lewin gibt es hinsichtlich des Theorie-Praxis-Verhältnisses: Prägte Lewin das „nichts ist praktischer als eine gute Theorie", so wird Bourdieus empirisch begründete Theorie der Soziologie oft als „Theorie der Praxis" bezeichnet.

Entgegen Lewins großer Hoffnung trennten sich in der Nachkriegszeit Soziologie und Sozialpsychologie, sowohl in den USA wie in Deutschland; die Sozialpsychologie wurde bei der Psychologie beheimatet. Doch in neuerer Zeit scheint es wieder ein größeres Interesse der Soziologie am Thema Gruppe und der Gruppendynamik zu geben:

- So befasst sich Stefan Kühl seit einigen Jahren mit der Gruppendynamik – wenn auch auf etwas absurde Weise, indem er von einem sehr verzerrten Bild des Gruppendynamischen Laboratoriums/Trainings wie auch der gruppendynamischen Konzepte ausgeht (vgl. König/Schattenhofer, unveröffentlicht[5]).
- Das Heft 6/2019-1/2020 der Zeitschrift „Mittelweg" des Hamburger Instituts für Sozialforschung hat sich der Soziologie der Gruppe gewidmet und greift insofern das Anliegen Lewins nach einer neuerlichen Verbindung von Soziologie und Sozialpsychologie auf.

---

[5] https://sozialtheoristen.de/2024/10/14/anmerkungen-zu-stefan-kuehl-2024-organisationen-im-labor-grenzen-der-simulation-von-formalitaet-in-gruppendynamischen-trainings-wiesbaden-springer-vs-verlag-52-seiten/.

Fazit

13

Zusammenfassung

In diesem abschließenden Kapitel fassen wir das zusammen und heben heraus, was uns in der Beschäftigung mit Lewins Person, Gedanken und theoretisch-praktischen Ideen besonders bemerkens- und erhaltenswert geworden ist.

Zur Aktualität von Kurt Lewin: Wir haben in den vorausgegangenen Kapiteln versucht aufzuzeigen, was von der Arbeit dieses unermüdlichen Forschers (bis ihn dann der Herzinfarkt ereilte) bis heute von Relevanz ist. Die vielleicht noch nicht so deutlich formulierte, wichtigste Folge seines Denkens und Handelns ist, dass es heute eine akademische Disziplin gibt, die sich Sozialpsychologie nennt. Wenn er auch nicht der Einzige war, der sie begründet hat, so war er doch einer der wesentlichen Stimulatoren. Dass er die praxisrelevanten Zweige der angewandten Sozialpsychologie: Gruppendynamik*, Aktionsforschung* und Organisationsentwicklung* begründet hat, haben wir in den entsprechenden Kapiteln aufgezeigt. Hier summieren wir, was wir von ihm gewonnen haben, worin seine Relevanz in der heutigen Situation der Welt bestehen könnte und wie seine humanistischen Werte uns beeindrucken.

13.1 Was man von Lewin gewinnen kann

Was die für unser Denken und unsere Praxis relevanten Gewinne aus Lewins Schriften sind, haben wir am Ende unseres Herausgeberbandes (ka und msh 2015b, S. 324 ff., mit Verweisen auf andere Co-Autoren) vor mehr als einem Jahrzehnt for-

M. Stützle-Hebel, K. Antons, *Zur Aktualität von Kurt Lewin*, Aktuelle und klassische Sozial- und KulturwissenschaftlerInnen,
https://doi.org/10.1007/978-3-658-48827-7_13

191

Abb. 13.1 Nochmals: Lewins Brille – aktueller denn je. Visualisierung von Karina Antons, Berlin 18.–20. 06. 2015

muliert. Diese Postulate gelten auch noch heute, deshalb paraphrasieren wir den damaligen Text und beschreiben, was wir von Lewin gelernt haben. Es sind vorwiegend Aussagen über eine Veränderung der Wahrnehmung, wenn man mit Lewins Brille (s. Abb. 13.1) auf soziale Phänomene schaut:

Mit einem weiten Blick auf das gesamte Feld* schauen
Lewin wird nicht müde zu betonen, dass es von hoher Wichtigkeit ist, den eigenen Blick auf die Gesamtheit des Feldes zu richten. Es geht darum, Randbedingungen und die unterschiedlichsten Aspekte des Feldes in die Betrachtung einzubeziehen, um eine Idee von den Zusammenhängen und der tieferen Dynamik zu bekommen.

Interdependenz* als den Wesenskern einer Gruppe wahrnehmen
Für uns beide ist es ein eindeutiger „Mehrwert", dass wir die klassischen, aufzählenden, statisch-aristotelischen Definitionen von Gruppe nach Größe/Ziel/Dauer/Wechselseitigkeit (vgl. Antons et al. 2019, S. 67 ff.) in unserem Denken und Lehren durch eine relationale, dynamisch-galileische* Definition ersetzt haben: Eine Gruppe besteht dann, wenn im Hier-und-Jetzt die Abhängigkeiten* der Mitglieder untereinander grösser sind als die der Mitglieder nach außen.

Anerkennen, dass das Ziel mich zieht

Eine weitere lewinische Denkfigur hat sich uns eingeprägt: Nicht „ich habe ein Ziel", sondern „das Ziel hat mich". Diese Abhängigkeit anzuerkennen, dass eine Zugkraft und damit eine Energie vom Objekt auf mich als Subjekt wirkt und mich beeinflusst, macht bescheidener und hat zur Folge, dass man bei Motivationsfragen* mehr vom Ziel her denken kann. Die Vorstellung mag gar nicht so neu sein; Pablo Picasso soll gesagt haben: Die Ungewissheit solcher Wagnisse, sich auf Unbekanntes einzulassen, können eigentlich nur jene auf sich nehmen, die im Ungewissen sich geborgen wissen, die sich vom Ziel ziehen lassen und nicht selbst das Ziel bestimmen (frei nach Gunther Schmidt). In unserem, am eigenen Effekt orientierten Alltagsdenken ist diese Interdependenz allerdings kaum noch aufzuspüren; am ehesten erleben wir Vergleichbares in der Trainingsgruppe.

Immer wieder erfahren, dass es sich lohnt, in den Lebensraum* des anderen zu schauen

In dieser Trainingsgruppe lässt sich eine Konsequenz aus dem Feldtheoretischen Denken erfahren: Es lohnt sich, zusammen mit den beteiligten Personen* unter die Oberfläche der Phänomene zu schauen, gemeinsam die jeweiligen Lebensräume zu erkunden, um die anderen Sichtweisen zu verstehen und so zu wirklich gemeinsamen Aktionen zu kommen. Teams können über das Lebensraum-Konzept erkennen, wie komplex das Zusammenspiel der Individuen in einer Gruppe ist und welcher Sorgfalt und Mühe es bedarf, das Verhalten der Einzelpersonen gut auf einander abzustimmen.

Dabei hat ein gutes Feedback vor allem die Funktion, dem Gegenüber zu verdeutlichen, welche Wirkung das, was von ihm wahrgenommen wurde, im eigenen Lebensraum hat. Das hilft zu verstehen, wie Enttäuschungen und Konflikte entstehen. Es eröffnet fast „wie von selbst" den Weg zu deren Klärung mittels „Selbstoffenbarungen" über den aktuellen Lebensraum (= Feedback). Missverständnisse werden dadurch als weniger kränkend erlebt und das Feedback verhilft so zu einem unverkrampfteren Umgang damit.

Wir haben gute Erfahrungen damit gemacht, Feedback und seine Bedeutung im Beziehungsgeschehen unter Verwendung des Lebensraums-Konzepts und -bildes zu erläutern.

Konflikt* als die Grundkonstellation – fast – aller Dynamik verstehen

Lewin hat den Begriff des Konfliktes bereits früh verwendet. Ein Konflikt lässt sich verstehen als ein Zustand widerstreitender Feldkräfte; seine ganze Feldtheorie* fußt auf dieser Konflikthaftigkeit von Feldkräften – besonders dann, wenn es um Veränderung geht. Die Stärke dieser Kräfte erzeugt motivationale und affektive

Spannung*. Eine solche Annahme legt ein klares Kriterium für Lösungsansätze nahe: Lösungen, bei denen sich die Spannung verringert, sind die geeigneteren, weil stabileren.

Lewin verdeutlicht zudem den Bedingungszusammenhang zwischen intrapersonalen und interpersonalen Konflikten und weist damit den Weg zu Konfliktklärungen einerseits und Integrationsfragen andererseits.

Veränderung und Konstanz als ein „Geschwisterpaar" perzipieren

Veränderung und Konstanz nicht als Gegensätze, sondern als relationale Begriffe zu verstehen, erweitert die Optionen für Change* und fordert zu einer differenzierten Erfassung der Situation und zur Auseinandersetzung mit dem status quo heraus. Man kann Konstanz als dynamischen* Zustand von gegeneinander gerichteten, treibenden und hemmenden Kräften betrachten. Sie sind bei einem gegebenen, aktuellen status quo (quasi-stationäres Gleichgewicht*) des Verhaltens im Gleichgewicht. Dann tritt neben die Frage „Was muss man tun, damit sich etwas ändert?" die mindestens genauso wichtige Frage „Was muss man unterlassen, damit sich etwas ändert?"

Beim Lesen seiner vielen Artikel zu den verschiedenen Themen fällt auf, dass es Lewin letztlich immer um die Anwendung der Feldtheorie und ihrer Theoreme auf die jeweilige Fragestellung und deren Weiterentwicklung ankam. Hinter seiner (vermeintlichen) Sprunghaftigkeit steckt also eine unglaubliche Hartnäckigkeit und Konstanz. Wie lautet doch sein Theorem? Der Veränderung und der Konstanz liegen die gleichen psychologischen Prozesse zugrunde! (z. B. Lewin, 1947a2, S. 249 ff.)

Für Führung sorgen statt Fürsorge betreiben

Ein anderer Aspekt erschließt sich aus Lewins Konzept der psychischen Sättigung*. Er entwickelte es bereits früh in seinen Berliner Jahren. Auf das Phänomen des Burnout angewandt (Soff 2015, 2017) bedeutet das: Mitarbeitende brauchen weniger altruistische FÜR-Sorge, sondern vor allem FÜHR-Sorge! Burnout ist weniger bedingt durch Arbeitsbelastung und Arbeitsmenge, sondern sehr viel mehr durch fehlende Sinngebung und eine Arbeitsorganisation, die zum Erleben von Auf-der-Stelle-treten führt. Aber gerade diese zentralen Führungsaufgaben werden nur allzu oft nicht wahrgenommen.

Im Hier und Jetzt die Achtsamkeit trainieren

Lewin ist (trotz einer Japanreise) vermutlich nicht mit östlichen Weisheitslehren in Berührung gekommen, sondern war in seinem Denken der abendländischen Tradition verpflichtet. Aber er hat etwas vorweggenommen, was durch die Hinwendung zu asiatischen Meditationswegen bei uns (wieder) Geltung bekam: die „Achtsamkeit im Hier und Jetzt". In der sich parallel zur Gruppendynamik entwickelnden Gestalttherapie ist sie seit langem eine Leitlinie.

13.2   Aktuell wäre Lewin eigentlich schon

Bei allem, was in der Tat am lewinischen Gedankengut aktuell ist, muss man eines feststellen: Seine Grundidee, die in seiner Verhaltensformel und vor allem im Konzept des komplexen und dynamischen Lebensraumes ausgedrückt ist, hat sich im allgemeinen, auch psychologischen Denken nicht durchsetzen können – wie Lück bereits in Abschn. 2.4 feststellt. Tauchen Konflikte auf, wird immer noch personalisiert, was die Analyse und die Lösungsoptionen einengt.

Aktuell wäre Lewin eigentlich schon – aber er hat einen geringen Wirkungsgrad im wissenschaftlichen Betrieb. Selbst die psychologische Forschung und Theoriebildung ist immer noch ziemlich aristotelisch orientiert im Sinne rein quantitativer Forschung; despektierlich gesprochen geht es nach wie vor ums Fliegenbein-Zählen.

Die wissenschaftliche Richtung, die am ehesten beginnt, galileisch* zu denken, ist die heutige Hirnforschung. Indem sie postuliert, dass unser Hirn zwar unsere Erfahrungen strukturiert, gleichzeitig unsere Erfahrungen aber auch die Struktur des Hirns beeinflussen und verändern, benutzt sie ein interaktives Denkmodell, das sogar den Einfluss seelischer Prozesse auf organische Strukturen zulässt.

Eine Ironie der Zeitgeschichte besteht darin, dass entgegen den Unkenrufen, die Lewins Vision einer Mathematisierung seiner Konzepte in Frage stellten und die vermutlich die Rezeption seiner Konzepte schwer gemacht haben, sich heute Physiker und Mathematiker auf Lewins Konzepte beziehen. So schrieb mir (msh) Ludwig Nellinger am 13.08.2024 in einer Email:

> „Was Kurt Lewin betrifft, eröffnete mir mein Sohn neulich, dass er als Mathematiker beim Deutschen Luft- und Raumfahrtzentrum aktuell mit einem Modell arbeitet, das ein Amerikaner konzipiert hat, das Lewins Vektorpsychologie 1:1 umsetzt. Es geht hierbei um die Prognose und Lenkung von Besucherstroemen insbesondere in Katastrophen- und Panikfällen."

Der „Amerikaner", von dem er sprach und mit dessen Konzept er arbeitet, entpuppte sich auf Nachfrage als Dirk Helbing, ein Physiker und Soziologe und Professor für Computational Social Science am Department für Geistes-, Sozial- und Politikwissenschaften der ETH Zürich. In „A Mathematical Model for the Behavior of Individuals in a Social Field" schreibt Helbing 1994:

> „[…] a consequent mathematical formulation related to an idea of Lewin (1951) is developed, according to which the behavior of individuals is guided by a social field."

So leitet er seine Arbeit ein (ebd., S. 1) und fasst sie im Abstract so zusammen:

> „Related to an idea of Lewin, a mathematical model for behavioral changes under the influence of a social field is developed. The social field reflects public opinion, social norms and trends. It is not only given by external factors (the environment) but also by the interactions of individuals. Two important kinds of interaction processes are distinguished: Imitative and avoidance processes. Variations of individual behavior are taken into account by „diffusion coefficients"."

Vielleicht ermöglichen erst die heute hoch entwickelte Computertechnologie und Informatik, insbesondere die gerade rasant im Aufstieg befindliche Künstliche Intelligenz, Lewins Vision von der Mathematisierung seiner Konzepte Wirklichkeit werden zu lassen. Das würde bedeuten, dass Lewin seiner Zeit voraus war – und erst dabei ist, aktuell zu werden.

13.3   Eine Orientierung auch heute: Lewins humanistische Werte

Man kann Lewin sicher nicht für die Humanistische Psychologie beanspruchen, obwohl Carl Rogers die Trainingsgruppe als eine der wichtigsten Erfindungen des 20. Jahrhunderts benannt hat (1968, S. 265). Aber im letzten Zitat dieses Buches sagt Lewins Enkel etwas, das ziemlich unbekannt, vielleicht übergangen oder nicht wahrgenommen worden ist: dass Lewin ein Humanist gewesen ist, der gerade in seinen rastlosen letzten Lebensjahren mit einem fast manischen Impetus für eine bessere Welt und für das Wohl der Menschen gelebt hat. Diese seine Sorge, sowohl um eine bessere Welt als für die Entwicklung der Sozialpsychologie war für ihn der Antrieb, mehr zu arbeiten als seine Gesundheit verkraften konnte. Sein Freund und Kollege Fritz Heider schreibt zu dieser letzten Lebensphase:

> „Seine Art zu arbeiten war spielerisch; nicht belanglos, aber nie pedantisch. Alles machte mehr Spaß, war lebendiger und farbiger, weil er sich in eine Sache einbrachte und andere einbezog. Er wurde immer hektischer, machte zehn Sachen auf einmal, und im letzten Sommer bevor er starb, 1946, waren die zwei Wochen, die wir zusammen auf Martha's Vineyard zusammenwaren, etwas frustrierend, weil Lewin so hektisch beschäftigt war." (Heider 1967, S. 3)

> „Das letzte Mal sah ihn meine Frau, im Januar oder Februar kurz vor seinem Tod, ich war im Krankenhaus. Kurt brachte sie mit dem Auto nach Hause und er war wütend, weil ich kein Projekt übernehmen wollte. Er sagte: „Ich kann ihm Geld besorgen, alles was er will. Er würde nur Mitarbeiter benötigen, er solle diese an die Arbeit setzen und dann könne er gehen und sein Buch schreiben". Das war die Art, wie Kurt arbeitete, und das war es, was ihn umbrachte. Er hatte seine Kerze an mehreren Stellen angezündet." (ebd., S. 5)

Dieser Aspekt ist derzeit, als wir das Manuskript abfassen, von allerhöchster Brisanz. Nicht nur, weil Putin und andere sich aktuell entpuppende Autokraten[1] und Despoten jegliche humanistischen und humanitären Ideen mit Füßen treten, sondern auch, weil eine sich zunehmend verselbständigende Größe jegliche Kontrollbemühungen überrollt: die Künstliche Intelligenz, deren Abkürzung KI das derzeit wohl meistgehandelte Kürzel ist. Was auch immer wir von ihr in Zukunft erwarten können: Humanität und humanitäres Denken mit Sicherheit nicht. Wie sehr sich KI auch der menschlichen Kreativität bemächtigen mag – etwas wird ihr dauerhaft fehlen: Dieses „Humanum"; das, was ein konkreter Mensch wollen, denken, fühlen, planen und erschaffen kann. Und da stellt sich die Frage, wie energievoll eine humanistische Psychologie und Philosophie sein muss, damit sie diese KI einhegen kann. Etwas, das die KI selbst nicht haben kann, auch wenn sie den Menschen schon weitgehend imitieren kann: eine Seele.[2]

Lassen wir zum Abschluss einen Enkel von Kurt Lewin, Michael Papanek sprechen. In einem Interview von den Herausgebern des Sammelbandes „Kurt Lewin reloaded" (Bogner et al. 2023, S. 1 f.) danach befragt, was denn das einzigartige und spezielle Geheimnis Lewins sei, das bis heute wirkt, antwortet er, am Beginn des Interviews, noch etwas holprig:

> „It is the unique Lewin combination. With Lewin I think you have this rare combination of a very powerful set of values: support and respect for oppressed minorities, being a humanist and caring about social, about people, this is social psych, this is human and a personal human psych. So you've got a set of values that people like, but then you've got a set of tools, it's very tool oriented, you've got graphic representation, like engineering but for social dynamics. You've got numbers, formulas and „valences". I can map a change. I can graph a team. And I can graph the relationships between people in a way that's helpful, practical and gives me an idea of, this force, that force, and if I apply a change, it'll release this other force and so forth. [...] So it's a pretty powerful combination: deep respect for people and their value, with practical, outcome-oriented, not only academic, methods to create sustained change in the real world. That is why people still care so much, I think."

---

[1] Danke Peter für diesen Hinweis, dass etliche, die sich heute als Autokraten entpuppen, schon länger der Weltöffentlichkeit bekannt und zum Teil anerkannt waren.

[2] Danke Sabine, für diese Gedankenverbindung.

Komplette Bibliographie Kurt Lewins

Nach Helmut E. Lück, ergänzt von Monika Stützle-Hebel
Überarbeitete Fassung aus ka & msh 2015, mit Dank für den Abdruck an den Carl-Auer Verlag

Zur Ermittlung der Titel wurde zurückgegriffen auf das Verzeichnis der Schriften von Kurt Lewin in „Feldtheorie in den Sozialwissenschaften" (1963, S. 375–383), sowie auf weitere Verzeichnisse. Dieses Schriftenverzeichnis enthält auch Quellenangaben zu den auffindbaren Rezensionen Kurt Lewins.

Grundsätzlich wurde die Erstveröffentlichung genannt. Nachdrucke der Arbeiten wurden nur angegeben, soweit sie die verbreiteten Aufsatzsammlungen von Lewin betreffen. Ferner wurden deutsche Übersetzungen genannt. Die meisten finden sich in der Kurt Lewin Werkausgabe (KLW1 bis 6), in „Die Lösung sozialer Konflikte" (LSK 1–3, 1953 bzw. 1963 oder 1968), „Feldtheorie in den Sozialwissenschaften" (FSW 1–3, 1963 bzw. 2012) sowie in den „Schriften zur angewandte Psychologie" (SAP 1–2, 2009, herausgegeben von H. E. Lück als KRAMMER-Buch bzw. in der Zeitschrift gestalt theory). Das Verzeichnis der Aufsatzsammlungen wird dem Schriftenverzeichnis vorangestellt.

Alle Arbeiten sind chronologisch geordnet. Bei mehreren Publikationen im gleichen Jahr wurde keine chronologische Folge angestrebt.

Befindet sich ein Artikel in einer der unten genannten Aufsatzsammlungen, so wird er nur noch mit der dreibuchstabigen Kennzeichnung und ggf. einer Ziffer versehen.

199

M. Stützle-Hebel, K. Antons, *Zur Aktualität von Kurt Lewin*, Aktuelle und klassische Sozial- und KulturwissenschaftlerInnen,
https://doi.org/10.1007/978-3-658-48827-7

Artikel, die posthum veröffentlicht wurden, sowie Veröffentlichungen, in denen Lewin als Co-Autor auftritt, sind am Ende des Schriftenverzeichnisses aufgeführt.

Die Quellenangaben erfolgen nach den Regeln des APA 6th.

Nora Binder hatte für ihre Dissertation (2023) Zugang zu bislang verschollenen Schriften von Kurt Lewin, die in dieser Bibliographie noch nicht enthalten sind.

Aufsatzsammlungen von Kurt Lewin

FSS   Lewin, K. (1951). Field Theory in Social Science. (D. Cartwright, Hrsg.) New York: Harper & Brothers.

FSW 1   Lewin, K. (1963). Feldtheorie in den Sozialwissenschaften. Ausgewählte theoretische Schriften. Bern: Hans Huber.

FSW 2   Lewin, K. (2012). Feldtheorie in den Sozialwissenschaften. Ausgewählte theoretische Schriften (Faksimileausgabe der deutschen Erstausgabe von 1963 Ausg.). (A. Lang, & W. Lohr, Übers.) Bern: Hans Huber, Hogrefe AG.

KLW 1   Graumann, C.-F. (1981). Kurt Lewin Werkausgabe. Wissenschaftstheorie I (Bd. 1). (A. Métraux, Hrsg.) Bern, Stuttgart: Hans Huber und Klett-Cotta.

KLW 2   Graumann, C.-F. (1983). Kurt Lewin Werkausgabe. Wissenschaftstheorie II (Bd. 2). (A. Métraux, Hrsg.) Bern, Stuttgart: Hans Huber und Klett-Cotta.

KLW 4   Graumann, C.-F. (1982). Kurt Lewin Werkausgabe. Feldtheorie (Bd. 4). (C.-F. Graumann, Hrsg.) Bern, Stuttgart: Hans Huber und Klett-Cotta.

KLW 6   Graumann, C.-F. (1982). Kurt Lewin Werkausgabe. Psychologie der Entwicklung und Erziehung (Bd. 6). (F. E. Weinert, & H. Gundlach, Hrsg.) Bern, Stuttgart: Hans Huber und Klett-Cotta.

RSC   Lewin, K. (1948). Resolving social conflicts. (G. Weiß Lewin, Hrsg.) New York: Harper & Brothers.

LSK 1   Lewin, K. (1953). Die Lösung sozialer Konflikte. Ausgewählte Abhandlungen über Gruppendynamik (1. Ausg.). (G. Weiß Lewin, Hrsg.) Bad Nauheim: Christian.

LSK 2   Lewin, K. (1963). Die Lösung sozialer Konflikte. Ausgewählte Abhandlungen über Gruppendynamik (2. Ausg.). (G. Weiß Lewin, Hrsg.) Bad Nauheim: Christian.

LSK 3   Lewin, K. (1968). Die Lösung sozialer Konflikte. Ausgewählte Abhandlungen über Gruppendynamik (3. Ausg.). (G. Weiß Lewin, Hrsg.) Bad Nauheim: Christian.

SAP 1   Lewin, K. (2009). Schriften zur angewandten Psychologie. Aufsätze –
         Vorträge – Rezensionen. (H. E. Lück, Hrsg.) Gestalt Theory Vol. 31,
         No. 3/4.
SAP 2   Lewin, K. (2009). Schriften zur angewandten Psychologie. Aufsätze –
         Vorträge – Rezensionen. (H. E. Lück, Hrsg.) Wien: Krammer.

Artikel, Bücher und Rezensionen von Kurt Lewin

Lewin, K. (1914). Die Verwechslung von Wissenschaftssubjekt und psychischem
    Bewußtsein in ihrer Bedeutung für die Psychologie. In Festschrift für Alois
    Riehl (1914: 45–65). Berlin: H. Lonys. (KLW 1: 111–125.)

Lewin, K. (1916a). Die psychische Tätigkeit bei der Hemmung von Willensvor-
    gängen und das Grundgesetz der Assoziation. Leipzig: J. A. Barth.

Lewin, K. (1916b). [Rezension] H. Gutzmann: Über Gewöhnung und Gewohnheit,
    Übung und Fertigkeit, und ihre Beziehungen zu Störungen der Stimme und
    Sprache. Zeitschrift für angewandte Psychologie, 11: 281–282.

Lewin, K. (1916c). [Rezension] H. Bauch: Zur Gleichförmigkeit der Willenshand-
    lung. Zeitschrift für angewandte Psychologie, 11: 430–431. (1) (SAP 2:
    261–262.)

Lewin, K. (1916d). [Rezension] W. Peters und O. Němeček: Massenversuche über
    Erinnerungsassoziationen. Zeitschrift für angewandte Psychologie, 11: 432–434.

Lewin, K. (1916e). [Rezension] Hugo Friederici. Über die Wirksamkeit der suk-
    zessiven Attention. Zeitschrift für angewandte Psychologie, 11: 434–435.

Lewin, K. (1916f). [Rezension] F. Römer: Assoziationsversuche an geistig zurück-
    gebliebenen Kindern. Zeitschrift für angewandte Psychologie, 11: 436–438.

Lewin, K. (1917a). Kriegslandschaft. Zeitschrift für angewandte Psychologie, 12:
    440–447. (1) KLW 4: 315–325; (2) SAP 2: 27–35.

Lewin, K. (1917b). Die psychische Tätigkeit bei der Hemmung von Willensvor-
    gängen und das Grundgesetz der Assoziation. Vorläufige Mitteilung. Zeitschrift
    für Psychologie, 12: 212–247.

Lewin, K. (1917c). [Rezension] Magnus Hirschfeld: Warum hassen uns die Völ-
    ker? [Eine kriegspsychologische Betrachtung]. Zeitschrift für angewandte
    Psychologie, 12: 154–155. (1) SAP 2: 263.

Lewin, K. (1917d). [Rezension] Max Dessoir: Kriegspsychologische Be-
    trachtungen. Zeitschrift für angewandte Psychologie, 12: 158–160. (1) SAP 2:
    264–265.

Lewin, K. (1917e). [Rezension] Magnus Hirschfeld: Kriegspsychologisches. Zeit-
    schrift für angewandte Psychologie, 12: 160. (1) SAP 2: 266.

Lewin, K. (1917f). [Rezension] Erich Everth: Von der Seele des Soldaten im Felde. Zeitschrift für angewandte Psychologie, 12: 161–164. (1) SAP 2: 266–269.

Lewin, K. (1917g). [Rezension] Dr. Stefan v. Maday: Lustsoldat und Pflichtsoldat. Zeitschrift für angewandte Psychologie, 12: 164–166. (1) SAP 2: 270–271.

Lewin, K. (1917h). [Rezension] Theodor Kehr: Das Bewußtseinsproblem. Kritik und Lösungsversuch des Problems des Gewahrwerdens mit einem geschichtlichen Überblick. Zeitschrift für angewandte Psychologie, 12: 523–524. (1) SAP 2: 272–273.

Lewin, K. (1917i). [Rezension] H.J.F.W. Brugmans und G. Heymans: Versuche über Benennungs- und Lesezeiten. Zeitschrift für angewandte Psychologie, 12: 532–533. (1) SAP 2: 273–274.

Lewin, K. (1918a). [Rezension] Ferdinand Winkler: Studien über Wahrnehmungstäuschungen. Zeitschrift für angewandte Psychologie, 13: 302.

Lewin, K. (1918b). [Rezension] Ferdinand Winkler: Über das Zustandekommen von Mitempfindungen. Zeitschrift für angewandte Psychologie, 13: 302.

Lewin, K. (1919a). Die Rationalisierung des landwirtschaftlichen Betriebes mit den Mitteln der angewandten Psychologie. Zeitschrift für angewandte Psychologie, 15: 400–404. (1) SAP 2: 37–41.

Lewin, K. (1919b). [Rezension] Hermann Klugmann: Über Fehler bei der Reproduktion von Zahlen. Zeitschrift für angewandte Psychologie, 14: 127.

Lewin, K. (1920a). Die Verwandtschaftsbegriffe in Biologie und Physik und die Darstellung vollständiger Stammbäume. Abhandlungen zur theoretischen Biologie, Heft 5. Berlin: Bornträger.

Lewin, K. (1920b). Die Sozialisierung des Taylorsystems. Eine grundsätzliche Untersuchung zur Arbeits- u. Berufs-Psychologie. Praktischer Sozialismus, Nr. 4. Berlin-Fichtenau: Gesellschaft und Erziehung. (1) Nachdruck in: Gestalt Theory 1981, 3: 129–151.

Lewin, K. (1920c) [Rezension] Dr. R. Pauli: Über psychische Gesetzmäßigkeit insbesondere über das Webersche Gesetz. Zeitschrift für angewandte Psychologie, 17: 352–353.

Lewin, K. (1920d). [Rezension] G. F. Lipps: Das Problem der Wissensfreiheit. Volkshochschulvorträge. Zeitschrift für angewandte Psychologie, 17: 354.

Lewin, K. (1921). Das Problem der Willensmessung und das Grundgesetz der Assoziation, I. Psychologische Forschung, 1, 191–302, II. Psychologische Forschung, 2: 65–140.

Lewin, K. (1922a). Der Begriff der Genese in Physik, Biologie und Entwicklungsgeschichte. Berlin: Julius Springer. (1) KLW 2: 47–318.

Lewin, K. (1922b). Über einen Apparat zur Messung von Tonintensitäten. Psychologische Forschung, 2: 317–326. (1) KLW 2: 473–483.

Lewin, K. (1922c). Über den Einfluß von Interferenzröhren auf die Intensität obertonfreier Töne. Psychologische Forschung, 2: 327–335.

Lewin, K. (1922d). Eine experimentelle Methode zur Erzeugung von Affekten. In K. Bühler (Hrsg.), Bericht über den VII. Kongreß für experimentelle Psychologie in Marburg vom 22.–23. April 1921 (S. 146–148). Jena: Gustav Fischer. (1) SAP 2: 43–45.

Lewin, K. (1922e). Das Problem der Willensmessung und das Grundgesetz der Assoziation. Psychologische Forschung, 1 (1921): 191–302 und 2 (1922): 65–140.

Lewin, K. (1922f). [Rezension] Walter Blumenfeld: Zur kritischen Grundlegung der Psychologie. Zeitschrift für Psychologie, 89, S. 179–181. (1) KLW 1: 367–369.

Lewin, K. (1923a). Über die Umkehrung der Raumlage auf dem Kopf stehender Worte und Figuren in der Wahrnehmung. Psychologische Forschung, 4: 210–261.

Lewin, K. (1923b). Die zeitliche Geneseordnung. Zeitschrift für Physik, 13 (1/2): 62–81. (1) KLW 1: 213–232.

Lewin, K. (1923c). [Rezension]. Eduard Uhlmann: Entwicklungsgedanke und Artbegriff in ihrer geschichtlichen Entstehung und sachlichen Beziehung. Die Naturwissenschaften, 11 (Nr. 50 vom 14.12.1923): 978–979.

Lewin, K. (1924). [Rezension] Ernst Lau: Beiträge zur Psychologie der Jugend in der Pubertätszeit. I. Die Berliner Jugend und die Entwicklung ihres sittlichen Empfindens. II. Die Berliner Jugend und ihr Beruf. Psychologische Forschung, 5: 374–375. (1) SAP 2: 275–276.

Lewin, K. (1925). Über Idee und Aufgabe der vergleichenden Wissenschaftslehre. Symposion, 1: 61–93. (1) Auch separat erschienen: 1926 Erlangen: Weltkreis. (2) KLW 1: 49–79.

Lewin, K. (1926a). Untersuchungen zur Handlungs- und Affekt-Psychologie. I. Vorbemerkung über die psychischen Kräfte und Energien und über die Struktur der Seele. Psychologische Forschung, 7: 294–329.

Lewin, K. (1926b). Vorsatz, Wille und Bedürfnis. Mit Vorbemerkungen über die psychischen Kräfte und Energien und die Struktur der Seele. Berlin: Springer. (1) erweiterte Fassung: Untersuchungen zur Handlungs- und Affektpsychologie I und II. Psychologische Forschung, 7 (4): 294–399.

Lewin, K. (1926c). Filmaufnahmen über Trieb- und Affektäußerungen psychopathischer Kinder (verglichen mit Normalen und Schwachsinnigen). Zeitschrift für Kinderforschung, 32: 414–447. (1) KLW 6: 41–75.

Lewin, K. (1926d). Ein verbesserter Zeitsinnapparat. Psychologische Forschung, 7: 273–275. (1) KLW 2: 485–487.

Lewin, K. (1926e). Ein zählender Chronograph. Psychologische Forschung, 7: 276–281. (1) KLW 2: 489–494.

Lewin, K. (1926f). [Rezension] Kurt Lewin: Der Begriff der Genese in Physik, Biologie und Entwicklungsgeschichte. Zeitschrift für Psychologie, 99: 114–115. (1) KLW 1: 369–370.

Lewin, K. (1926g). [Rezension] Anna Berliner (Tokio): Japanische Reklame in der Tageszeitung. Stuttgart: Pöschel 1925. (1) Psychologische Forschung, 7: 289–290. (1) SAP 2: 277.

Lewin, K. (1927a). Gesetz und Experiment in der Psychologie. Symposion, 1: 375–421. (1) Auch separat erschienen: (1927) Berlin-Schlachtensee: Weltkreis. (2) KLW 1: 279–320.

Lewin, K. (1927b). Kindlicher Ausdruck. Zeitschrift für Pädagogische Psychologie, experimentelle Pädagogik und jugendkundliche Forschung, 28: 510–526. (1) KLW 6: 77–99.

Lewin, K. (1927c). Kindliche Ausdrucksbewegungen. Erläuterungen zu Filmaufnahmen. In W. Stern (Hrsg.), Psychologie der frühen Kindheit bis zum sechsten Lebensjahr. Leipzig: Quelle & Meyer, 4. Aufl.: 503–511; (1) 5. Aufl., 1928 und 6. Aufl., 1930: 501–510. (Dieser Text ist ein Auszug aus Lewin, 1927b).

Lewin, K. (1927d). Die Erinnerung an beendete und unbeendete Handlungen. In VIII. Int. Kongreß für Psychologie, Groningen, 1926. Groningen: Noordhoff. (1) SAP 2: 47–48.

Lewin, K. (1927e). Filmvortrag über Trieb- und Affektäußerungen psychopathischer Kinder (verglichen mit Normalen und Schwachsinnigen). Kurzer Bericht. In Deutscher Verein zur Fürsorge für jugendliche Psychopathen e.V. (Hrsg.), Bericht über die vierte Tagung für Psychopathenfürsorge Düsseldorf, 24.–26. September 1926. Berlin: Springer: 1–6.

Lewin, K. (1928a). Die Entwicklung der experimentellen Willens- und Affektpsychologie und die Psychotherapie. Archiv für Psychiatrie und Nervenkrankheiten: Offizielles Organ der Gesellschaft Deutscher Neurologen und Psychiater, 85: 515–534. Berlin, Göttingen, Heidelberg: Springer. (entspricht in großen Teilen Lewin, 1929e).

Lewin, K. (1928b). Die Entwicklung der experimentellen Willens- und Affektpsychologie und die Psychotherapie. Allgemeine Ärztliche Zeitschrift für Psychiatrie und psychische Hygiene, 1: 214–217.

Lewin, K. (1928c). Die Bedeutung der „Psychischen Sättigung" für einige Probleme der Psychotechnik. Psychotechnische Zeitschrift, 3: 182–188. (1) SAP 2: 49–66.

Lewin, K. (1928d). Kindlicher Ausdruck. Filmvortrag. In Erich Becher (Hrsg.), Bericht über den X. Kongreß für experimentelle Psychologie in Bonn vom 20.–23. April 1927. Jena: Fischer: 145–148. (Dieser Text ist eine Zusammenfassung von 1927b). (1) SAP 1: 293–296; SAP 2: 67–70.

Lewin, K. (1929a). „Zwei Grundtypen von Lebensprozessen". Zeitschrift für Psychologie, 113: 209–238.

Lewin, K. (1929b). Gestalttheorie und Kinderpsychologie. Das Werdende Zeitalter, 8: 544–550. (1) KLW 6: 101–112; (2) SAP 2: 71–79.

Lewin, K. (1929c). Les types et les lois de la psychologie. Pour l'ère nouvelle, 8: 251–252. (1) Deutsch: Die Typen und die Gesetze der Psychologie. KLW 1: 335–338.

Lewin, K. (1929d). Gesetz und Experiment in der Psychologie. Symposion. Philosophische Zeitschrift für Forschung und Aussprache, 1: 375–421. (1) Nachdruck in Buchform: Darmstadt: Wissenschaftliche Buchgesellschaft, 1967; (2) KLW 1: 279–320.

Lewin, K. (1929e). Die Entwicklung der experimentellen Willenspsychologie und die Psychotherapie. In: Bericht über den III. Allgemeinen Ärztlichen Kongreß für Psychotherapie in Baden-Baden, 20.–22. IV. 1928. Leipzig: S. Hirzel: 161–188, 204. (1) Unter gleichem Titel 1929 auch separat erschienen: Leipzig: Hirzel. (2) SAP 2: 81–111.

Lewin, K. (1929f). Die Entwicklung der experimentellen Willens- und Affektpsychologie und die Psychotherapie. Allgemeine Ärztliche Zeitschrift für Psychotherapie und psychische Hygiene, 1: 214–217.

Lewin, K. (1929g). [Rezension] Paul Oppenheim: Die natürliche Anordnung der Wissenschaften. Kantstudien, 34: 461–464. (1) KLW 1: 371–374.

Lewin, K. (1931a). Die psychologische Situation bei Lohn und Strafe. Leipzig: Hirzel. Gekürzter deutschsprachiger Nachdruck in Kwartalnik Psychologiczny, 1931, 2: 1–55. Gekürzte „Leseprobe" unter dem Titel „Gebot mit Strafandrohung" in Psychologische Rundschau. Schweizerische Monatsschrift für das Gesamtgebiet der modernen Psychologie, 1931/1932, 3: 228–238 mit Abdruck des Inhalts der Seiten 38–53 aus der Originalarbeit. (1) Nachdruck (Sonderausgabe MCMLXIV) der Originalveröffentlichung: Darmstadt: Wissenschaftliche Buchgesellschaft, 1964. (2) Die psychologische Situation bei Lohn und Strafe. Übersetzung ins Jiddische: Di psichologische situazie bei baleinung un schtrof. In Schriftn far psichologie un pedagogik. Wilna: Jiddischer wissenschaftlecher institut. Psichologisch-pedagogische sekzie (erschter band, schpalt 31–76.), 1933. KLW 6: 113–168.

Lewin, K. (1931b). Der Übergang von der aristotelischen zur galileischen Denkweise in Biologie und Psychologie. Erkenntnis, 1: 421–466. (1) KLW 1: 233–278. (2) Separat erschienen: Darmstadt: Wissenschaftliche Buchgesellschaft (1971). (3) Engl.: The conflict between Aristotelian and Galileian mode of thought in contemporary psychology. Journal of General Psychology, 1931, 5: 141–177. (4) Ebenfalls als Kap. 1 in K. Lewin, 1935. A dynamic theory of personality. New York: McGraw-Hill.

Lewin, K. (1931c). Environmental forces in child behavior and development. In C. Murchinson (Ed.), A handbook of child psychology. Worcester, Mass.: Clark University Press: 94–127. (1) Umweltkräfte in Verhalten und Entwicklung des Kindes. KLW 6: 169–214.

Lewin, K. (1931d). Sachlichkeit und Zwang in der Erziehung zur Realität. Die Neue Erziehung, Monatsschrift für entschiedene Schulreform und freiheitliche Schulpolitik, 13: 99–103. (1) KLW 6: 215–223.

Lewin, K. (1932a). Ersatzhandlung und Ersatzbefriedigung. In G. Kafka (Hrsg.), Bericht über den XII. Kongreß der Deutschen Gesellschaft für Psychologie in Hamburg vom 12.–16. April 1931. Jena: Gustav Fischer: 382–384. (1) SAP 2: 115–117.

Lewin, K. (1932b). [Rezension] Gardener Murphy und Louis Barley Murphy, Experimental Social Psychology. Zeitschrift für Sozialforschung, 1: 169–170.

Lewin, K. (1933a). Eine dynamische Theorie des Schwachsinnigen. In G. Boon, L. Dahlhem, F. Du Bois et al. (Hrsg.), Hommage au Dr. Decroly (S. 313–351). Saint Nicholas: Les usines reunies, Scheerders van Kerchove. (1) KLW 6: 225–266.

Lewin, K. (1933b). Vectors, cognitive processes, and Mr. Tolman's criticism. Journal of General Psychology, 8: 318–345. (1) KLW 4: 99–131.

Lewin, K. (1933c). Vorwort. In F. J. J. Buytendijk, Wesen und Sinn des Spiels. Das Spielen des Menschen und der Tiere als Erscheinungsform der Lebenstriebe. Berlin: Kurt Wolff: 7–8/Der neue Geist. (1) (SAP 2: 118.)

Lewin, K. (1934). Der Richtungsbegriff in der Psychologie. Der spezielle und allgemeine Hodologische Raum. Psychologische Forschung, 19: 249–299.

Lewin, K. (1935a). A dynamic theory of personality. Selected papers. New York: McGraw-Hill.

Lewin, K. (1935b). Psycho-sociological problems of a minority group. Character and Personality, 3: 175–187. Deutsch: (1) Psychosoziologische Probleme einer Minderheitengruppe, LSK 1: 204–221.

Lewin, K. (1935c): Zeitperspektive und Moral. LSK 3: 152–180.

Lewin, K. (1936a). Principles of topological psychology. New York: McGraw-Hill. (1) Deutsch: 1969, Grundzüge der topologischen Psychologie. R. Falk & F. Winnefeld (Hrsg.), unter Mitarbeit von H. Ahrbeck, jun. Bern, Stuttgart: Huber.

Lewin, K. (1936b). Some social-psychological differences between the United States and Germany. Character and Personality, 4: 265–293. Deutsch: (1) Sozialpsychologische Unterschiede zwischen den Vereinigten Staaten und Deutschland. Gekürzt in LSK 1, 2, 3: 22–62.

Lewin, K. (1936c). Psychology of success and failure. Occupations, 14: 926–930.

Lewin, K. (1937a). Psychoanalysis and topological psychology. Bulletin of the Menninger Clinic, 1: 202–211. Deutsch: (1) Psychoanalyse und Topologische Psychologie. Schweizerische Zeitschrift für Psychologie, 1962, 21: 297–306. (2) SAP 2: 121–130.

Lewin, K. (1937b). Carl Stumpf (Nachruf). Psychological Review, 44, S. 189–194. (1) KLW 1: 339–344.

Lewin, K. (1938a). The conceptual representation and measurement of psychological forces. Contributions to psychological theory, Vol. 1, Serial No. 4. Durham, N.C.: Duke University Press.

Lewin, K. (1938b). Experiments on autocratic and democratic atmospheres. Social Frontier 4 (37): 316–319. Deutsch: (1) Experimente über autokratische und demokratische Atmosphären. SAP 1: 365–372; (2) SAP 2: 139–145.

Lewin, K. (1938c). A note from Kurt Lewin, Science and Society, 2: 259.

Lewin, K. (1938d). Will and needs. In Willis D. Ellis (Ed.), A source book of Gestalt Psychology. New York: Harcourt, Brace & London: Kegan Paul: 283–299.

Lewin, K. (1939a). Field theory and experiment in social psychology. American Journal of Sociology, 44: 868–897. (1) FSS: 130–154. Deutsch: Feldtheorie und Experiment in der Sozialpsychologie. (2) FSW 1 und 2: 168–191; (3) KLW 4: 187–213.

Lewin, K. (1939b). Experiments in social space. Harvard Educational Review, 9 (1): 21–32. Deutsch: Experimente über den sozialen Raum, (1) LSK 1,2 und 3: 112–127.

Lewin, K. (1939c). Reply to Dr. Garrett. Psychological Review, 46: 591–594.

Lewin, K. (1939d). When facing danger. Jewish Frontier, 6 (Sept.): 18–22. Deutsch: Angesichts von Gefahr. (1) LSK: 222–235; (2) (SAP 2: 147–155.)

Lewin, K. (1939e): Psychosoziale Probleme einer Minderheitengruppe. LSK 3: 204–221.

Lewin, K. (1940a). Formalization and progress in psychology. (Studies in topological and vector psychology) University of Iowa Studies. Studies in Child Welfare 16 (3): 9–42. Deutsch: Formalisierung und Fortschritt in der Psychologie, (1) KLW 4: 41–72.

Lewin, K. (1940b). The background of conflict in marriage. In M. Jung (Ed.) Modern marriage: 52–69. New York: Crofts. Deutsch: (1) Der Hintergrund von Ehekonflikten. LSK 1, 2 und 3: 128–151.

Lewin, K. (1940c). Intelligence and motivation. Thirty-ninth Yearbook of the National Society for the Study of Education, Part I. Bloomington: Public School Publication Company: 297–305.

Lewin, K. (1940d). Bringing up the (Jewish) child. The Menorah Journal, 28: 29–45. Deutsch: Die Erziehung des Kindes. (1) KLW 6: 267–283.

Lewin, K. (1940e) [Review] Henry A. Murray: Explorations in Personality. Journal of abnormal and social psychology, 35: 283–285.

Lewin, K. (1941a). Regression, retrogression and development. In: R. Barker & T. Dembo. Frustration and regression: an experiment with young children. University of Iowa Studies: Studies in Child Welfare 18, Nr. 1 (Studies in Topological and Vector Psychology 2): 1–43. Deutsch: Regression, Retrogression und Entwicklung, (1) KLW 6: 293–336.

Lewin, K. (1941b). Analysis of the concepts whole, differentiation, and unity. Appendix zu R. Barker & T. Dembo. Frustration and regression: an experiment with young children. University of iowa Studies: Studies in Child Welfare, 18, Nr. 1 (Studies in Topological and Vector Psychology 2): 226–261. Deutsch: Analyse der Begriffe Ganzheit, Differenziertheit und Einheitlichkeit. (1) FSW 2: 330–362; (2) KLW 4: 331–365.

Lewin, K. (1941c). Self-hatred among Jews. Contemporary Jewish Record, 4: 219–232. Deutsch: Selbsthaß unter Juden. (1) LSK 1, 2 und 3: 258–277; (2) SAP 1: 383–398; (3) SAP 2: 157–169.

Lewin, K. (1941d). Personal adjustment and group belongingness. Jewish Social Service Quarterly, 17, p. 362–366. Deutsch: Persönliche Anpassung und Gruppenzugehörigkeit. (1) SAP 2: 171–177.

Lewin, K. (1942a). Field theory of learning. In The Fourty-first Yearbook of the National Society for the Study of Education. Chicago, IL: University of Chicago Press: 215–242. Deutsch: Feldtheorie des Lernens. (1) KLW 4: 157–185; (2) FSW 2: 102–125.

Lewin, K. (1942b). Time perspective and morale. In Watson, Goodwin (Ed.) Civilian Morale (Second Yearbook of the Society for the Psychological Study of Social Issues). Boston (Mass.): Houghton Mifflin: 48–70. Deutsch: Zeitperspektive und Moral, (1) LSK 1, 2 und 3: 152–180.

Lewin, K. (1942c). Changes in social sensitivity in child and adult. Childhood Education, 19, p. 53–57.

Lewin, K. (1942d). A group test for determing the anchorage points of food habits. Preliminary report. Committee on Food Habits, National Research Council, Washington. (Mimeographed) 21 Seiten.

Lewin, K. (1942e) The relative effectiveness of a lecture method and a method of group decision for changing food habits. Commitee on Food Habits. Washington, D.C.: Papers of the American Psychological Association, National Research Council Committee on Food Habits (1941–1943), Manuscript Division, Library of Congress, Box 40.

Lewin, K. (1942f). Testing Food Habits and their Anchorage points: A Project in nutrition. Washington, DC: Manuscript Division, Library of Congress, Papers of Margaret Mead and the South Pacific Ethnographic Archives, F8.

Lewin, K. (1943–1944). Forschungsprobleme der Sozialpsychologie. FSW 2: 192–205. (1) Forschungsprobleme der Sozialpsychologie I: Theorie, Beobachtung und Experiment. KLW 4: 215–235.

Lewin, K. (1943a). Forces behind food habits and methods of change. Bulletin of National Research Council, Nr. 108: 35–65. (1) Nachdruck: Psychological Ecology. FSS: 170–187. Deutsch: Psychologische Ökologie. (2) KLW 4: 291–314; (3) FSW 2: 206–222.

Lewin, K. (1943b). Defining the ‚field at a given time'. Psychological Review, 50, p. 292–310. (1) FSS: 43–59. Deutsch: Definition des ‚Feldes zu einer bestimmten Zeit'. (2) KLW 4: 133–154; (3) FSW 2: 86–101.

Lewin, K. (1943c). Psychology and the process of group living. Journal of Social Psychology, 17: 113–131. Deutsch: Psychologie und Gruppenarbeit. (1) KLW 4: 215–219.

Lewin, K. (1943d). Foreword. In Robert W. Leeper: Lewin's topological and vector psychology. A digest and critique (p. III–IV). Eugene, Oregon: University of Oregon. Deutsch: „Vorwort zu Robert W. Leepers: Lewin's topological and vector psychology. A digest and critique". (1) SAP 2: 199–201.

Lewin, K. (1943e). Cultural reconstruction. Journal of Abnormal and Social Psychology, 38 (2): 166–173. Deutsch: Kultureller Wiederaufbau. (1) LSK 3: 63–73; (2) SAP 2: 179–186.

Lewin, K. (1943f). The special case of Germany. Public Opinion Quarterly, 7 (4: 555–566. Deutsch: Der Sonderfall Deutschland. (1) LSK 3: 74–91; (2) SAP 2: 187–198.

Lewin, K. (1943g). Remarks to Mr. Hull's supplementary note. Psychological Review, 50: 288–291.

Lewin, K. (1944a). Constructs in psychology and psychological ecology. (Studies In Topological and Vector Psychology III.) University of Iowa Studies: Studies In Child Welfare 20: 1–29. Deutsch: (1) Konstrukta in der Feldtheorie. FSW 1: 74–85. (2) KLW 4: Konstrukte in der Feldtheorie: 73–86, sowie Forschungsprobleme der Sozialpsychologie I: Theorie, Beobachtung und Experiment: 219–235 und Psychologische Ökologie: 291–312.

Lewin, K. (1944b). Jüdische Erziehung und Realität. KLW 6: 365–374.

Lewin, K. (1944c). Dynamics of group action. Educational Leadership 1: 195–200. Deutsch: Die Dynamik der Gruppenhandlung. (1) SAP 1: 429–436; (2) SAP 2.

Lewin, K. (1944d). The solution of a chronic conflict in industry. In Proc. II. Brief Psychotherapy Council, Chicago, Ill.: Institute for Psychoanalysis: 36–46. Deutsch: Die Lösung eines chronischen Konfliktes in der Industrie. (1) LSK 1: 181–202.

Lewin, K. (1945a). The Research Center for Group Dynamics at Massachusetts Institute of Technology. Sociometry, 8 (2): 126–136. (Der Aufsatz erschien als geringfügig veränderter reprographischer Nachdruck mit dem Zusatz „Publication No. 1" des Research Center for Group Dynamics. Im Jahr 1947 erschien eine von Ronald Lippitt überarbeitete und erweiterte Fassung des Textes als separate Schrift in der Reihe Sociometry Monographs, No. 17. New York: Beacon House.) Deutsch: (1) Das Forschungszentrum für Gruppendynamik am Institut für Technologie von Massachusetts. Gruppendynamik, 1978, 9: 379–390; (2) Das Forschungszentrum für Gruppendynamik am Massachusetts Institute of Technology. SAP 2: 211–222.

Lewin, K. (1945b): Das Verhalten, die Kenntnis und die Übernahme neuer Werte. LSK 3: 92–110.

Lewin, K. (1946a). Behavior and development as a function of the total situation, In L. Carmichael (Ed.), Manual of child psychology. New York: Wiley: 791–844. Deutsch: (1) Verhalten und Entwicklung als Funktion der Gesamtsituation. KLW 6: 375–448; (2) Verhalten und Entwicklung als eine Funktion der Gesamtsituation. FSW 2: 271–329.

Lewin, K. (1946b). Research on minority problems. Technological Review, 48 (3): 163–164 und 182–190. Deutsch: (1) Die Forschung über Minderheitenprobleme. SAP 2: 237–246.

Lewin, K. (1946c). Action research and minority problems. Journal of Social Issues, 2: 34–64; (1) RSC: 201–216. Deutsch: Aktionsforschung und Minderheitenprobleme. (2) SAP 1: 473–487; (3) SAP 2: 247–260; (4) Tat-Forschung und Minderheitenprobleme. (LSK 1, 2 und 3: 278–298.)

Lewin, K. (1947a) Frontiers in group dynamics: I. Concept, method, and reality in social science; social equilibria and social change. Human Relations, 1: 5–41. (1) Frontiers in Group Dynamics. FSS: 188–237. Deutsch: (2) Forschungsprobleme der Sozialpsychologie II: Soziales Gleichgewicht und sozialer Wandel im Gruppenleben. KLW 4: 237–290. (3) Gleichgewichte und Veränderungen in der Gruppendynamik. FSW 2: 223–270.

Lewin, K. (1947b). Frontiers in group dynamics: II. Channels of group life; social planning, and action research. Human Relations, 1: 143–153.

Lewin, K. (1947c). Group decision and social change. In T. M. Newcomb & E. E. Hartley (Eds.), Readings in social psychology. New York: Holt, Rinehart & Winston: 330–344. (1) Gleichgewichte und Veränderungen in der Gruppendynamik. FSW 2: 223–270.

Lewin, K. (1947d). Psychological problems in Jewish education. Jewish Social Service Quarterly, 23: 291–296. Deutsch: Psychologische Probleme bei der jüdischen Erziehung. (1) KLW 6: 449–456.

Lewin, K. (1948). Resolving social conflicts. (G. Weiß Lewin, Hrsg.) New York: Harper & Brothers.

Lewin, K. (1949). Cassirer's philosophy of science and the social sciences. In P. A. Schilp (Ed.), The philosophy of Ernst Cassirer. Evanston, Ill.: Library of Living Philosophers: 271–288. Deutsch: Cassirers Wissenschaftsphilosophie und die Sozialwissenschaften. (1) KLW 1: 347–365.

Lewin, K. (1969). Grundzüge der topologischen Psychologie. Bern: Huber. (Amerik. Original: Principles of topological psychology. New York: McGraw-Hill, 1936).

Posthum veröffentlichte Arbeiten von Kurt Lewin

Lewin, K. (1981a). Das Erhaltungsprinzip in der Psychologie. KLW 1: 81–86. – Entstanden 1911 (?).

Lewin, K. (1981b). Erhaltung, Identität und Veränderung in Physik und Psychologie. KLW 1: 87–110. – Entstanden 1912 (?).

Lewin. K. (1981c). Psychologische und sinnespsychologische Begriffsbildung. Zur Festschrift für C. Stumpf's 70. Geburtstag. KLW 1: 127–151. Entstanden 1918.

Lewin, K. (1981d). Die Erziehung der Versuchsperson zur richtigen Selbstbeobachtung und die Kontrolle psychologischer Beschreibungsangaben. KLW 1: 153–211. Vorabdruck in Gruppendynamik, 12: 78–87. – Entstanden 1918, vermutet Alexandre Métraux in KLW 1: 202 f.

Lewin, K. (1981e). Vom Sinn statistischer Gesetzte. KLW 1: 321–334. – Entstanden 1927/1928 (?).

Lewin, K. (1981f). Kein Ort, an dem man aufrecht leben kann. Ein Brief von Kurt Lewin an Wolfgang Köhler, Psychologie heute, 8 (6): 50–56. Englisch: „Everything within me rebels": A Letter from Kurt Lewin to Wolfgang Köhler, 1933, Journal of Social Issues, 1986, 42: 39–47. – Entstanden 1933.

Lewin, K. (1982). Gibt es individuelle Wissenschaften? KLW 6: 457–477. – Entstanden 1925 (?).

Lewin, K. (1983). Wissenschaftslehre. KLW 2: 319–471. – Entstanden 1925–1928 (?).

Lewin, K. (1987). Die Dynamik des kindlichen Konfliktes. Gruppendynamik 18: 441–450. – Entstanden 1933; [Rückübersetzung eines japanischen Manuskriptes].

Kurt Lewin als co-autor

Barker, R., Dembo, T. & Lewin, K. (1937). Experiments on frustration and regression in children. (Abstract). Psychological Bulletin, 34: 754–755. Deutsch: Experimente zur Frustration und Regression von Kindern. (1) SAP 2: 131–138.

Barker, R., Dembo, T. & Lewin, K. (1941). Frustration and regression: an experiment with young children. University of Iowa Studies: Studies in Child Welfare, 18, Nr. 1 (Studies in Topological and Vector Psychology 2). Deutsch: Frustration und Regression. (1) KLW 6: 337–364.

Barker, R., Dembo, T. & Lewin, K. (1943). Frustration and regression. In: R. G. Barker, J. S. Kounin & H. F. Wright (Eds.), Child Behavior and Development. A course of representative studies. New York. McGraw-Hill: 441–458. Deutsch: Frustration und Regression. (1) KLW 6: 337–364.

Bavelas, A. & Lewin, K. (1942). Training in democratic leadership. Journal of Abnormal and Social Psychology 37: 115–119. Ebenso in: P. L. Harriman (Ed.) with the assistance of G. L. Freeman, G. W. Hartmann, K. Lewin, A. H. Maslow, and C. E. Skinner. (1946), Twentieth century psychology. Recent developments in psychology. New York: The Philosophical Library: 175–181.

Lewin, G. & Lewin, K. (1941). Democracy and the school. Understanding the child, a magazine for teachers 10: 7–10. Deutsch: Demokratie und Schule. (1) KLW 6: 285–291.

Lewin, K. & Grabbe, P. (Issue Editors). (1945b). Problems of Education. Journal of Social Issues, 1 (3): 1–66.

Lewin, K. & Grabbe, Paul (1945a). Conduct, knowledge, and acceptance of new values. Journal of Social Issues, 1 (3): 53–64. Deutsch: Handeln, Wissen und die Übernahme neuer Werte. (1) SAP 2: 223–235.

Lewin, K. & Korsch, K. (1939). Mathematical constructs in psychology and sociology. (Vervielfältigtes Kongressmanuskript). Deutsch: Mathematische Konstrukte in Psychologie und Soziologie. (1) KLW 4: 87–97.

Lewin, K. & Lipmann, O. (1917). Die Berufseignung der Schriftsetzer. Mitteilungen des Vereines Berliner Buchdruckereibesitzer Nr. 51.

Lewin, K. & Lippitt, R. (1938). An experimental approach to the study of autocracy and democracy: a preliminary note. Sociometry, 1: 292–300. Deutsch: Eine experimentelle Methode zur Untersuchung von Autokratie und Demokratie. Eine vorläufige Notiz. (1) SAP 1: 357–364; (2) SAP 2: 131–138.

Lewin, K. & Rupp, H. (1928). Untersuchungen zur Textil-Industrie, Psychotechnische Zeitschrift, 3: 8–23 und 51–63.

Lewin, K. & Sakuma, K. (1925). Die Sehrichtung monokularer und binokularer Objekte bei Bewegung und das Zustandekommen des Tiefeneffektes. Psychologische Forschung, 6: 298–357.

Lewin, K., Dembo, T., Festinger, L. & Sears, P.S. (1944). Level of aspiration. In J. McV. Hunt, (Ed.), Personality and the behavior disorders. New York: Ronald Press: 333–378.

Lewin, K., Lippitt, J. R., Hendry, Ch., Zander, A., French, R. P., Kuselewitz, D. & Deets, L. (1945). The practicality of democracy. In: G. Murphy (Ed.), Human nature and enduring peace. Boston: Houghton Mifflin: 295–347.

Lewin, K., Lippitt, R. & White, R. K. (1939). Patterns of aggressive behavior in experimentally created „social climates“, Journal of social psychology, 10: 271–299.

Tabellarischer Lebenslauf von Kurt Lewin

(aus msh & ka 2017: 111 f.)

1890 geboren am 9. September in Mogilno, Posen

1905 Umzug nach Berlin

1909 Beginn des Medizinstudiums in Freiburg

1910 bis 1914 Studium der Philosophie, Wissenschaftslehre und Psychologie in Berlin

1914 Kriegsfreiwilliger

1916 Verwundung, Promotion zum Dr. phil. bei Carl Stumpf mit einer Arbeit über Assoziationstheorie

1917 Heirat mit Maria Landsberg, zwei Kinder: Esther und Fritz

1918 bis 1920 gestaltpsychologische Forschung in Berlin

1920 Privatdozent in Berlin, vorwiegend entwicklungs- und persönlichkeitspsychologische Forschung

1929 Heirat mit Gertrud Weiss, zwei Kinder: Miriam und Daniel

1933 Emigration in die USA

1933 bis 1947 Professor in New York und Iowa, vorwiegend experimentelle Sozialpsychologie

1947 plötzlicher Tod durch Herzversagen am 11. Februar in Newtonville/Boston.

Glossar[1]

Abhängigkeit [engl. dependency] Die Frage nach dem, was „ein Ganzes" ausmacht, geht Lewin über den Gedanken an, dass es zwischen benachbarten Teilen unterschiedlich starke →Grenzen und damit unterschiedlich starke gegenseitige (oder einseitige) Abhängigkeit gibt. Die Abhängigkeit definiert er als jenes Ausmaß, in dem eine (→Spannungs-)Zustandsveränderung in einem Teil eine Zustandsveränderung in einem benachbarten Teil hervorruft – und umgekehrt. (1941b1, S. 337 ff.)

Aggression [engl. aggression] Wenn →Bedürfnisse im →Lebensraum →Lokomotion erzeugen, die Feldkräfte aber durch →Barrieren blockiert sind, die nicht umgangen werden können, und auch kein →Aus-dem-Felde-gehen möglich ist, steigt die psychische →Spannung und →Regression oder Aggression sind die Folge.

---

[1] *Die Glossar-Begriffe sind bei ihrem ersten Auftauchen in jedem Kapitel mit einem * versehen.*

Kurt Lewin hat ein Glossar Feldtheoretischer Begriffe in seinen Grundzügen der topologischen Psychologie (1969, S. 218 ff.) veröffentlicht. Sein Schüler Robert W. Leeper (1943, S. 203 ff.) hat ein differenziertes Glossar zur Topologischen Psychologie und Vektorpsychologie verfasst. Auf deren Grundlage hat Helmut E. Lück (1996/2001) Feldtheoretische Begriffe zusammengestellt. Klaus Antons und Monika Stützle-Hebel haben Begriffe, die später populär wurden, z. B. →Organisationsentwicklung, hinzugefügt, allerdings lediglich in dem von Lewin geprägten und verstandenen Sinne. Spätere Entwicklungen sind angemerkt.

M. Stützle-Hebel, K. Antons, *Zur Aktualität von Kurt Lewin*, Aktuelle und klassische Sozial- und KulturwissenschaftlerInnen, https://doi.org/10.1007/978-3-658-48827-7

Aktionsforschung [engl. action research]   „This and similar experiences have convinced me that we should consider action, research, and training as a triangle that should be kept together for the sake of any of its corners." (Lewin 1946c1, S. 211). Die vergleichende Erforschung von Bedingungen und Wirkungen sozialen Handelns soll eine zu sozialem Handeln führende Forschung sein. Dieser Ansatz wurde zum Grundparadigma der →Organisationsentwicklung, boomte, verlor dann an Bedeutung und scheint derzeit im außereuropäischen Raum wieder Aufwind zu haben.

Ambivalenz [engl. ambivalence]   Zwei-Wertigkeit: Zwei konkurrierende →Aufforderungscharaktere oder →Valenzen üben eine etwa gleichstarke Wirkung auf die →Person aus. Damit ist die →Lokomotion gebremst.

Annäherungsverfahren [engl. method of approximation]   Dieses für die Feldtheorie kennzeichnende Verfahren bestimmt zunächst die Struktur des →Lebensraumes in seiner Ganzheit und gelangt schrittweise durch Bestimmung immer spezifischerer Eigenschaften zu größerer Genauigkeit.

Anspruchsniveau [engl. level of aspiration]   Schwierigkeitsgrad einer Leistung, den sich eine →Person abverlangt. Das Anspruchsniveau hängt u. a. ab von der Einstellung zu Erfolgen und Misserfolgen. Es steigt in der Regel mit dem tatsächlichen Leistungsniveau. „Die Gesamtheit dieser (…) Erwartungen, Zielsetzungen oder Ansprüche an die zukünftige eigene Leistung wollen wir das Anspruchsniveau der Vp. nennen" (Hoppe 1930, S. 10)

Appetenz [engl. appetence]   Anziehung durch ein Objekt oder Ziel; vgl. →Aversion. Beide zusammen konstituieren die drei →Konflikttypen.

Aristotelisches Denken [engl. Aristotelic mode of thought]   Basierend auf einer der wesentlichen Veröffentlichungen Lewins (1931b): In der Unterscheidung zum →galileischen Denken bezeichnet Lewin mit dem aristotelischen ein analytisches und kategorisierendes Denken, in dem Gegenstände klassifiziert werden; es ist das Paradigma der klassischen Naturwissenschaften und auch der sich an ihr orientierenden älteren Psychologie.

Aufforderungscharakter [engl. valence]   Wertigkeit eines Zieles im →Lebensraum einer →Person; Summe der Kräfte, die auf eine →Region einwirken. Ist die Summe positiv, hat diese Region eine positive →Valenz. Manche Autoren, wie z. B. Oerter unterscheiden zwischen objektiver Valenz, d. h. den Möglichkeiten, die in einem Gegenstand stecken, und der subjektiven Valenz, d. h. dem Aufforderungscharakter, den ein Objekt zu einer bestimmten Zeit für eine bestimmte Person hat. Der deutsche Begriff Aufforderungscharakter wurde von Junius F. Brown 1929 zuerst mit „invitational character" ins Englische übersetzt, Donald K. Adams übersetzte ihn 1930 mit „valence" (Zur Geschichte der Übersetzung siehe Marrow 1977, S. 81 f.). Der von Lewin später selbst gebrauchte Begriff valence setzte sich durch. Im Deutschen werden die Begriffe Aufforderungscharakter und Valenz daher heute gleichbedeutend nebeneinander verwendet.

Aus-dem-Felde-gehen [engl. leaving the field]   Form der →Lokomotion, besonders bei starken Aversions-Aversions-Konflikten (z. B. Strafandrohung bei unangenehmen Aufgaben). Hier kann es geschehen, dass Personen sich dem →Konflikt nicht stellen, sondern „sich drücken", flüchten, ausweichen, resignieren.

Aversion [engl. aversion]   Abstoßung durch ein Objekt bzw. Ziel; →Appetenz. Beide zusammen konstituieren die drei →Konflikttypen.

Barriere [engl. barrier]   Eine →Grenze bzw. →Grenzzone eines →Lebensraumes [engl. barrier region of a life space], die einer →Lokomotion Widerstand entgegensetzt, sei sie physischer, sozialer oder begrifflich-logischer Art. Topologisch werden Barrieren von Lewin als dickere Linien zwischen →Bereichen des Lebensraumes und Grenzzonen als schraffierte Bereiche des Lebensraumes dargestellt.

Bedürfnis [engl. need]   Es besteht eine Distanz oder Differenz zwischen einem erwünschten und dem derzeitigen Ort im →Lebensraum oder Zustand der →Person. Diese Distanz erzeugt eine →Bedürfnisspannung und löst Bewegung hin auf eine Lebensraum-Region aus, von der sich die Person eine (zumindest teilweise) Bedürfnisbefriedigung verspricht, und hat die Spannungsreduktion zum Ziel.

Bedürfnisspannung [engl. tension]   Ein Bedürfnis erzeugt eine →Spannung, die der Motor für →Lokomotion ist, eine Bewegung auf das gewünschte Objekt hin, die die Spannung reduzieren oder aufheben soll.

Bereich, psychischer [engl. region]   Teil des →Lebensraums. Was immer bei der Charakterisierung einer psychologischen Situation als Bereich dargestellt wird, muss nach Lewin Teil des Lebensraumes sein. Topologisch werden Bereiche des Lebensraumes als von einer Linie umfasste Teile unterschiedlichster Form dargestellt.

Change/Changing   Ist der Prozess der Veränderung, den Lewin als Dreischritt aus →Unfreeze – Move – Freeze versteht. Er wird in etlichen Darstellungen fälschlicherweise als die mittlere Phase im Dreischritt der Veränderung dargestellt. Im ersten Schritt, das →Unfreeze/Unfreezing werden bisher gewohnte Verhaltensmuster aufgelockert, was mit Irritation, Verunsicherung und Verstörung einhergeht. Dem folgt die Phase des Suchens und Experimentierens mit neuen Verhaltensweisen →Move/Moving. Sind geeignete neue Verhaltensmuster gefunden, müssen diese anschließend stabilisiert werden, was von Lewin als Freezing, gelegentlich auch als →Refreezing bezeichnet wird.

Differenzierung des →Lebensraumes [engl. differentiation of the life space] Für Lewin besteht Reifung im Wesentlichen darin: Je mehr sich im Laufe der Entwicklung der Lebensraum eines Menschen aufgliedert, desto mehr Freiheitsgrade bietet er.

Dynamisch [engl. dynamic] Tatsachen oder Begriffe, die auf Bedingungen eines Wandels – speziell auf Kräfte – zurückgehen, werden als dynamisch bezeichnet.

Feld [engl. field] Ein Raum, dem an jedem Punkt eine bestimmte Charakteristik zuzuschreiben ist.

Feldkraft [engl. field force] Die vom Objekt/einer Region des Lebensraums ausgehende, auf die →Person wirkende →Kraft, die in einem psychologischen oder sozialen →Feld eine →Lokomotion erzeugt.

Feldtheorie [engl. field theory] Der schlussendliche und verbreitetste Name, den Lewin seinem Theoriekonstrukt gab. Zwischenzeitlich benannte er sie auch als Topologische Psychologie, →Vektorpsychologie oder →Dynamische Theorie. Sie umfasst die Gesamtdynamik zwischen → Person und →Umfeld. (Vgl. KLW 4, S. 11)

Figur-Grund-Relation [engl. figure-ground-relation] Beliebtes Paradigma der →Gestaltpsychologie: Die Figur-Grund-Relation in der menschlichen Wahrnehmung wurde erstmals von Edgar Rubin untersucht und 1915 benannt. Gestaltpsychologen haben das Figur-Grund-Paradigma aufgenommen und näher untersucht: Beim Wahrnehmen strukturieren wir immer die in uns oder unserer Umwelt gegebenen (visuellen, akustischen, taktilen etc.) Reize, die auf unsere Sinnesorgane treffen, so, dass sie eine Figur im Vordergrund auf einem diffusen Hintergrund ergeben. Welche Reize zu Figuren „gestaltet" werden, hängt von einer Vielzahl von Bedingungen ab. Neben den „Gestaltgesetzen", die die Gestaltpsychologie erforscht hat, sind dies auch die je aktuellen Bedürfnisse oder erlernte Wahrnehmungsgewohnheiten. Die seit dem Ende des 19. Jahrhunderts beliebten Kippbilder veranschaulichen dieses Prinzip.

Fließgleichgewicht [engl. dynamic equilibrium] Begriff aus der Strömungslehre, der ein →dynamisches, autopoetisches (sich selbst regulierendes) Gleichgewicht beschreibt. Zum Beispiel behält eine Kerzenflamme ihre Form unter wechselnden Bedingungen. Lewin benützt diesen Begriff, um sein Konzept des →quasi-stationären Gleichgewichts zu beschreiben.

Frustration [engl. frustration] Vom Lateinischen frustratio: Täuschung einer Erwartung. Sie entsteht, wenn das Erreichen eines Zieles be- oder verhindert wird.

Führungsstile [engl. leadership style] Unter diesem Namen, aber auch unter „Erziehungsstile" sind die Experimente von Lewin und zwei Schülern (Lewin et al. 1939) bekannt geworden. Der autoritäre, demokratische und laissez-faire-Stil werden beschrieben. Lewin selbst spricht meist von →Gruppenatmosphären, selten von Führungsstilen.

Galileisches Denken [engl. Galilean mode of thought]   Im Gegensatz zum älteren →aristotelischen Denken (Lewin 1931b) zeichnet sich das galileische dadurch aus, dass es die kategorialen Trennungen überwindet und zu Übergängen und Reihenbegriffen findet, die eine kontinuierliche Abwandlung gestatten. Es sucht nach Übereinstimmungen der tiefer liegenden Bedingungszusammenhänge der Phänomene.

Gestalt [Begriff bleibt weltweit unübersetzt]   Umgangssprachlich die äußere Form, die Erscheinung, die Konfiguration. Seit Platon Anliegen der Philosophie, wird der Begriff von Christian von Ehrenfels in die Psychologie übernommen. Hier bedeutet er eine Übersummativität (Aristoteles: das Ganze ist mehr als seine Teile). Eine Gestalt ist mit Eigenschaften versehen, die von den Elementen nicht abgeleitet werden können. Ein drittes Merkmal ist die Transponierbarkeit (z. B. einer Melodie). Gestalttheorie, Gestaltpsychologie und Gestalttherapie nutzen dieses Konzept. Lewin gilt als einer der bedeutenden deutschen Gestaltpsychologen.

Grenze [engl. boundary of a psychological region]   Aus dem altpolnischen granica; zentrales Konzept, um →Person und →Lebensraum gegen die Umwelt abzuheben bzw. die verschiedenen →Regionen des Lebensraumes zu unterscheiden. Je stärker eine Grenze ist, desto weniger sind die benachbarten Regionen oder Teile voneinander →abhängig.

Grenzzone [engl. boundary zone]   Derjenige →Bereich in einem →Lebensraum, der bei der →Lokomotion von einem Bereich in einen anderen durchquert werden muss.

Gruppenatmosphäre [engl. group atmosphere]   Der Begriff, den Lewin, Lippitt und White (1939) meist statt →Führungsstil verwendeten.

Gruppendynamik [engl. group dynamics]   Von Moreno und Lewin etwa zeitgleich geprägter Begriff, der die Zug- und Schubkräfte, →Lokomotion und →Barrieren in einem überschaubaren sozialen Gebilde beschreibt. Dieses Zusammenspiel der Kräfte führt zu einem je spezifischen Umgang der Gruppe mit den Fragen nach Macht, Zugehörigkeit und Intimität, die jede Gruppe regeln muss, und stellt den Gruppenprozess dar. Dabei fasst Lewin den Gruppenbegriff wesentlich weiter als wir heute.

Hülle, psychologiefremde [engl. foreign hull]   →Lebensraum

Interdependenz [engl. interdependence]   Bei gegenseitiger Abhängigkeit der Teile eines Ganzen voneinander spricht Lewin von Interdependenz. (1941b1, S. 337 ff.)

Jordankurve [engl. Jordan curve]　Die topologische Abbildung eines Kreises. Benannt nach dem französischen Mathematiker Marie Ennemond Camille Jordan (1838–1922). Lewin benutzt die Jordankurve zur topologischen Darstellung des →Lebensraums.

Kohäsion [engl. cohesion]　Zusammenhalt. Nach Festinger ist Kohäsion die Summe aller Kräfte, die die Mitglieder zum Verbleib in der Gruppe veranlasst.

Kommunikation [engl. communication]　1. Informationsaustausch zwischen Individuen. 2. →Bereiche des →Lebensraumes stehen in Kommunikation, wenn ein Zustandswandel des einen Bereiches den Zustand des anderen ändert (→Abhängigkeit, →Interdependenz). Der Kommunikationsgrad entspricht dem Ausmaß →dynamischer Zusammenhänge.

Konflikt, ~typen [engl. conflict, types of conflict]　Entgegengesetzt gerichtete, etwa gleich starke →Feldkräfte, die gleichzeitig auf das Individuum einwirken. Je nach →Valenzen sind das: Appetenz-Appetenz-, Appetenz-Aversions- und Aversions-Aversions-Konflikt.

Kraft [engl. force]　Ursache einer Veränderung. Eigenschaften der Kraft sind: Stärke, Richtung und Angriffspunkt. In der topologischen Psychologie Lewins werden Kräfte als Vektoren dargestellt.

Kräftefeld [engl. field of force]　Das (psychologische oder soziale) Feld, in dem die →Kräfte wirksam sind und sich gegenseitig beeinflussen.

Kraftfeldanalyse [engl. force-field-analysis]　Um Veränderungen anzustoßen bedarf es einer differenzierten Analyse der die Person, Gruppe oder Organisation betreffenden und umgebenden Kräftefelder. Lewin ist überzeugt, dass man insbesondere die Widerstandskräfte oft erst durch eine experimentelle Intervention in das System identifizieren kann. Sein Ansatz wurde in der Kraftfeldanalyse meist verkürzt weitergeführt. Als gutes Beispiel siehe Doppler und Voigt (2012, S. 213 ff.)

Kriegslandschaft [engl. the landscape of war; war landscape]　Titel einer der frühesten Arbeiten Lewins (1917), in der sein zukünftiges Denken zugrundegelegt ist. Er beschreibt, wie sich eine Landschaft je nach der →Motivlage eines Menschen anders darstellt.

Landschaft [engl. landscape]　Im Artikel →Kriegslandschaft Vorläufer des späteren Konzepts des →Lebensraumes.

Lebensraum [engl. life space]　Der (psychologische) Lebensraum (L) ist der Gesamtbereich dessen, was das Verhalten (V) eines Individuums in einem gegebenen Zeitmoment bestimmt, er ist der „Inbegriff möglichen Verhaltens" (Lewin 1969, S. 34 ff.). „Die Grundkonzeption, von der alle Darstellungen eines psychologischen Lebensraums ausgehen, ist die →Person in einer Umgebung" (ebd., S. 61). In der topologischen Psychologie Lewins wird der

Lebensraum i. d. R. als →Jordankurve dargestellt. Der Lebensraum enthält die Person (P) und die Umwelt (U). V = f(P,U) = f(L). Der Lebensraum ist psychologisch definiert, wird aber beeinflusst von Tatsachen, die nichtpsychologischen Gesetzen unterliegen, der sog. psychologiefremden →Hülle (engl. foreign hull).

Lokomotion [engl. locomotion]   Sie kann als Weg dargestellt werden, der gegangen werden kann oder nicht („Durchschreiten des →Lebensraums"). Dieser Weg kennzeichnet eine Lageänderung in einem sonst hinreichend konstanten Feld. Lewin unterscheidet quasi-physikalische, quasi-soziale und quasi-begriffliche Lokomotionen.

Motiv [engl. motive]   Etwas, das die →Person „bewegt", weil es einen →Aufforderungscharakter, eine →Valenz hat und so zum Movens, zum Bewegenden wird.

Motivation [engl. motivation]   Laut Burkhart Sievers eine Erfindung der Psychologen zu der Zeit, als den Menschen der Sinn ihrer Arbeit abhandenkam. Lewin ist einer der frühen Psychologen, die sich mit der Arbeitsmotivation befasst haben. Insbesondere sein →Valenz-Konzept, das auf einer →dynamischen Beziehung zwischen Ziel, →Person und Handlung basiert, kann als Vorläufer der Motivationstheorien nach Atkinson und Heckhausen gelten.

Move/Moving   →Change

Organisationsentwicklung [engl. organization(al) development]   Aus Lewins Art der partizipativen Beratung in Industrie und Regierung sich entwickelnde Form der Intervention in Unternehmen. Sie wurde systematisiert durch den indirekten Lewin-Schüler Ed Schein und unterscheidet sich durch seinen →dynamischen Ansatz von der gängigen Organisationsberatung.

Ovsiankina-Effekt [engl. Ovsiankina effect]   Aus den Untersuchungen der Lewin-Schülerin Maria Ovsiankina geht hervor, dass unterbrochene Handlungen wieder aufgenommen werden, wenn das Handlungsziel noch nicht erreicht ist.

Person [engl. person]   In der topologischen Psychologie wird die Person im →Lebensraum als differenzierter Punkt repräsentiert. Sie ist Teil desselben und zugleich ist der Lebensraum auch Teil der Person.

Phänomenologie/Phänomenologische Methode [engl. phenomenology, phenomenological method]   Vom altgriechischen phainómenon, Erscheinung, und logos, Lehre: Lehre von den Erscheinungen. Sie wird zu einer philosophischen Strömung, durch Edmund Husserl begründet und mit Auswirkungen auf die →Gestaltpsychologie. Kerngedanke ist: Der Ursprung der Erkenntnisgewinnung liegt in den unmittelbar gegebenen Erscheinungen oder Phänomenen.

Psychologischer Raum [engl. psychological space]   Anderer Begriff für →Lebensraum, der durch die →Person und ihre Wahrnehmungswelt strukturiert ist.

Quasi-Bedürfnisse [engl. quasi-needs]   „Ein Bedürfnis oder eine Kombination verschiedener Bedürfnisse können abgeleitete Bedürfnisse (…) entstehen lassen, die bestimmten Absichten gleichwertig sind" (Lewin 1946a1, S. 416). Sie werden zu den Vorsätzen gezählt und haben die Tendenz, „Handlungen in Richtung der Bedürfnisbefriedigung hervorzurufen, ganz gleich, ob das entsprechende Zielobjekt vorhanden ist oder nicht" (ebd., S. 430).

Quasi-stationäres Gleichgewicht [engl. quasi-stationary balance]   Das konkrete Verhalten wird durch u. U. mehrere gleich- und/oder entgegengerichtete Feldkräfte im Lebensraum erzeugt. Dies wird durch einen →Quasi-stationären Prozess im Gleichgewicht gehalten.

Quasi-stationärer Prozess [quasi-stationary process]   Bezeichnung eines relativen Gleichgewichtes zwischen bewegenden Kräften; es gibt zwar Abweichungen von diesem Niveau, die aber durch die je anders gerichteten Kräfte wieder ausgeglichen werden, so dass der Zustand des System um dieses Niveau herum pendelt und als „quasi" stationär betrachtet werden kann; es kommt zu einer gegenseitigen Hemmung und damit Aufhebung wirklicher →Lokomotion.

Raum der freien Bewegung [engl. space of free movement]   Derjenige Teil des →Lebensraumes, der nicht durch →Barrieren oder aversive Kräfte blockiert ist.

Realitätsgrad [engl. degree of reality]   Eine Eigenschaft psychologischer Tatsachen: Das Ausmaß, in welchem der →Lebensraum in der Realitäts-Irrealitäts-Dimension strukturiert ist, hängt von dem spezifischen Charakter, z. B. dem Alter der Person und der augenblicklichen Situation ab.

Refreezing   →Change

Region   →Bereich

Regression [engl. regression]   Während der ursprüngliche psychoanalytische Begriff der Regression eine Rückentwicklung des Menschen zu früheren eigenen Verhaltensweisen (z. B. Daumenlutschen) beschreibt, entspricht in der →Feldtheorie die Regression nach Lewin lediglich einer Verminderung der →Differenzierung der →Person und ihres →Lebensraumes.

Reibung [engl. friction]   Der Widerstand, den ein passierbarer →Bereich bei einer →Lokomotion zeigt.

Sättigung, psychische [engl. psychical satiation]   Ein Verhalten wird nach einer genügend großen Anzahl von Wiederholungen aufgegeben. Analog der Sättigung des Hungers ist das Verhalten nicht mehr attraktiv (Karsten 1928).

Social engineering/soziotechnischer Ansatz   „Die Frage der geplanten Maßnahmen und überhaupt des ‚Social Engineering' ist identisch mit der Frage: Welche ‚Bedingungen' müssen geändert werden, um ein bestimmtes Resultat zu erreichen, und wie kann man diese Bedingungen mit den zur Verfügung stehenden Mitteln ändern?" (Lewin 1943a3, S. 208)

Spannung [engl. tension] Zustand eines →Bereichs im Verhältnis zu den umgebenden Gebieten. Sie schließt Kräfte an der →Grenze eines Bereichs ein, die darauf gerichtet sind, Änderungen hervorzurufen, so dass Spannungsunterschiede vermindert werden. →Bedürfnisspannung

Starrheit [engl. rigidity] →Grenzen sind umso starrer, je größer die Kräfte sind, die zu ihrer Überwindung erforderlich sind.

Topologie [engl. topology] Teilgebiet der nicht-quantitativen Mathematik, der Geometrie; wurde kurz vor Lewins Zeit entwickelt.

Transponieren [engl. transposition] „Die →Gestaltpsychologie versteht unter ‚Transponieren' eine Veränderung, welche die wesentlichen strukturellen Charakteristika unverändert läßt." (Lewin 1943–1944, S. 200). In der →Aktionsforschung ist es unter Umständen notwendig, mit repräsentativen Gruppen von geeigneter Größe zu arbeiten. Dabei ist wichtig, durch „Transponieren" die grundlegenden sozialen Konstellationen abzubilden.

Überschneidungskonflikt [engl. overlap conflict] Personen gehören in der Regel mehreren sozialen Gruppen an. Ist die →Zugehörigkeit zu zwei oder mehr Gruppen zugleich im Hier und Jetzt aktiviert, dann gerät die Person in einen Überschneidungskonflikt, sobald die Gruppenziele und -normen der aktuell relevanten Gruppen konkurrieren und/oder sich gegenseitig ausschließen.

Umfeld, psychologisches [engl. psychological environment] Das →dynamische Gegenstück zur →Person in der →Verhaltensgleichung V = f(P,U).

Umwegproblem [engl. detour problem]/Umwegdenken Zuerst von Köhler bei seinen Intelligenzuntersuchungen an Primaten beschrieben, von Lewin bei Kindern filmisch untersucht: Wenn ein Ziel jenseits einer →Barriere zu sehen ist, erkennen (im Gegensatz zu Hühnern) Kinder sehr bald die Möglichkeit, durch zeitweise Entfernung vom Ziel und Umgehung der Barriere das Ziel zu erreichen.

Unfreezing →Change

Valenz Rückübersetzung des englischen Begriffs valence, →Aufforderungscharakter.

Vektorpsychologie [engl. vector psychology] Von Lewin geprägter Begriff, der allgemein im Sinne einer →Motivationspsychologie verstanden werden kann, da →Feldkräfte topologisch als Vektoren dargestellt werden können.

Verhaltensgleichung, universelle [engl. universal formula of behavior] V=f(P,U). Das Verhalten (V) einer →Person resultiert aus (f) Merkmalen der Person (P) und der jeweiligen Umgebung dieser Person (U), wobei P und U den →Lebensraum bilden. Daher ist auch V=f(L). Die universelle Verhaltensformel darf nicht als mathematische Gleichung missverstanden werden, da P und U ihrerseits in Zusammenhang stehen und die Beziehung zwischen P und U nicht mathematisch exakt bestimmbar ist.

Vorsatz [engl. intention]   Ein Vorsatz hat die gleiche Wirkung wie ein Bedürfnis und ist ein →Quasi-Bedürfnis: Er ist die Vorstellung einer zeitlich vorweggenommenen Handlung, die zu einem späteren Zeitpunkt erfolgen und der Zielerreichung und Befriedigung des entsprechenden Bedürfnisses dienen soll. Er strukturiert den →Lebensraum und führt z. B. dazu, den Briefkasten zu sehen, wenn man einen Brief geschrieben hat und ihn loswerden will.

Zeigarnik-Effekt [engl. Zeigarnik effect]   Die Befunde der Lewin-Schülerin Bluma Zeigarnik (1927) besagen, dass unerledigte Handlungen besser behalten werden als erledigte.

Ziel [engl. object]   Verhalten ist auf die Reduktion von →Bedürfnisspannung und psychischer →Spannung gerichtet, hat stets diese zum Ziel.

Zugänglichkeit [engl. accessibility]   Die Leichtigkeit, mit der ein →Bereich des →Lebensraums durch →Lokomotion oder →Kommunikation erreicht werden kann. Das Ausmaß der Zugänglichkeit wird in der topologischen Psychologie durch unterschiedlich starke →Barrieren dargestellt.

Zugehörigkeit [engl. belongingness]   Die Bedeutung der Zugehörigkeit zu einer Gruppe diskutiert Lewin u. a. in dem Beitrag „Der Hintergrund von Ehekonflikten" (1940b). Das Bedürfnis nach Zugehörigkeit spielt in seinen Augen auch eine große Rolle bei der Änderung von Werten durch Anpassung an die Gruppennorm (1946a1, S. 414).

Literatur[1]

Adili, F., Higgins, I. & Koch, T. (2012). Inside the PAR group: The group dynamics of women learning to live with diabetes. Action Research 10(4), 373–386.

Ahe, S., Brokow-Loga, A. & Fetzer, F. (2020). Campus Eroberung – Hochschulpolitische Interventionen. Seminar für BA 120212803 und MA 12022806. Vorlesungsverzeichnis der Fakultät für Architektur und Urbanistik der Bauhaus Universität Weimar. https://www.uni-weimar.de/fileadmin/user/uni/hauptseiten/Studium/LSF/WiSe_2020_21/Fak_AuU_WS20_21.pdf (abgerufen am 20.07.2024) S. 23, 54, 84, 142, 207, 270, 300, 329, 353, 378, 413.

Alber, J. (2014): Partnerschaften nach Schlaganfall: Untersuchungen zu Förderfaktoren und Barrieren im Rehabilitationsprozess. Dissertation. Universitätsbibliothek Oldenburg, lokaler Bestand

Allport, G. W. (1948). Foreword. RSC: vii-xiv. Deutsch: (1) LSK: 9–19.

Amann, A., Brosius, K., Häußler-Carl E., Holzbauer, S., Kuhn, H. R. & Stützle-Hebel, M. (2013). „Lola rennt" oder: „es hätte auch anders kommen können" – Über den Möglichkeitsraum gruppendynamischer Intervention. Gruppendynamik & Organisationsberatung, 3/2013: 461–481.

Amann, A. (2004). Gruppendynamik als reflexive Vergemeinschaftung. In ka 2004:28–38

Amann, A. (2023). Das gruppendynamische Feld. Springer.

André, R., Mackrodt, B. & Stützle-Hebel, M. (2024). Vielleicht ist es ja ganz anders? – Interventionen und forschende Haltung in gruppendynamischen Trainings. Gruppe. Interaktion. Organisation. (GIO) 4/2024: 569–576.

---

[1] Da wir mehrfach im Buchtext auf unsere eigenen Veröffentlichungen verweisen, haben wir unsere Namen abgekürzt: Klaus Antons mit *ka* und Monika Stützle-Hebel mit *msh*. Sie finden Sie also unter „Antons, K." bzw. „Stützle-Hebel, M." in diesem Literaturverzeichnis.

Antons, K. (1973). Die Praxis der Gruppendynamik. Hogrefe (Im laufenden Text angegeben als ka 1973.)

Antons, K. (2004). Der gruppendynamische Raum. In Antons et al 2004: 309–315. (Im laufenden Text angegeben als ka 2004)

Antons, K. (2015a). Die dunkle Seite von Gruppen. In Edding & Schattenhofer 2009, 2015: 322–357 (Im laufenden Text angegeben als ka 2009, 2015a.)

Antons, K. (2015b). Zurück zum Beginn. Kurt Lewins „Kriegslandschaft" als Grundakkord seines Denkens. In ka & msh 2015: 49–63.

Antons, K. (2022). Supervision mit größeren Gruppen und Teams. Carl-Auer-Systeme. (Im laufenden Text angegeben als ka 2022.)

Antons, K., Amann, A., Clausen, G., König, O., & Schattenhofer, K. (2001). Gruppenprozesse verstehen. Gruppendynamische Forschung und Praxis. Leske+Budrich. (Im laufenden Text angegeben als ka 2001.)

Antons, K., Amann, A., Clausen, G., König, O., & Schattenhofer, K. (2004). Gruppenprozesse verstehen. Gruppendynamische Forschung und Praxis. (2. Aufl.). VS-Verlag (Im laufenden Text angegeben als ka 2004.)

Antons, K., Ehrensperger, H. & Milesi, R. (2019) Die Praxis der Gruppendynamik. Hogrefe (10. vollständig überarbeitete Aufl., urspr. Antons, K. 1973)

Antons, K. & Stützle-Hebel, M. (Hrsg.) (2015a) Feldkräfte im Hier und Jetzt. Antworten von Lewins Feldtheorie auf aktuelle Fragestellungen in Führung, Beratung und Therapie. Carl-Auer-Systeme. (Im laufenden Text angegeben als ka & msh 2015a.)

Antons, K. & Stützle-Hebel, M. (2015b). Lewin – ein Gewinn für die Zukunft. In ka & msh 2015a: 317–329.

Antons, K. & Stützle-Hebel, M. (2018): Eine Schule für demokratisches Verhalten. Das Rahmencurriculum „Weiterbildung Gruppendynamische_r Leiter_in von Gruppen" der DGGO. In F. Stähler & M. Stützle-Hebel (Hrsg.) 2018: 95–105.

Ash, M. G. (2007). Kulturelle Kontexte und Wissenschaftswandel in der Psychologie: Kurt Lewin in Iowa. In Schönpflug, W. (Hrsg.) 2007: 247–269.

Bäcker, R. (2023). Vom agilen Mindset und missionarischen Versuchungen. Positionen 3/2023

Bargal, D. (1998). Kurt Lewin and the first attempts to establish a department of psychology at the Hebrew University. Minerva 36, 49–68.

Bargal, D. (2007). Die Verhandlungen von Kurt Lewin über die Einrichtung eines Psychologischen Instituts an der Hebräischen Universität Jerusalem. In Schönpflug, W. (Hrsg.) 2007: 185–203.

Bäumer, U. (2015). Kurt Lewin in der Organisationspsychologie. Bachelorarbeit an der Ludwig-Maximilians-Universität München, Fakultät für Psychologie und Pädagogik, Department Psychologie, Wirtschafts- und Organisationspsychologie. Betreuerin: Prof. Dr. Erika Spieß. unveröffentlicht.

Beneder, D. (2019). Leidensfrei optimiert? DSM-5, ICD-11 und das Geschäft mit der Trauer. Leidfaden, 2019, 8 (3), 88–92.

Bilitza, K. (1980). Aktionsforschung – eine Debatte ohne Gegenstand? Sammelrezension über einige Neuerscheinungen zur Aktionsforschung. Gruppendynamik, 11(2): 167 ff.

Binder, N. (2019/2020). Künstliche Fälle. Inszenierungen in der Sozialpsychologie Kurt Lewins. Mittelweg 36, 6/2019–1/2020: 68–91.

Binder, N. (2023a). Kurt Lewin und die Psychologie des Feldes. Zur Genese der Gruppendynamik. Mohr Siebeck.

Binder, N. (2023b). Kurt Lewins Feldtheorie und ihre Diagramme – Zur zeichnerischen Praxis einer praktischen Theorie. In Bogner, D. et al. (Hrsg.) 2023: 73–95.

Bogner, D. P (Hrsg.) (2020). Kurt Lewin reloaded: Band 1: Innovative feldtheoretische Perspektiven für die Schulpädagogik. Springer.

Bogner, D. P., Sriram-Uzundal, N. & Soff, M. (Hrsg.) (2023). Kurt Lewin reloaded: Band 2: Feldtheoretische Modelle und Konzepte für interdisziplinäre Forschung und Praxis. Springer.

Bohnet, I. (2017) What works. Wie Verhaltensdesign die Gleichstellung revolutionieren kann. C.H. Beck

Boszormeny-Nagy, I. (1973, 1981). Unsichtbare Bindungen. Die Dynamik familiärer Systeme. Klett

Böttcher, J. (2022). Das Rosenexperiment. Aufbau

Bourdieu, Pierre (1980). Le Sens pratique. Les Éditions de Minuit.

Bradford, L. P., Gibb, J. R. & Benne, K. D. (Hrsg.). (1972) T-Gruppentheorie und Laboratoriumsmethode. Klett.

Brand, R. & Ekkekakis, P. (2018). Die „Affective-Reflective Theory" zur Erklärung von körperlicher Inaktivität und Sporttreiben. Grundlagen und erste Studienergebnisse. German Journal of Exercise and Sport Research, 2018, 48 (1): 48–58.

Braun, T. & Zeichhardt, R. (2011). Zur Bedeutung von Kurt Lewin in der Managementforschung, Managementlehre und Praxis des Change-Managements. Gestalt Theory, 33(2):145–162.

Brinkmann, B. & Schattenhofer, K. (2022). Erfolgreiche Teams in der Selbstorganisation: Sechs Aufgaben, damit Teams arbeitsfähig werden – und welche Rolle Führung dabei spielt. Vahlen.

Bronfenbrenner, U. (2005). Making human beings human: Bioecological perspectives on human development. Sage.

Budziat, R. & Kuhn, H. (2022). Gruppen und Teams professional beraten und leiten. Vandenhoeck + Ruprecht.

Burnes, B. (2007). Kurt Lewin and the Harwood Studies: The Foundations of OD. The Journal of Applied Behavioral Science 43, 2007/2: 213–231.

Burnes, B. & Cooke, B. (2013). Kurt Lewin's field theory: A review and re-evaluation. International Journal of Management Reviews, 15(4): 408–425.

Chevalier, J.M. & Buckles, D.J. (2019). Participatory Action Research: Theory and Methods for Engaged Inquiry. Routledge, E-book – 9781351033268, 2nd Edition.

Clausen, G. (2024). Das Politische der Gruppendynamik: Die verborgene Dimension in Konzepten und praktischem Handeln. Gruppe.Interaktion.Organisation. Zeitschrift für angewandte Organisationspsychologie (2024) 55: 477–486

Coch, L. & French, J. R. P., Jr. (1948). Overcoming resistance to change. Human Relations, 1: 512–532.

Copeland, K. M. (2005). Kurt Lewin's wartime work: A re-examination o f a classic study in the context of morale, culture, and national character. Master's Thesis. Carleton University, Department of Psychology. Ottawa, Ontario, Kanada. URL: https://curve.carleton.ca/system/files/theses/29759.pdf (Abgerufen: 30.8. 2014).

Crosby, G. (2021) Planned Change. Routledge.

Crosby, R. P. with Chris Crosby and Gilmore Crosby (2019). MEMOIRS of a CHANGE AGENT. T-groups, Organization Development, and Social Justice. CrosbyOD Publishing.

Danziger, K. (1990). Lewinian experimentation and American social psychology. Paper presented at the 1990 Meeting of Cheiron-Europe in Weimar. In Lück, H. E. (Hrsg.). Kurt Lewin-Symposium Weimar 1990. Fernstudienkurs. Kurseinheit 1:31–34. Hagen: Fernuniversität.

Danziger, K. (1995). The social context of methodology. G. Stanley Hall Lecture, Annual Meeting of the American Psychological Association, Toronto, August 1993. URL: http://www.kurtdanziger.com/Paper%2015.htm (Aufgerufen: 12.10.2014).

Daumen, B. (Hrsg.) (2015). Organisationsformen der Arbeit. ÖGB Verlag.

Deci, E. L. & Ryan, R. M. (1983). The basis of self-determination: Intrinsic motivation and integrated internalizations. Academic Psychology Bulletin, 5(1):21–29.

Dembo, T. M. (1931). Der Ärger als dynamisches Problem. Psychologische Forschung, 15: 1–144.

Doppler, K. & Lauterburg, Ch. (2002). Change Management. Den Unternehmenswandel gestalten. Campus

Doppler, K. & Voigt, B. (2012). Feel the Change! Wie erfolgreiche Change Manager Emotionen steuern. Campus Verlag.

Dostert, E. (2007/2010). „In Deutschland heißt Führen, hart zu sein." Der Wirtschaftspsychologe Felix Brodbeck über Führung Made in Germany und die Sehnsucht nach neuen Managern. Süddeutsche Zeitung, Wirtschaft, 6. Juli 2007/online 17. Mai 2010.

Edding, C. (1988). Die Domestizierung der Gruppendynamik. Gruppenpsychotherapie und Gruppendynamik: 341–357.

Edding, C. (2005). Abschied von der Gruppe, so wie wir sie kannten und liebten. Ein Rückblick und ein Ausblick. Zeitschrift für Gruppenpsychotherapie und Gruppendynamik, 41/1: 3–22.

Edding, C. (2006). Die Domestizierung der Gruppendynamik. In O. König (Hrsg.). Gruppendynamik – Geschichte, Theorien, Methoden, Anwendungen, Ausbildung (5. Aufl.). München & Wien: Profil: 77–94.

Edding, C. & Kraus, W. (Hrsg.). (2006) Ist der Gruppe noch zu helfen? Gruppendynamik und Individualisierung. Barbara Budrich.

Edding, C. & Schattenhofer, K. (2012). Einführung in die Teamarbeit. Carl-Auer-Systeme.

Edding, C. & Schattenhofer, K. (2002, 2009, 2015). Handbuch Alles über Gruppen. Beltz.

Ehrensperger, H. & Stierli, P. (2020). Keine Panik vor Dynamik! Gruppendynamische Kompetenz für den pädagogischen Alltag. Carl Auer.

Elteren, M. van & Lück, H. E. (1990). Lewin's films and their role in field theory. In: Susan In S. A. Wheelan, E. A. Pepitone & V. Abt (Eds.) Advances in field theory:38–61. Sage.

Engelmeier, H., Kuchenbuch, D., & Luks, T. (2019/2020). Epistemologie der Gruppe. Forschungsperspektiven, 1920–2000. Mittelweg (6/1): 3–21.

Ermann, M. (1997). Psychotherapeutische und psychosomatische Medizin. Ein Leitfaden auf psychodynamischer Grundlage (2. überarbeitete und erweiterte Ausg.). Kohlhammer.

Evaluation Margret MEAD 1967, Archives of the History of American Psychology, The University of Akron, Kurt LEWIN Collection, Box M 944, Folder 1.

Faßnacht, M., & Stützle-Hebel, M. (2010). „Das Gras wächst nicht schneller, wenn man am Halm zieht" – Warum 5 Tage investieren, um etwas über sich und Gruppen zu lernen? In DGGO (Hrsg.) Gruppendynamische und organisationsdynamische Veranstaltungen 2010/2011. Eigenverlag.

Fellermann, J. (2012). Gatekeeping – ein wichtiger Beitrag zur Positionierung von Supervision. In Haubl, R., Möller, H. & Schiersmann, C. (Hrsg.). Positionen. Beiträge zur Beratung in der Arbeitswelt (4/2012).

Fengler, J. (1978). Editorial zum Thementeil „Aktionsforschung – eine (immer noch) neue Alternative". Gruppendynamik 9 (6), 377–379.

Fitzek, H. (2011). Kurt Lewin und die Aktionsforschung – die Selbstentdeckung des Forschers im Forschungsfeld. Gestalt Theory 33 (2):119–128.

Forman, D., Spaller, C & Tippe, A. (2019). Aktionsforschung als Werkstatt demokratischen Handelns. Gr Interakt Org 50: 299–307.

Frey, D. & Hauser, A. (2013). Klassiker der Organisationsforschung (9): Kurt Lewin. Theoretisch, praktisch, gut: Der Einfluss Kurt Lewins auf Organisationen. OrganisationsEntwicklung, 2013, 32 (3), 93–98.

Friebel, H. (1977) nach Pauls, W. & Walter, H.J. (1979). Gruppendynamik – ein Weg zur Demokratisierung der Gesellschaft? In A. Heigl-Evers & U. Streeck (Hrsg.) Die Psychologie des 20. Jahrhunderts. VIII Lewin und die Folgen: 635–645.

Geramanis, O. (2017). mini-handbuch Gruppendynamik. Beltz.

Glatz, H. & Graf-Götz, F. (2007). Handbuch Organisation gestalten. Beltz

Grab, W. (1988). Die jüdische Antwort auf den Zusammenbruch der deutschen Demokratie 1933. Beiträge zum Widerstand 1933–1945 Nr. 34. Gedenkstätte Deutscher Widerstand Berlin.

Graumann, C.-F. (1991). Lewin 1990. In Frey D. (Hrsg.). Bericht über den 31. Kongress der Deutschen Gesellschaft für Psychologie in Kiel 1990, Bd. 2205–213. Hogrefe.

Graumann, C. F. (1993). Mythenbildung in der Psychologiegeschichte. Zeitschrift für Politische Psychologie, 1 (1): 5–15.

Heckhausen, H. (1987). Vorsatz, Wille und Bedürfnis: Lewins frühes Vermächtnis und ein zugeschütteter Rubikon. In Heckhausen, H., P. M. Gollwitzer & F. E. Weinert (Hrsg.). Jenseits des Rubikon: Der Wille in den Humanwissenschaften: 86–96. Springer.

Hege, M. (1998). Feldtheorie und Systemtheorie. In Schattenhofer & Weigand (Hrsg.) 1998: 39–52. Westdeutscher Verlag.

Heider, F. (1959). On Lewin's methods and theory. Journal of Social Issues, Supplement Series 13: 3–13.

Heider, F. (1967). Evaluation 5/15/67. Archives of the History of American Psychology (AHAP), Akron, Ohio, Kurt Lewin Papers, Box 944, #1 Marrows Evaluations. (zitiert nach Lück 2021: 19)

Heigl-Evers, A. & U. Streeck (Hrsg.) (1979). Lewin und die Folgen. Psychologie des 20. Jahrhunderts, Bd. VIII. Kindler.

Heintel, P. (Hrsg.) (2006, 2007, 2008). Betrifft: TEAM. Dynamische Prozesse in Gruppen. VS Verlag für Sozialwissenschaften.Hoffmann, C. (1994). Wissenschaft und Militär. Das Berliner Psychologische Institut und der I. Weltkrieg. Psychologie und Geschichte, 5 (3/4), 261–285.

Helbing, D. (1994). A Mathematical Model for the Behavior of Individuals in a Social Field. The Journal of Mathematical Sociology Volume 19, 1994 – Issue 3: 189–219.

Hoffmann, C. (1994). Wissenschaft und Militär. Das Berliner Psychologische Institut und der I. Weltkrieg. Psychologie und Geschichte, 5 (3/4): 261–285.

Hofstätter, P. R. (1957). Gruppendynamik. Die Kritik der Massenpsychologie. Rowohlt.

Hoppe, F. (1930). Erfolg und Mißerfolg. Psychologische Forschung 14: 1–62.

Höss, A. & Anastasiadis, G. (2024). Baywa-Beben erschüttert den Freistaat. Münchner Merkur Nr. 166, 20./21. Juli 2024: 3

Jellouschek, H. & Antons, K. (2015). Lewins Sicht von Ehekonflikten und die heutige Paartherapie. In ka & msh 2015: 165–181.

Janis, I. L. (1972). Victims of groupthink: A psychological study of foreign-policy decisions and fiascos. Houghton Mifflin

ka: siehe Antons, K., ka & msh: siehe Antons, K. & Stützle-Hebel, M.

Kaiser, S. (2017): Heranwachsende im Spannungsfeld von Schule und Pflegetätigkeit – Eine empirische Studie zur schulischen Situation von pflegenden Jugendlichen. (Dissertation) Oldenburg:bis Verlag

Kaiser, S. & Schulze G. C. (2018) Person-Environment Analysis: A Framework for Participatory Holistic Research. Gestalt Theory 2018, Vol 40/1: 59–74.

Kardaś, T. (2020). Droga Kurta Lewina z Mogilna. Wydawnictwo: Fundacja na rzecz Czystrj Energi.

Karsten, A. (1928). Psychische Sättigung. Psychologische Forschung 10: 142–254.

Kemmis, S. & Wilkinson, M. (1998). Participatory Action Research and the Study of Practice. In B. Atweh, Kemmis, S. & Weeks, P. (eds.): Action Research in Practice. Partnerships for Social Justice in Education: 21–36. Routledge

Klinghardt, K. (2014). Der Psychologe als Filmemacher. Zur Bedeutung des Films für die Entwicklung und Vermittlung der Feldtheorie Kurt Lewins. Unveröffentlichte Masterarbeit, Universität Regensburg, Fakultät für Sprach-, Literatur und Kulturwissenschaften.

Knobloch, C. (2021). Lewin und Heider in der Vorgeschichte der US-Kommunikationswissenschaft. In McElvenny & Ploder: 33–61.

König, O. (2003). Ein unmöglicher Beruf. Zur Professionalisierung der Gruppendynamik. Gruppenpsychotherapie und Gruppendynamik 39/3: 261–277.

König, O. (2004). Familienwelten. Theorie und Praxis von Familienaufstellungen. Stuttgart: Pfeiffer bei Klett-Cotta

König, O. (2007). Gruppendynamik und die Professionalisierung psychosozialer Berufe. Carl Auer.

König, O. (2010). Familiendynamik und Gruppendynamik: Gegenstand und Verfahren - Konvergenzen und Konkurrenzen. Familiendynamik, 35: 292–300.

König, O. (2011). Vom allmählichen Verschwinden der Gruppenverfahren. Psychotherapeut Vol. 56: 287–296.

König, O. (2025). Experimente in Demokratie. Re-Education, angewandte Sozialpsychologie und Gruppendynamik in der frühen Bundesrepublik. Psychosozial Verlag.

König, O. & Schattenhofer, K. (2006). Einführung in die Gruppendynamik. Carl-Auer-Systeme.

Königswieser, R. & Exner, A. (2001). Systemische Intervention. Klett-Cotta

Krainz, E. (2021). Vorwort zu Paul-Horn & Rabl (2021): V-XIV.

Kriz, J. (2015). Kurt Lewin – ein früher Systemiker. In ka & msh 2015: 285–313.

Krizanits, J. (2013). Einführung in die Methoden der systemischen Organisationsberatung. Carl-Auer

Lang, A. (1979). Die Feldtheorie von Kurt Lewin. In Heigl-Evers, A. & & U. Streeck (Hrsg.) 1979: 51–57

Langemeyer, I. (2015). Das Wissen der Achtsamkeit. Waxmann (e-Book)

Langemeyer, I. (2017). Brechts Adaptionen der Psychologie Kurt Lewins und ihre Weiterentwicklung fürs epische Theater. In Rippey, T. (Hrsg.) Brecht Yearbook/Das Brecht Jahrbuch 41: 219–246. (1) The Field Concept in Psychology, Gestalt Theory, Physics, and Epic Theatre – Brecht's Adaptations of Kurt Lewin. Journal of New Frontiers in Spatial Concepts, Volume 9 (2017), 1–16.

Langemeyer, I. (2023). Die methodologischen Verbindungen zwischen Kurt Lewin und Semenovic Vygotskij. In Bogner et al. 2023: 39–71.

Lauckner E. M. (2015). Lewin – die Forschung – die Flüchtlingssituation. Gruppendyn Organisationsberat (2015) 46:395–408.

Lippitt, G. L. & Lippitt, R. (2006). Beratung als Prozess – Was Berater und ihre Kunden wissen sollten. Rosenberger

Locatelli, M. (2013). I bimbi di Lewin. Immagini mediali, percezione della realtà, agire sociale. Immagine(6), S. 156–171.

Locatelli, M. (2023). Kurt Lewin in Film Theory and Culture. In Bogner, D et al. (Hrsg.) 2023: 13–26.

Lück, H. E. (1989). Zur Bedeutung der Gruppenprozesse für die Wissenschaftsentwicklung am Beispiel der Topology Group Kurt Lewins. Gestalt Theory, 11: 246–267.

Lück, H. E. (1996, 1998). Die Feldtheorie und Kurt Lewin. PVU/Beltz. (2001, 2009 neu erschienen als „Kurt Lewin – eine Einführung in sein Werk.")

Lück, H. E. (2001, 2009). Kurt Lewin. Eine Einführung in sein Werk. Beltz.

Lück, H. E. (2007a). Kurt Lewin (DVD). Hagen: Fernuniversität.

Lück, (2007b). Kurt Lewin: Leben und Werk im jüdischen Kontext. In: Schönpflug, W. (Hrsg.). 2007:167–184.

Lück, H. E. (2011). Anfänge der Wirtschaftspsychologie bei Kurt Lewin. Gestalt Theory, 33 (2): 91–114.

Lück, H. E. (2015). Kurt Lewin – der unbekannte Bekannte. In: ka & msh, 2015: 27–46.

Lück, H. E. (2021). Kurt Lewin und Fritz Heider: Ihre Freundschaft, ihre Filme und ihre Theorien. In McElvenny & Ploder 2021: 3–24.

Lück, H. E. (2023). Geleitwort zu Bogner et al. 2023: V-XI.

Lück, H. E., Antons, K., & Stützle-Hebel, M. (2015). Glossar feldtheoretischer Begriffe. In ka & msh 2015: 333–342.

Lück, H. E. & Rechtien, W. (1989). Freud und Lewin. Historische Methode und „Hier-und-Jetzt". In Nitzschke, B. (Hrsg.). Freud und die akademische Psychologie. Beiträge zu einer historischen Kontroverse: 137–159. Psychologie Verlags Union.

Mackrodt, Boris (2023). Impulse zur Selbstbeforschung. Ein Forschungsbericht zum Interventionsgeschehen in T-Gruppen. Qualifikationsarbeit zum Thema „Intervention" im Rahmen der Ausbildung zum Trainer für Gruppendynamik DGGO. Unveröffentlicht.

Mahler, W. (1996). In Memory of my Teacher, Kurt Lewin. Psychologie und Geschichte 7, 3/1996. 268–275

Marrow, A. J. (1969). The practical theorist. The life and work of Kurt Lewin. Basic Books. Deutsch: Kurt Lewin – Leben und Werk.

Marrow, A.J. (1977). Kurt Lewin – Leben und Werk. J.G. Cotta'sche Buchhandlung Nachfolger.

Marrow, A.J. (2002). Kurt Lewin – Leben und Werk. Beltz.

Mau, Steffen (2019). Lütten Klein. Leben in der ostdeutschen Transformationsgesellschaft. Suhrkamp.

McElvenny, J. & Ploder, A. (Hrsg.). (2021) Holisms of Communication. The early history of audiovisual sequence analysis. (History and Philosophy of the Language Sciences 4). Language Science Press.

Métraux, A. (1981). Zur Einführung in diesen Band. In KLW 1: 19–45.

Métraux, A. (1983). Zur Einführung in diesen Band. In KLW 2: 11–44.

Metzger, W. (1971). Psychologie in der Erziehung. Kamp.

Metzger, W. (1980). Politische Bildung aus der Sicht des Psychologen. In G.D. Hartmann (Hrsg.) Politische Bildung und politische Psychologie.(S. 28-50) München: Fink.

Mey, H. (1965). Studien zur Anwendung des Feldbegriffs in den Sozialwissenschaften. Piper.

msh: siehe Stützle-Hebel, M., msh & ka: siehe Stützle-Hebel, M. & Antons, K.

Nahles, A. (2015). Demokratie und Mitbestimmung in der digitalen Arbeitswelt: sozialstaatliche Rahmenbedingungen und politische Perspektiven. In Sattelberger, Th., Welpe, I. & Boes, A. (Hrsg.). Das demokratische Unternehmen: Neue Arbeits- und Führungskultur im Zeitalter digitaler Wirtschaft:23–32. Haufe Lexware.

Nellinger, L. (1990). Berücksichtigung von mehreren Zielen bei der Planung landwirtschaftlicher Unternehmen. Entwicklung einer verhaltens- und entscheidungstheoretisch begründeten Vorgehensweise. Peter Lang

Nevis, E. C. (1988). Organisationsberatung. Ein gestalttherapeutischer Ansatz. Edition Humanistische Psychologie.

Oettingen, G (2023). Wer dem Hindernis ins Gesicht sieht, versteht, wie er es überwinden kann. Report Psychologie 48, 01/2023: 10–12.

Paul-Horn, I. & Rabl, T. (2021) Forschung, die eingreift. Beiträge zu Theorie und Methodik der Beratung. Springer Nature

Pauls, W. & Walter, H.-J. (1979). Gruppendynamik – ein Weg zur Demokratisierung der Gesellschaft? In: A. Heigl-Evers & U. Streeck (Hrsg.), Die Psychologie des 20. Jahrhunderts. VIII Lewin und die Folgen: 635–645.

Perlina, A. (2015). Shaping the Field. Kurt Lewin and Experimental Psychology in the Interwar Period. Dissertation an der Philosophischen Fakultät der Humboldt-Universität zu Berlin. 08. Mai 2015.

Petitmengin, C. & Bitbol, M. (2009). Listening from within. J. Conscious. Stud. 16, 363–404.

Petzold, H. (1980). Moreno – nicht Lewin – der Begründer der Aktionsforschung. Gruppendynamik, 11(2): 142–166.

Pichler, M. (2015). Gruppendynamik reloaded. wirtschaft+weiterbildung 09_2015: 20–25.

Potsch-Ringeisen, S., & Vogl, T. (2019). Auswirkungen eines Designs agiler Softwareentwicklung auf die Gruppendynamik im Team – eine empirische Studie. Arbeit zu „Gruppendynamische Designplanung und Designausführung" (Unveröff. Arbeit im Rahmen der Ausbildung zum/r Trainer*in für Gruppendynamik).

Potthoff, P. (2022). Psychoanalytische Feldtheorien. Auf dem Weg zu einem schulenübergreifenden Paradigma. Psychosozial.

Rechtien, W. (1999). Angewandte Gruppendynamik. Psychologie Verlags Union.

Rehbein, B. & Saalmann, G. (2009): Feld (champ). In Fröhlich, G. & Rehbein B. (Hrsg.) (2009). Bourdieu-Handbuch. Leben – Werk – Bildung: 99–103. Metzler.

Rogers, C. R. (1968). Interpersonal relationships: U.S.A. 2000. Journal of Applied Behavioral Science 4/3: 226–280.

Rösch, A. G. (2012). Der Einfluss impliziter Motive auf den Ausdruck und die Wahrnehmung emotionaler Gesichtsausdrücke. Dissertation in der Philosophischen Fakultät und Fachbereich Theologie der Friedrich-Alexander-Universität Erlangen-Nürnberg.

Rösch, A. G., Stanton, S. J. & Schultheiss, O. C. (2013). Implicit motives predict affective responses to emotional expressions. Frontiers in Psychology 4/2013.

Sader, M. (1991). Psychologie der Gruppe. Juventa

Schattenhofer, K. (1998). Gruppendynamik als Praxis der Selbststeuerung in sozialen Systemen. In Schattenhofer & Weigand (Hrsg.) 1998: 19–38.

Schattenhofer, K. (2002). Selbststeuerung von Gruppen. In Edding & Schattenhofer 2002: 439–466

Schattenhofer, K. & Weigand, W. (1998) (Hrsg.). Die Dynamik der Selbststeuerung. Westdeutscher Verlag.

Schein, E. H. (2006). Organisationskultur. The Ed Schein Corporate Culture Survival Guide. EHP.

Schindler, R. (1957). Grundprinzipien der Psychodynamik in der Gruppe. Psyche, 11(5): 308–314.

Schindler, R. (2016). Das lebendige Gefüge der Gruppe. Ausgewählte Schriften. Herausgegeben von Spaller, C., Wirnschimmel, K., Tippe, A., Lamatsch, J., Margreiter, U., Krafft-Ebing, I. & M. Ertl. Psychosozial.

Schnee, M. (2018). Die Feldtheorie – ein Leuchtturm in stürmischer See. Gestalttherapie 1/2018: 29–50.

Schönpflug, W. (1992). Kurt Lewin. Leben, Werk und Umfeld. Peter Lang.

Schönpflug, W. (Hrsg.). (2007) Kurt Lewin – Person, Werk, Umfeld. Historische Rekonstruktionen und aktuelle Wertungen. (2. Aufl.) Peter Lang.

Schönpflug, W. (2023). Lewin – reloaded in fiction. In Bogner et al. 2023: 27–38.

Schönpflug, W. & Heidelberger, M. (2007). Kurt Lewin und seine neukantianischen Lehrer: Wissenschaftliche Philosophie, Erkenntnistheorie und Feldtheorie. In Schönpflug, W. (Hrsg.) 2007: 45–69.

Schulze, G. (2003). Die feldtheoretische Lebensraumanalyse – ein Konzept für eine prozessgeleitete Diagnostik zur Entwicklung von Fördermaßnahmen im Rahmen einer „crosscategorialen" Sonderpädagogik. Zeitschrift für Heilpädagogik. 54 Jg., Heft 5: 204–212

Schulze, G. (2008). Der Feldtheoretische Ansatz nach Kurt Lewin. In: Vernooij, M. A. & Wittrock, M. (Hrsg.). Schöningh UTB: 173–199.

Schulze, G. (2009). Die Feldtheorie als Erklärungs- und Handlungsansatz bei schulaversivem Verhalten. In Ricking, H., Schulze, G. & Wittrock, M. (Hrsg.) „Schulabsentismus und Dropout" Konzepte zur Re-Integration und ihre Wirksamkeit: 91–113. UTB.

Schulze, G. (2010). Die Person-Umfeld-Analyse und ihr Einsatz in der Rehabilitation. In Baumann, M.; Schmitz, C.; Zieger, A. (Hrsg.) Rehapädagogik, Rehamedizin, Mensch: Einführung in den interdisziplinären Dialog humanwissenschaftlicher Theorie- und Praxisfelder: 132–147. Schneider.

Schulze, G. & Wittrock, M. (2001). Lernen in der „Auszeit" – Pädagogische Arbeit mit SchülerInnen mit „schulaversiven/unterrichtsmeidenden Verhaltensmustern". In Hofmann, C., Brachet, I., Moser, V. & Stechow, E. von (Hrsg.) Zeit und Eigenzeit als Dimension der Sonderpädagogik. 109–118. Edition SZH/CSPS.

Schwarz, G. (2015). Lewin und die Anfänge der Gruppendynamik – ein Schöpfungsmythus. Gruppendynamik und Organisationsberatung, 46,/2015/3–4: 349–358.

Schüler, J. & Wagner, M. (2015). Befinden und Motivation im Sport. Das Resultat einer Motiv-Sportziel-Passung. ZS f. Sportpsychologie 1/2015: 34–45

Selvini-Palazzoli, M., Boscolo, L., Cecchin, G. & Prata, G. (1977). Paradoxon und Gegenparadoxon. Stuttgart.

Soff, M. (2011a). Von der psychischen Sättigung zur Erschöpfung des Berufswillens. Kurt Lewin und Anitra Karsten als Pioniere der Bournout-Forschung. Gestalt Theory 2011, Vol 33/2: 183–200.

Soff, M. (2011b). Vorsatz, Wille, Bedürfnis: Schlussfolgerungen aus Kurt Lewins Motivationspsychologie zum Umgang mit dem Klimawandel. Vortrag bei der FORE-Tagung 25./26.02.2011, Thema „Klimawandel – Chance oder Risiko". Unveröffentlichtes Manuskript.

Soff, M. (2013). Gestalttheorie im Bereich der Pädagogischen Psychologie: Ein Beispiel. Gestalt Theory, 2013, 35 (1): 47–58.

Soff, M. (2017). Gestalttheorie für die Schule. Krammer.

Soff, M., & Stützle-Hebel, M. (2015). Die Feldtheorie. Einblick und Überblick. In ka & msh 2015: 65–95

Soff, M. (2015). Psychische Sättigung. Ein feldtheoretischer Ansatz zum Verständnis von Burnout. In ka & msh 2015: 183–207.

Soff, M. (2023) Lewins Erbe für die Demokratieförderung in der Schule. In Bogner, D. et al. (Hrsg.). 2023: 163–182

Solle, R. (1969). Der feldtheoretische Ansatz. In Graumann, C. F. (Hrsg.) Handbuch der Psychologie, Sozialpsychologie Bd. 7, 1. Halbband: Theorien und Methoden:133–179. Hogrefe.

Spiess, E. (2015a). Feldorientierung in der Organisationsberatung. In ka & msh 2015: 147–162

Spiess, E. (2015b) Voraussetzungen gelingender Kooperation. In Merten, U. & Kaegi, U. (Hrsg.). Kooperation kompakt. Kooperation als Strukturmerkmal und Handlungsprinzip der Sozialen Arbeit:71–87. Budrich

Sprung, L. & Linke, U. (2007). Kurt Lewin als Methodologe und Methodiker. In Schönpflug, W. (Hrsg.) 2007: 105–120.

Stähler, F. (2018). Gruppen verstehen und Einfluss nehmen. Ein Lern-, Handlungs- und Erlebnisraum. In F. Stähler & M. Stützle-Hebel (2018): 65–76.

Stähler, F. & Stützle-Hebel, M. (2018). Demokratie machen. Gruppendynamische Impulse. Carl Auer Systeme.

Staemmler, F.-M. (1995). Kultivierte Unsicherheit. In Doubrawa, E. & Staemmler, F.-M. (Hrsg.) (2003). Heilende Beziehung – Dialogische Gestalttherapie: 137–154. Hammer.

Staemmler, F.-M. (2015). Das dialogische Selbst. Postmodernes Menschenbild und psychotherapeutische Praxis. Schattenhauer.

Stanton, S. J., Hall, J. L., & Schultheiss, O. C. (2010). Properties of motive-specific incentives. In O. C. Schultheiss & J. C. Brunstein (Eds.). Implicit motives:245–278. Oxford University Press.

Steinkamp, H. (1973). Gruppendynamik und Demokratisierung. Ideologie-kritische Studien zur empirischen und angewandten Kleingruppenforschung. Chr. Kaiser, Matthias-Grünewald.

Steinkamp, H. & Stützle-Hebel, M. (2018). Gruppendynamik und Demokratisierung reloaded – oder: Ist die Demokratie noch zu retten? In Stähler & Stützle-Hebel 2018: 29–39.

Stemberger, Gerhard (2012). Kurt Lewin und die Anfänge der Bindungsforschung. Phänomenal – Zeitschrift für Gestalttheoretische Psychotherapie. 2012/1–2: 89–91.

Stemberger, G. (2023): Lewins Feldkonzept in der Psychotherapie heute. In Bogner, D. et al. 2023: 183–202.

Stengel, M. (1999). Ökologische Psychologie. Oldenbourg.

Stern, W. (1987). Das Kind und die Welt. Einführungsvortrag zu dem gleichnamigen Film. Gehalten in der Hamburger Urania am 12.2.32. (unveröffentlichter Text aus dem Archiv der Hebrew University of Jerusalem, Jewish and National University Library, Givat Ram Campus, Israel, von Dr. Wilfried H. O. Schmidt, emeritierter Professor an der University of Alberta, Department of Education Psychology, Edmonton, Canada). In Geschichte der Psychologie, Nachrichtenblatt deutschsprachiger Psychologen, 4 (2):16–28

Streich, R.K. (1997). Veränderungsmanagement. In Reiß, M., von Rosenstiel, L. & Lanz, A. (Hrsg.). Change Mangement. Programme – Projekte – Prozesse: 237–253. Schäffer-Poeschel.

Stützle-Hebel, M. (1993). Die emotional-kognitive Bewältigung von Ärger und Aggressivität durch Sport. Ergebnisse eines Experiments. Peter Lang.

Stützle-Hebel, M. (1995). Bewältigung von Ärger durch Sport. In Nitsch, J. & Allmer, H. (Hrsg.). Gewalt., Emotionen im Sport. Zwischen Körperkult und Gewalt. Bericht über die Tagung der asp vom 8. bis 10. September 1994 in Köln anläßlich ihres 25jährigen (Bd. Nr. 27: 131–136). Köln: Betrifft: Psychologie & Sport

Stützle-Hebel, M. (2008). Teams und Gruppendynamik. Schriftlicher Management-Lehrgang „Führung kompakt", Lektion 7. Freiburg: Haufe Akademie.

Stützle-Hebel, M. (2009). Spieglein, Spieglein an der Wand, wer ist die Beste im ganzen Land? Zur Kooperation von Konkurrentinnen in der Teamentwicklung. In Lehner, L., Sanz, A., & Trotz, R. (Hrsg.). Prozesse verstehen und gestalten. Zur Praxis von Gruppendynamik und Gruppenpsychotherapie: 25–48. Krammer.

Stützle-Hebel, M. (2014) Irritation zur Veränderung. Wie Frauen modernes Management in Organisationen bringen. OrganisationsEntwicklung 4/2014: 44–46.

Stützle-Hebel, M. (2015). Change – Mit Lewin zur Frauenquote. In ka & msh 2015: 99–126.

Stützle-Hebel, M. (2019). Muss für Kooperation die eigene Identität aufgegeben werden? Feldtheoretische und organisationsdynamische Überlegungen zu Einheit und Verschiedenheit. In Schon, D. (Hrsg.) Identität und Authentizität von Kirchen im „globalen Dorf". Annäherung von Ost und West durch gemeinsame Ziele? 159–173. Pustet.

Stützle-Hebel, M. (2020). „Sei ganz da!" Eine feldtheoretische Konzeption von Gegenwärtigkeit als Grundprinzip agiler Arbeitsformen. Organisationsberatung Supervision Coaching (27): 299–312. https://rdcu.be/b5OUS

Stützle-Hebel, M., & Antons, K. (2015). Spurensuche. Feldtheoretisch-praktisches Denken und Handeln in der angewandten Gruppendynamik. In ka & msh 2015: S. 227–251.

Stützle-Hebel, M., & Antons, K. (2017). Einführung in die Praxis der Feldtheorie. Heidelberg: Carl-Auer-Systeme. (Im laufenden Text angegeben als msh & ka 2017.)

Stützle-Hebel, M., & Antons, K. (2018). Die sozialpsychologische Situation von Minderheiten. Kurt Lewins Arbeiten zur Frage von Minderheiten und gesellschaftlichem Zusammenhalt und ihre Aktualität heute. Gestalttherapie, 2/2018, S. 3–25. (Im laufenden Text angegeben als msh & ka 2018)

Stützle-Hebel, M., & Antons, K. (2023). Die praktische Theorie – Wie die Feldtheorie in der Praxis von Supervision, Coaching, Psychotherapie und Fortbildung nützlich ist. In Bogner et al. 2023: 97–122. (Im laufenden Text angegeben als msh & ka 2023.)

Tändler, M. (2016). Das therapeutische Jahrzehnt. Wallstein

Thaler, R. H. & Sunstein, C. R. (2011). Nudge. Wie man kluge Entscheidungen anstößt. Econ.

Thierse, W. (2024). Woher kommt diese unfassbare Wut? Publik Forum 17/2024: 12–16.

Tippe, A. (2015). Aktionsforschung und Gruppendynamik: Grundlagen des partizipativen Forschens, Veränderns und Lernens. In Daumen, B. (Hrsg.) 2015: 13–42. ÖGB Verlag.

Tippe, A. (2017). Aktionsforschung: der Wille zur Einflussnahme. ÖVS News 1/2017, Wien.

Ulich, E. (2005, 2011). Arbeitspsychologie. Schäffer-Poeschel.

von Unger, H. (2014). Partizipative Forschung. Einführung in die Forschungspraxis. Springer VS.

von Unger, H., Block, M., & Wright, M.T. (2007). Aktionsforschung im deutschsprachigen Raum. Zur Geschichte und Aktualität eines kontroversen Ansatzes aus Public Health Sicht. WZB Discussion Paper No. SP I 2007-303. Wissenschaftszentrum Berlin für Sozialforschung.

Venturini, D. (2019). Kaiserschnitt, vaginale und natürliche Geburt. Erleben und Verarbeiten aus psychotherapeutischer Sicht. Springer Fachmedien.

Walter, H.-J. P. (1996). Wera Mahler – eine Psychologin aus Deutschland. Gestalt Theory 18/3:187–200

Walter, H.-J. P. (2016). Gestalttheorie in Psychotherapie. Ein Beitrag zur theoretischen Begründung der integrativen Anwendung von Gestalt-Therapie, Psychodrama, Gesprächstherapie, Tiefenpsychologie, Verhaltenstherapie und Gruppendynamik. 4. verbesserte Aufl., RedimoraVerlag.

Walter, H.-J. P. (2020). Angewandte Gestalttheorie in Psychotherapie und Psychohygiene. Ansätze und Gespräche 1975–2016. 2. erw. Aufl., RedimoraVerlag.

Wellhöfer, P.R. (1993). Gruppendynamik und soziales Lernen. Enke.

Wendt, A. (2018). Is there a problem in the laboratory? Frontiers in Psychology (9), S. Article 2443.

Willerman, B. (1942). Group decision and request as means of changing food habits. A preliminary study. Washington, DC: Manuscript Division, Library of Congress, Papers of Margaret Mead and the South Pacific Ethnographic Archives, F8.

Wimmer, R. (1993). Erlebt die Gruppendynamik eine Renaissance? Eine systemtheoretische Reflexion gruppendynamischer Arbeit am Beispiel der T-Gruppe. In Schwarz, G., Heintel, P., Weyrer, M. & Staffler, H. (Hrsg.) (1993). Gruppendynamik – Geschichte und Zukunft. Wien: WUV.

Wimmer, R. (2006). Das besondere Lernpotenzial der gruppendynamischen Trainingsgruppe. In Heintel, P. (2006, 2007, 2008).

Wipf, H.-U. (2004). Studentische Politik und Kulturreform. Geschichte der Freistudenten-Bewegung 1896–1918. Wochenschau Verlag.

Wippermann, C. (2010). Frauen in Führungspositionen. Barrieren und Brücken. Sinus Sociovision GmbH, hg. vom BMFSFJ.

Wirth, R. A. (2004). Lewin/Schein's Change Theory. URL: http://www.entarga.com/org-change/lewinschein.pdf. Abgerufen am 06.04.2015.

Wolf, W. B. (1998). Lewins Einfluß auf Management und Organisationsentwicklung. Gruppendynamik, 29(1): 61–74.

Wübbena, H. (2018): Gruppendynamik von Sportspiel-Mannschaften, Entwicklung eines feldtheoretischen Modells zur Beobachtung gruppendynamischer Prozesse. Springer

Zimmer-Winkelmann, W. (2015). Selbstverständlich Demokratie. Der politische Lewin im Hier und Heute. In ka & msh 2015: 255–282